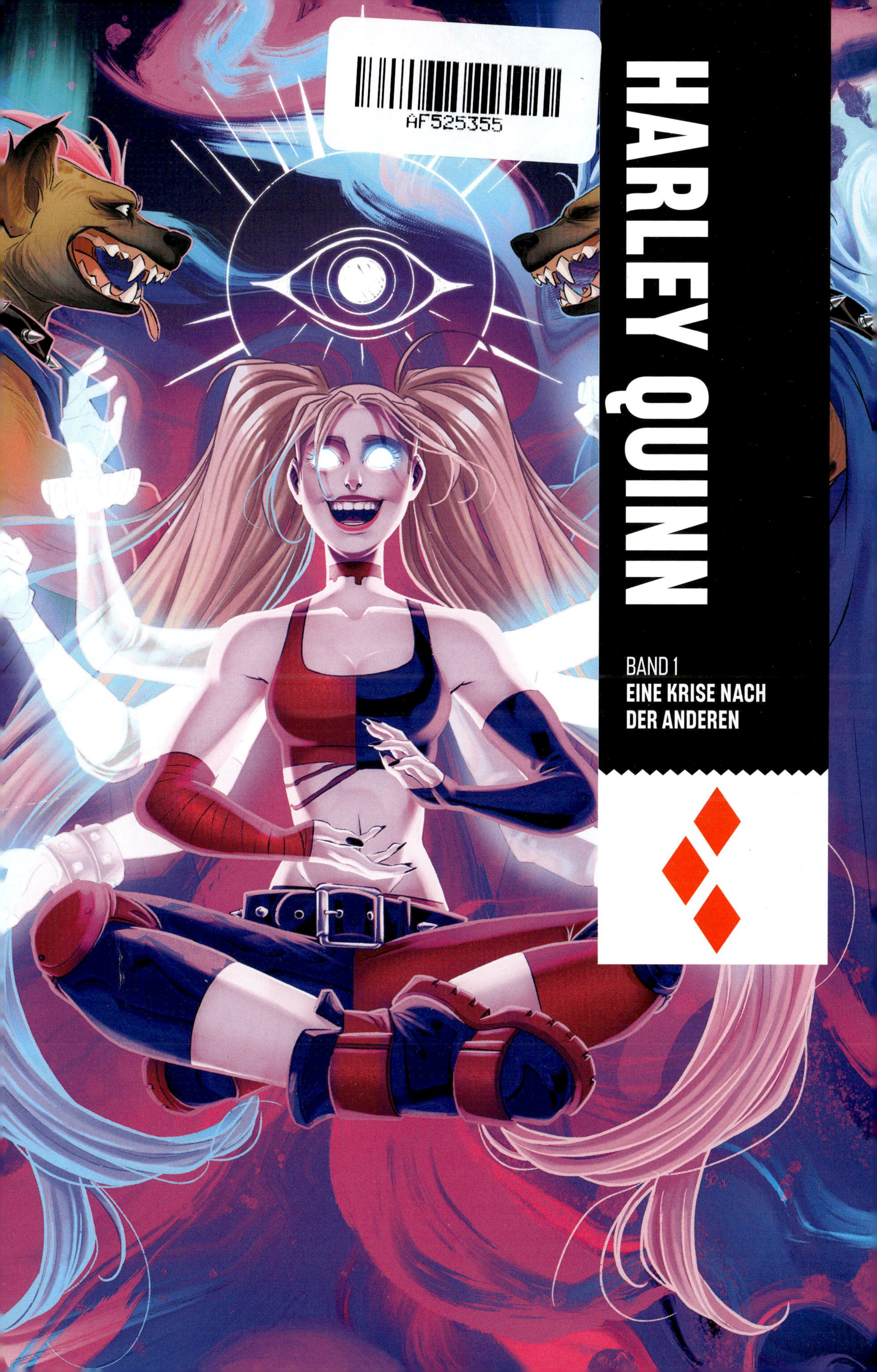
HARLEY QUINN
BAND 1
EINE KRISE NACH
DER ANDEREN

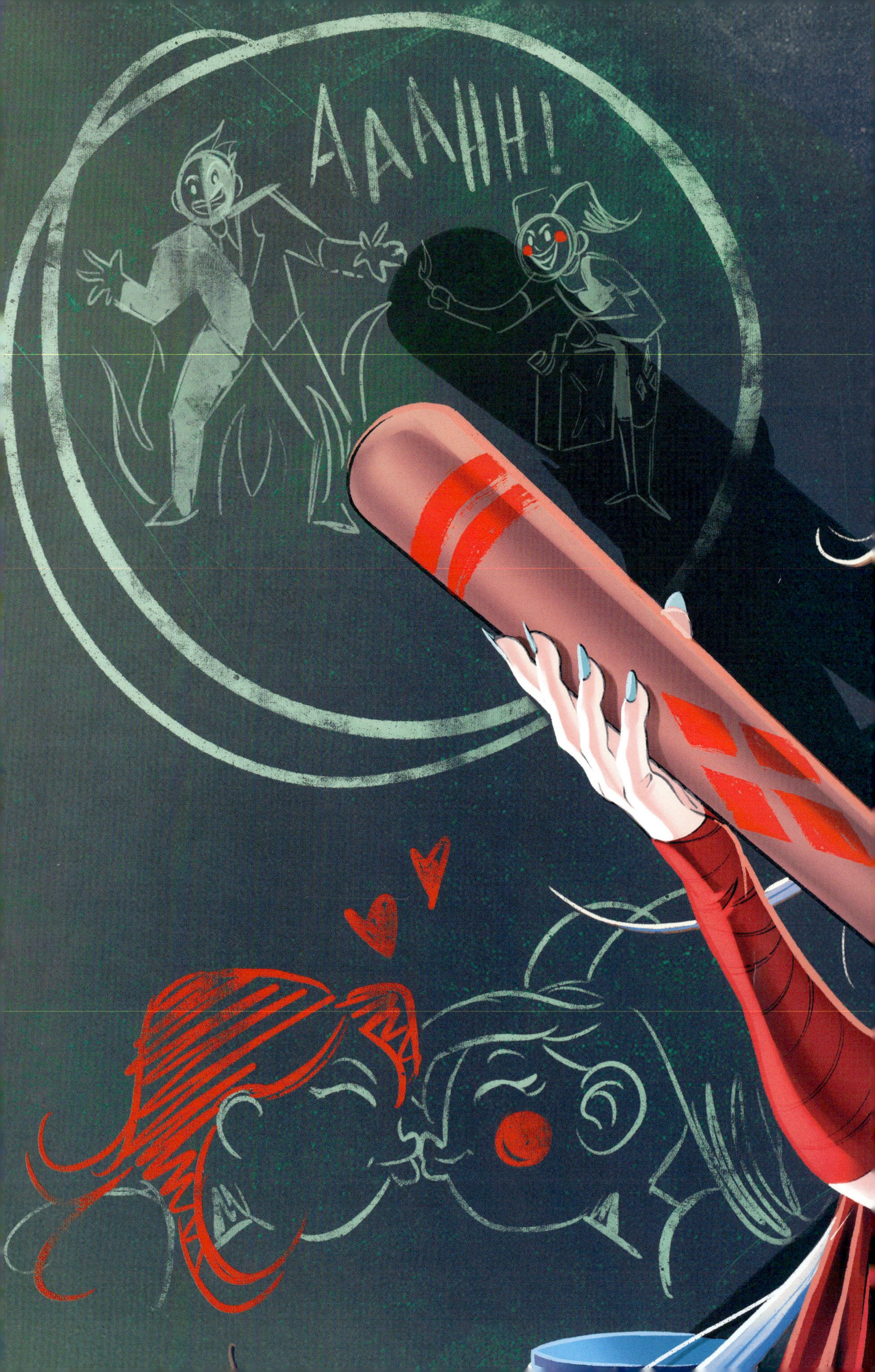
AAAHHH!

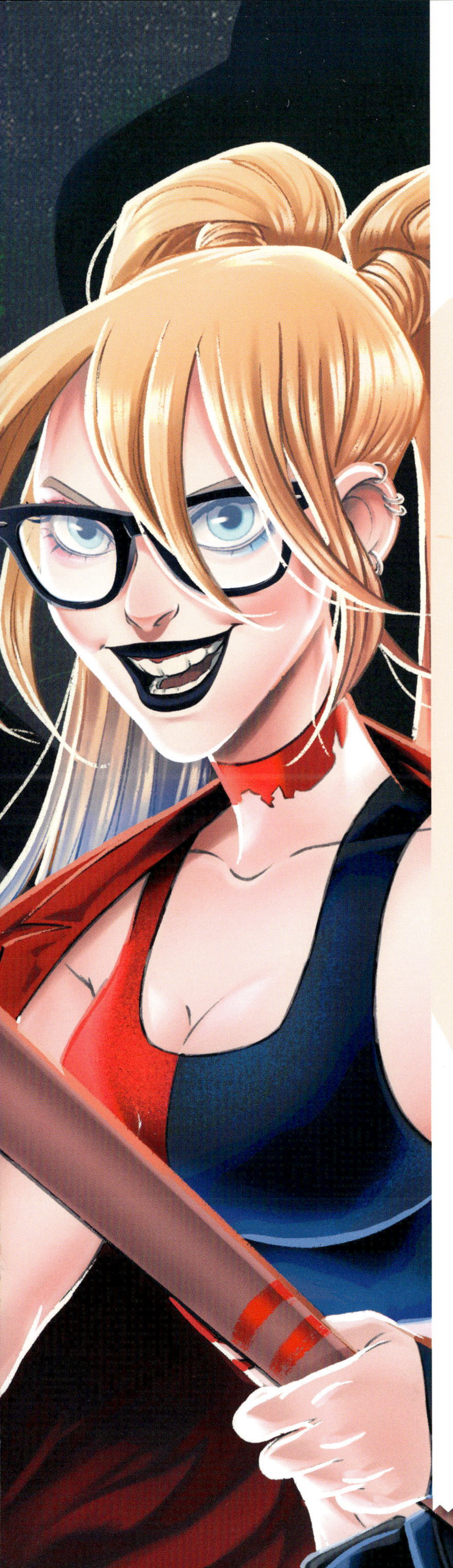

DIE CLOWNPRINZESSIN

Dawn of DC heißt die neue Ära des **DC Comics**-Universums – es ist sozusagen die Morgendämmerung nach Events wie **Dark Crisis** und **Lazarus-Planet**. Im Fokus stehen frische Storylines, voller Überraschungen und Möglichkeiten, die Fans und Neueinsteiger gleichermaßen begeistern. Im Fall von **Harley Quinns** Soloserie wird das noch deutlicher, da mit **Tini Howard** eine neue Stammautorin übernimmt – weshalb wir der Comic-Serie unserer **Clownprinzessin** auch gleich eine neue Nummer 1 spendieren. Wenn schon, denn schon! Wie gewohnt dreht sich alles um die Psychologin **Dr. Harleen Quinzel**, die vor vielen Jahren zur närrischen Geliebten und Gehilfin des **Jokers** wurde, sich nach einiger Zeit von ihm emanzipierte, zur (mindestens!) Antiheldin reifte, ein multimedialer Fanliebling wurde und inzwischen mit **Pamela Isley** alias **Poison Ivy** liiert ist. Nach dem **Batman**-Crossover **Fear State** waren Harley und Ivy trotz ihrer Wiedervereinigung im Showdown der Schlacht um **Gotham City** zwischenzeitlich erst mal getrennte Wege gegangen. Doch in der *Poison Ivy*-Comic-Serie haben die beiden sich wieder zusammengerauft, auch wenn Ivy immer mal allein loszieht. Ansonsten gehören zu Harleys Leben derzeit noch ihr bester Kumpel **Kevin**, ebenfalls ein geläuterter Ex-Scherge des Jokers, und natürlich Harleys Schoß-Hyänen **Bud** und **Lou**, die wie Harley in der *Batman*-Zeichentrickserie der 1990er auftauchten – und die nach dem Comedy-Duo **Bud Abbott** und **Lou Costello** benannt sind. Zuletzt war Harley des Öfteren im **Multiversum** unterwegs, das aus vielen parallelen Welten, Realitäten und Dimensionen besteht. Dieser Band setzt noch vor dem Event **Knight Terrors** ein, in dem der Schurke **Insomnia** den DC-Ikonen krasse Albträume beschert – die man wie unabhängige Parallelwelt-Geschichten lesen kann! Im *Batman Sonderband: Knight Terrors* gibt es die von Tini Howard und **Hayden Sherman** inszenierten Albträume unserer Närrin, die gut zu Harleys Parallelwelt-Abenteuer in diesem Band passen, der neben der Hauptstory noch einige Kurzgeschichten enthält …

Christian Endres

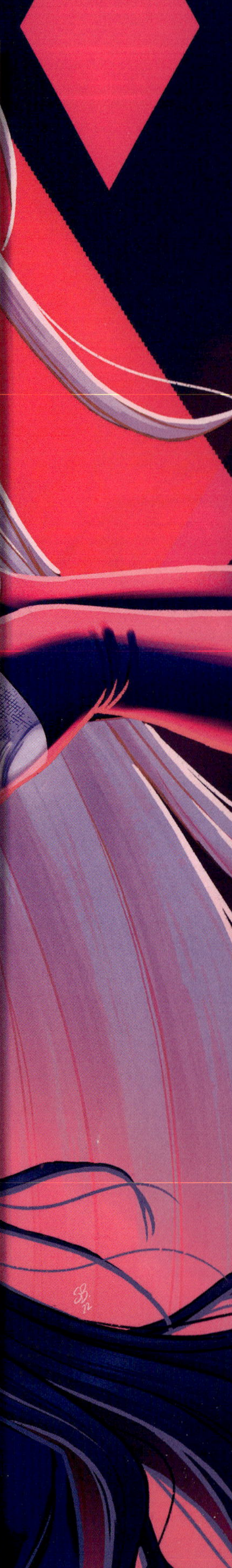

EINE KRISE NACH DER ANDEREN Kapitel 1
Girl in a Crisis, Part 1
Harley Quinn 28
Mai 2023

EINE KRISE NACH DER ANDEREN Kapitel 2
Girl in a Crisis, Part 2
Harley Quinn 29
Juni 2023

EINE KRISE NACH DER ANDEREN Kapitel 3
Girl in a Crisis, Part 3
Harley Quinn 30
Juli 2023

EINE KRISE NACH DER ANDEREN Kapitel 4
Girl in a Crisis, Part 4
Harley Quinn 31
August 2023

LOVELY ANGEL HARLEY QUINN
Lovely Angel Harley Quinn
Harley Quinn 28 (II)
Mai 2023

HYÄNENANGST
Hyena Anxiety
Harley Quinn 29 (II)
Juni 2023

JEDER HASST NEBENQUESTS
Everybody Hates Side Quests
Harley Quinn 30 (II)
Juli 2023

HARLEY GENESIS
Harley Genesis
Harley Quinn 31 (II)
August 2023

TINI HOWARD
Story

SWEENEY BOO
Zeichnungen, Tusche & Farben

JÖRG FASSBENDER
Übersetzung

GIANLUCA PINI
Lettering

SWEENEY BOO
Original-Cover

Harley Quinn geschaffen von **Paul Dini** und **Bruce Timm.**

Batman geschaffen von **Bob Kane** mit **Bill Finger.**

HARLEY QUINN erscheint bei **PANINI COMICS**, Schloßstraße 76, D-70176 Stuttgart. Druck: Chinchio Industria Grafica S.r.l. Pressevertrieb: Stella Distribution GmbH, D-22297 Hamburg. Direkt-Abos auf **www.paninicomics.de**. Geschäftsführer **Hermann Paul**, Publishing Director Europe **Marco M. Lupoi**, Finanzen/Logistik **Felix Bauer**, Marketing Director **Holger Wiest**, Marketing **Thorsten Kleinheinz**, Vertrieb **Alexander Bubenheimer**, PR/Presse **Steffen Volkmer**, Publishing Manager **Lisa Pancaldi**, Redaktion **Tommaso Caretti**, **Carlo Del Grande**, **Christian Endres**, **Christian Grass**, **Gunther Nickel**, **Nicola Soressi**, **Monika Trost**, **Daniela Uhlmann**, Übersetzung **Jörg Faßbender**, Proofreading **Genoveva Fincias Alonso**, Lettering **Gianluca Pini**, grafische Gestaltung **Rudy Remitti**, **Nicola Spano**, Art Director **Alessandro Gucciardo**, Redaktion Panini Comics **Annalisa Califano**, **Beatrice Doti**, Prepress **Francesca Aiello**, **Andrea Bisi**, Repro/Packager **Alessandro Nalli** (coordinator), **Anna Boselli**, **Mario Da Rin Zanco**, **Valentina Esposito**, **Luca Ficarelli**, **Linda Leporati**. Cover von **Sweeney Boo**, *Harley Quinn* 28. Variant-Cover von **Pablo Villalobos**, *Harley Quinn* 28 Variant.

Digitale Ausgaben:
ISBN 978-3-7569-0899-8 (.pdf) / ISBN 978-3-7569-0897-4 (.epub) / ISBN 978-3-7569-0898-1 (.mobi)

Bibliografische Information der Deutschen Nationalbibliothek
Die Deutsche Nationalbibliothek verzeichnet diese Publikation in der Deutschen Nationalbibliografie; detaillierte bibliografische Daten sind im Internet über dnb.d-nb.de abrufbar.

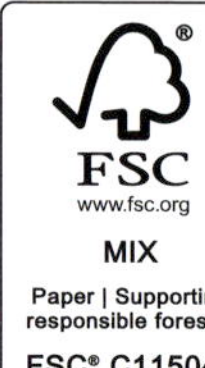

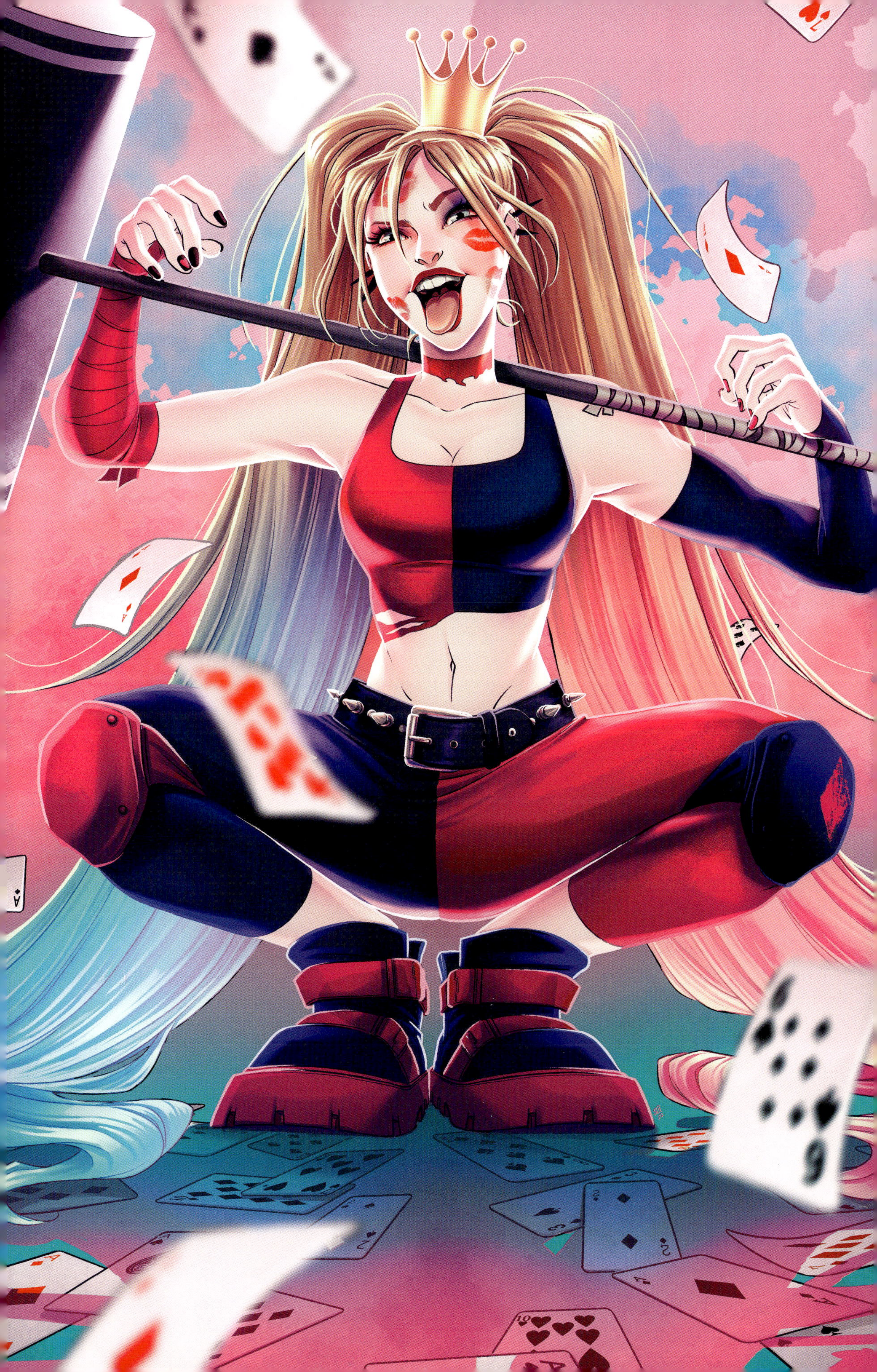

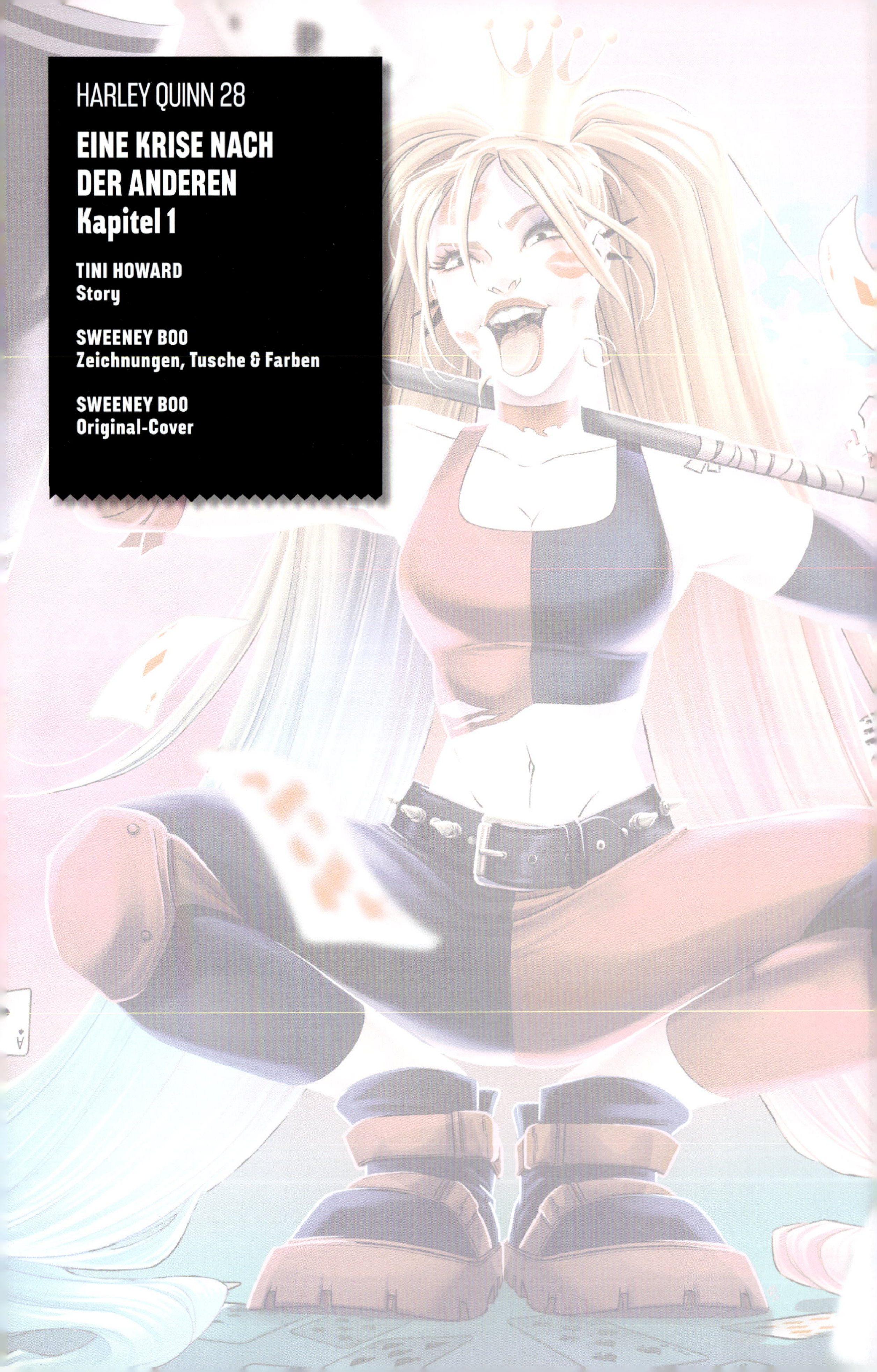

HARLEY QUINN 28

EINE KRISE NACH DER ANDEREN
Kapitel 1

TINI HOWARD
Story

SWEENEY BOO
Zeichnungen, Tusche & Farben

SWEENEY BOO
Original-Cover

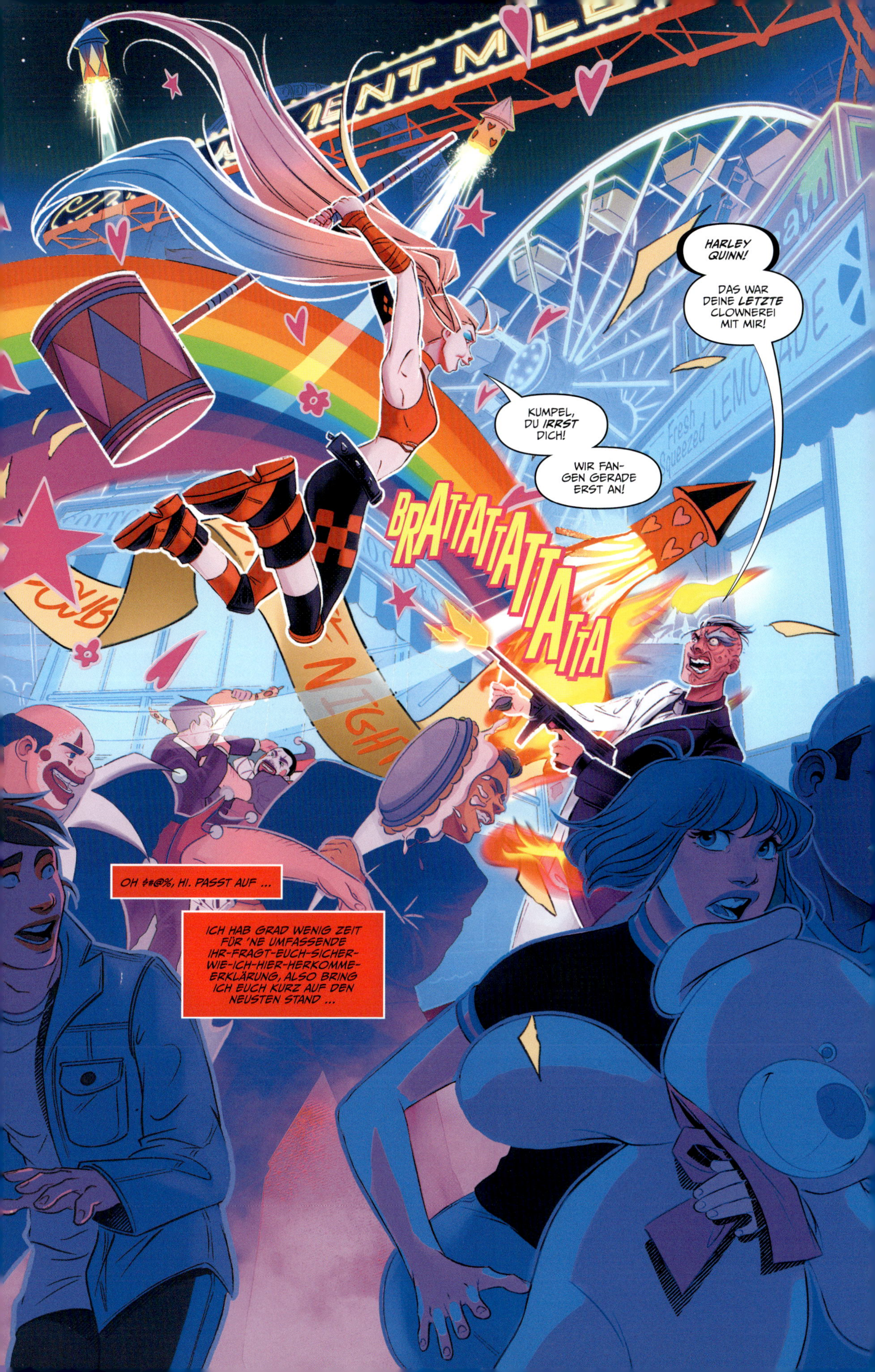
HARLEY QUINN!
DAS WAR DEINE LETZTE CLOWNEREI MIT MIR!
KUMPEL, DU IRRST DICH!
WIR FANGEN GERADE ERST AN!
BRATTATTATTATTA
OH $#@%, HI. PASST AUF ...
ICH HAB GRAD WENIG ZEIT FÜR 'NE UMFASSENDE IHR-FRAGT-EUCH-SICHER-WIE-ICH-HIER-HERKOMME-ERKLÄRUNG, ALSO BRING ICH EUCH KURZ AUF DEN NEUSTEN STAND ...

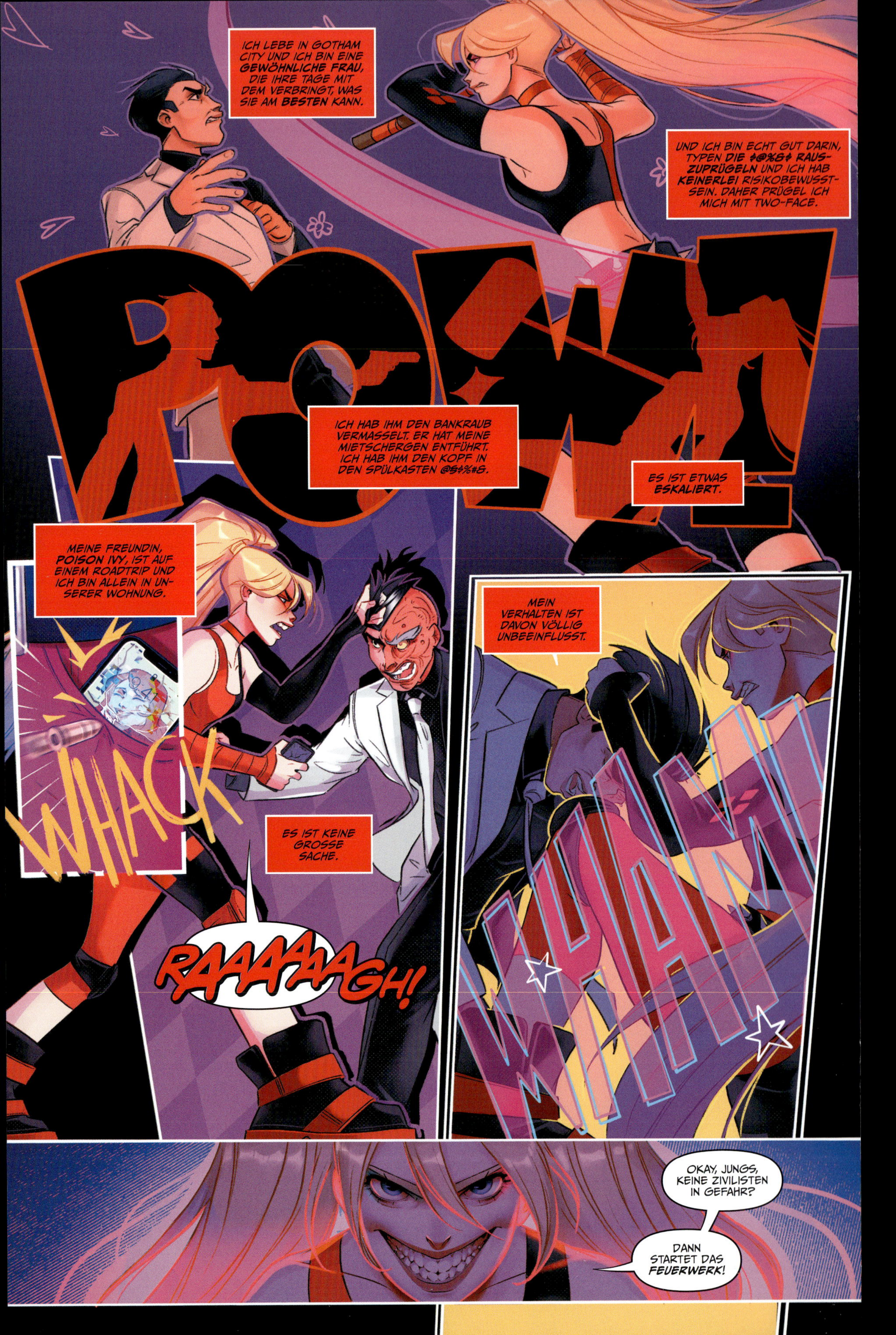
ICH LEBE IN GOTHAM CITY UND ICH BIN EINE **GEWÖHNLICHE FRAU**, DIE IHRE TAGE MIT DEM VERBRINGT, WAS SIE AM **BESTEN** KANN.
UND ICH BIN ECHT GUT DARIN, TYPEN **DIE $@%&$ RAUSZUPRÜGELN** UND ICH HAB **KEINERLEI** RISIKOBEWUSSTSEIN. DAHER PRÜGEL ICH MICH MIT TWO-FACE.
POW!
ICH HAB IHM DEN BANKRAUB VERMASSELT. ER HAT MEINE MIETSCHERGEN ENTFÜHRT. ICH HAB IHM DEN KOPF IN DEN SPÜLKASTEN @&$%#&.
ES IST ETWAS **ESKALIERT**.
MEINE FREUNDIN, **POISON IVY**, IST AUF EINEM ROADTRIP UND ICH BIN ALLEIN IN UNSERER WOHNUNG.
WHACK
ES IST KEINE GROSSE SACHE.
RAAAAAAGH!
MEIN VERHALTEN IST DAVON VÖLLIG UNBEEINFLUSST.
WHAM!
OKAY, JUNGS, KEINE ZIVILISTEN IN GEFAHR?
DANN STARTET DAS **FEUERWERK**!

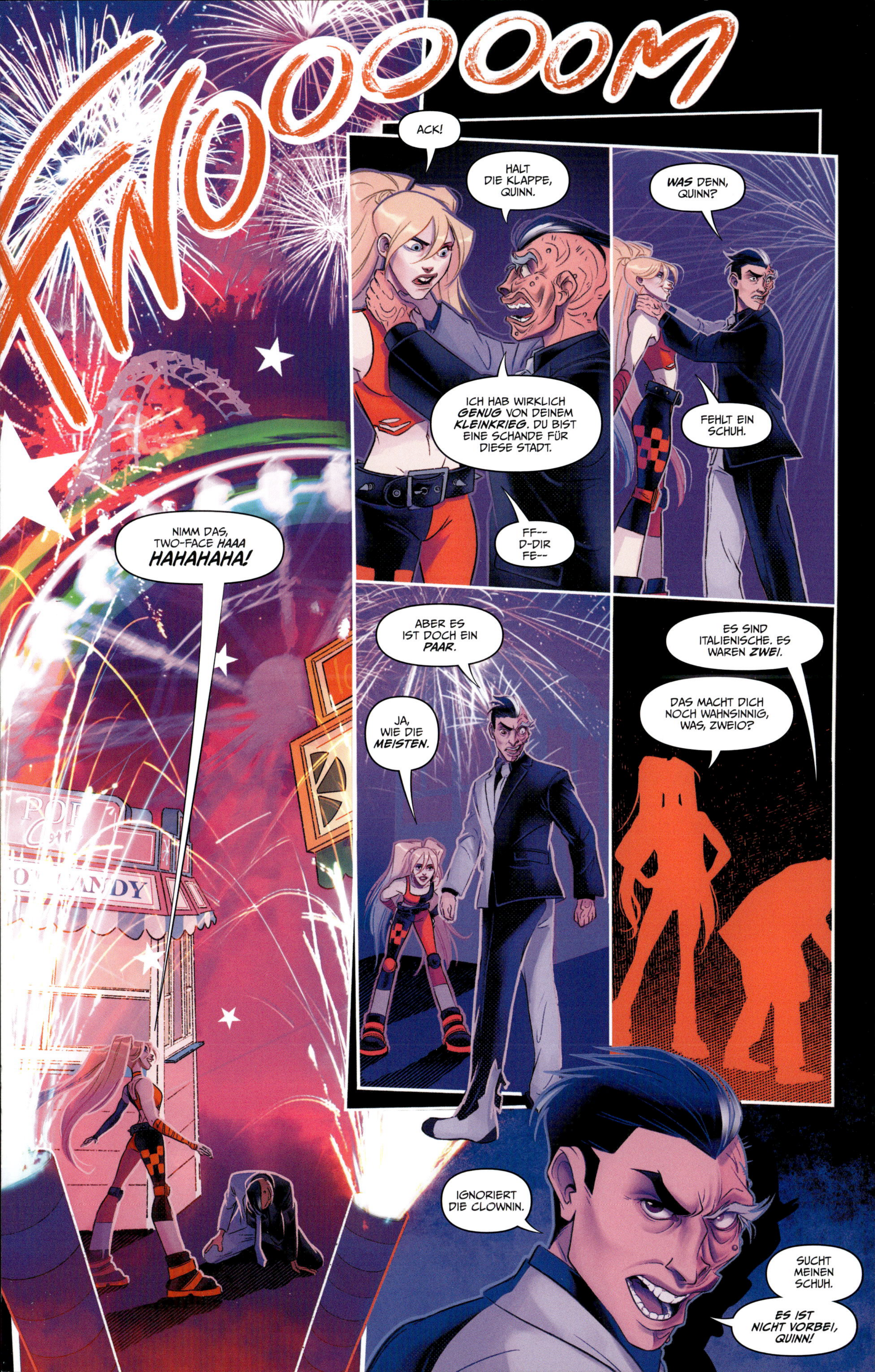
FWOOOOOM
NIMM DAS, TWO-FACE *HAAA* ***HAHAHAHA!***
ACK!
HALT DIE KLAPPE, QUINN.
ICH HAB WIRKLICH ***GENUG*** VON DEINEM ***KLEINKRIEG.*** DU BIST EINE SCHANDE FÜR DIESE STADT.
FF-- D-DIR FE--
WAS DENN, QUINN?
FEHLT EIN SCHUH.
ABER ES IST DOCH EIN ***PAAR.***
JA, WIE DIE ***MEISTEN.***
ES SIND ITALIENISCHE. ES WAREN ***ZWEI.***
DAS MACHT DICH NOCH WAHNSINNIG, WAS, ZWEIO?
IGNORIERT DIE CLOWNIN.
SUCHT MEINEN SCHUH.
ES IST NICHT VORBEI, QUINN!

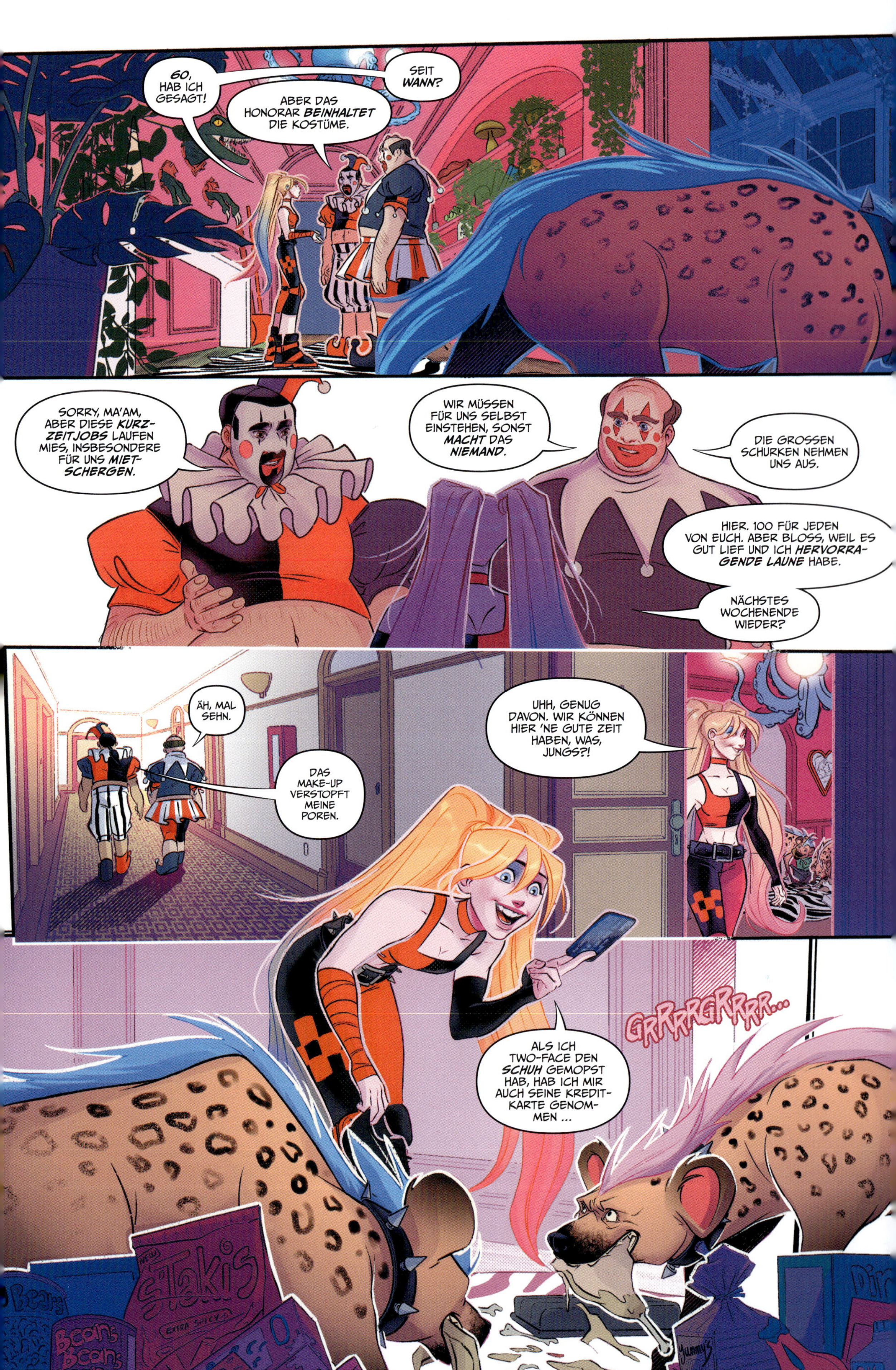
GO, HAB ICH GESAGT!
SEIT WANN?
ABER DAS HONORAR BEINHALTET DIE KOSTÜME.
SORRY, MA'AM, ABER DIESE KURZZEITJOBS LAUFEN MIES, INSBESONDERE FÜR UNS MIETSCHERGEN.
WIR MÜSSEN FÜR UNS SELBST EINSTEHEN, SONST MACHT DAS NIEMAND.
DIE GROSSEN SCHURKEN NEHMEN UNS AUS.
HIER. 100 FÜR JEDEN VON EUCH. ABER BLOSS, WEIL ES GUT LIEF UND ICH HERVORRAGENDE LAUNE HABE.
NÄCHSTES WOCHENENDE WIEDER?
ÄH, MAL SEHN.
DAS MAKE-UP VERSTOPFT MEINE POREN.
UHH, GENUG DAVON. WIR KÖNNEN HIER 'NE GUTE ZEIT HABEN, WAS, JUNGS?!
GRRRRGRRRR...
ALS ICH TWO-FACE DEN SCHUH GEMOPST HAB, HAB ICH MIR AUCH SEINE KREDITKARTE GENOMMEN ...

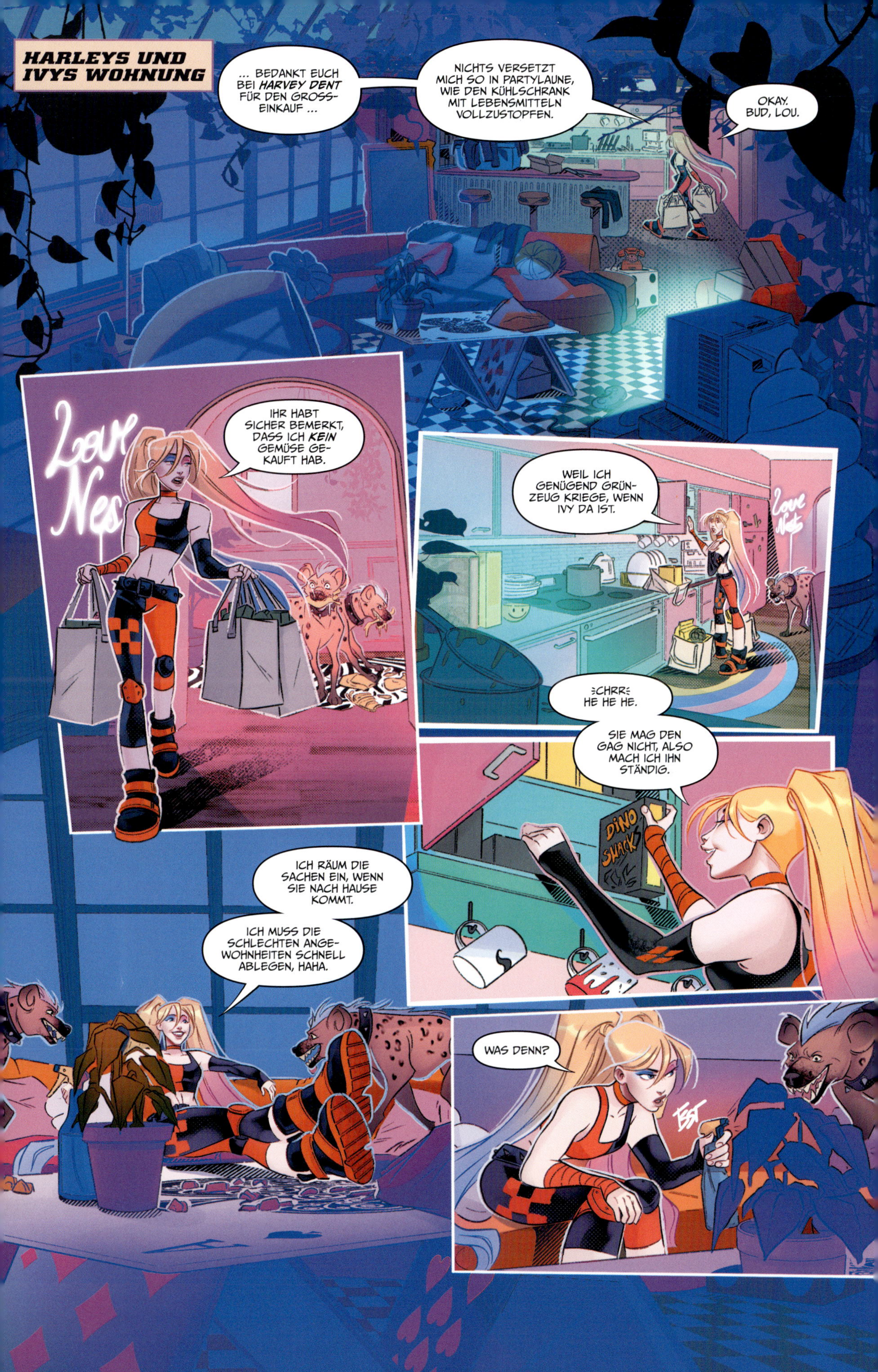
HARLEYS UND IVYS WOHNUNG
... BEDANKT EUCH BEI HARVEY DENT FÜR DEN GROSS-EINKAUF ...
NICHTS VERSETZT MICH SO IN PARTYLAUNE, WIE DEN KÜHLSCHRANK MIT LEBENSMITTELN VOLLZUSTOPFEN.
OKAY. BUD, LOU.
IHR HABT SICHER BEMERKT, DASS ICH KEIN GEMÜSE GE-KAUFT HAB.
WEIL ICH GENÜGEND GRÜN-ZEUG KRIEGE, WENN IVY DA IST.
SCHRR HE HE HE.
SIE MAG DEN GAG NICHT, ALSO MACH ICH IHN STÄNDIG.
DINO SNACKS
ICH RÄUM DIE SACHEN EIN, WENN SIE NACH HAUSE KOMMT.
ICH MUSS DIE SCHLECHTEN ANGE-WOHNHEITEN SCHNELL ABLEGEN, HAHA.
WAS DENN?
TSST

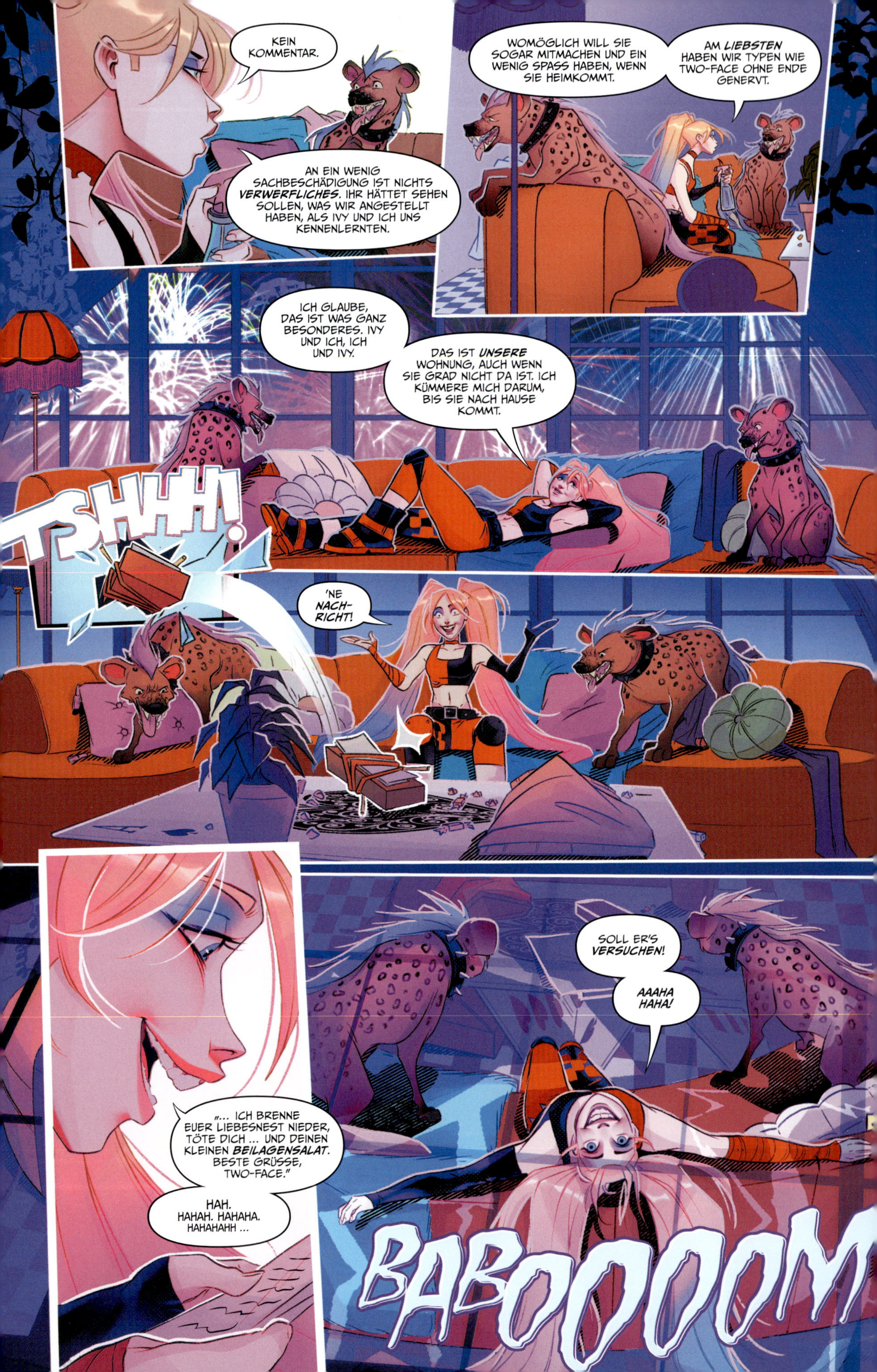
KEIN KOMMENTAR.
AN EIN WENIG SACHBESCHÄDIGUNG IST NICHTS VERWERFLICHES. IHR HÄTTET SEHEN SOLLEN, WAS WIR ANGESTELLT HABEN, ALS IVY UND ICH UNS KENNENLERNTEN.
WOMÖGLICH WILL SIE SOGAR MITMACHEN UND EIN WENIG SPASS HABEN, WENN SIE HEIMKOMMT.
AM LIEBSTEN HABEN WIR TYPEN WIE TWO-FACE OHNE ENDE GENERVT.
ICH GLAUBE, DAS IST WAS GANZ BESONDERES. IVY UND ICH, ICH UND IVY.
DAS IST UNSERE WOHNUNG, AUCH WENN SIE GRAD NICHT DA IST. ICH KÜMMERE MICH DARUM, BIS SIE NACH HAUSE KOMMT.
TSHHH!
'NE NACH-RICHT!
"... ICH BRENNE EUER LIEBESNEST NIEDER, TÖTE DICH ... UND DEINEN KLEINEN BEILAGENSALAT. BESTE GRÜSSE, TWO-FACE."
HAH. HAHAH. HAHAHA. HAHAHAHH ...
SOLL ER'S VERSUCHEN!
AAAHA HAHA!
BABOOOOOM

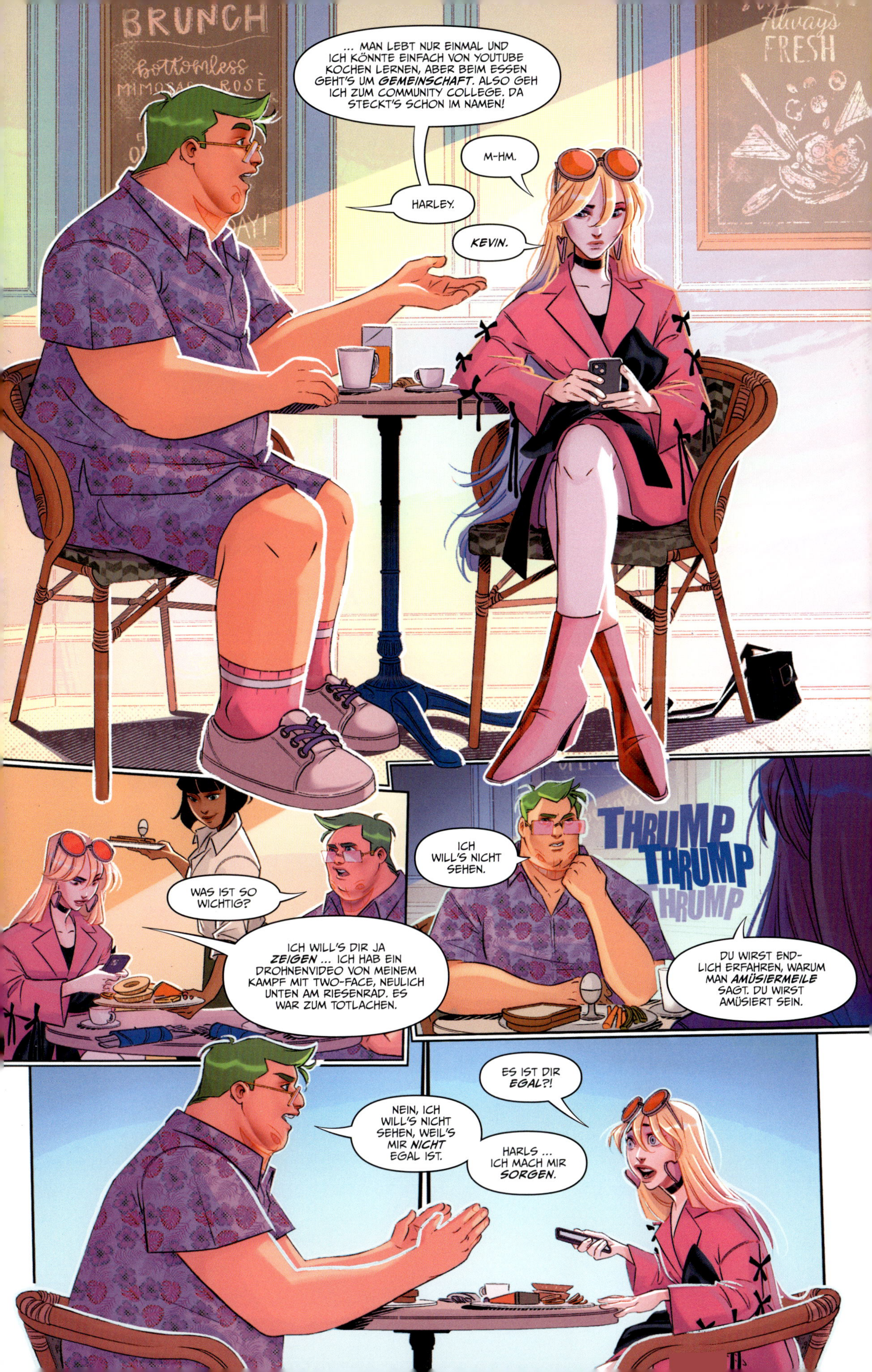
BRUNCH
bottomless
MIMOSAS ROSÈ
Always
FRESH
… MAN LEBT NUR EINMAL UND ICH KÖNNTE EINFACH VON YOUTUBE KOCHEN LERNEN, ABER BEIM ESSEN GEHT'S UM *GEMEINSCHAFT*. ALSO GEH ICH ZUM COMMUNITY COLLEGE. DA STECKT'S SCHON IM NAMEN!
HARLEY.
M-HM.
KEVIN.
WAS IST SO WICHTIG?
ICH WILL'S DIR JA *ZEIGEN* … ICH HAB EIN DROHNENVIDEO VON MEINEM KAMPF MIT TWO-FACE, NEULICH UNTEN AM RIESENRAD. ES WAR ZUM TOTLACHEN.
ICH WILL'S NICHT SEHEN.
THRUMP THRUMP THRUMP
DU WIRST ENDLICH ERFAHREN, WARUM MAN *AMÜSIERMEILE* SAGT. DU WIRST AMÜSIERT SEIN.
ES IST DIR *EGAL*?!
NEIN, ICH WILL'S NICHT SEHEN, WEIL'S MIR *NICHT* EGAL IST.
HARLS … ICH MACH MIR *SORGEN*.

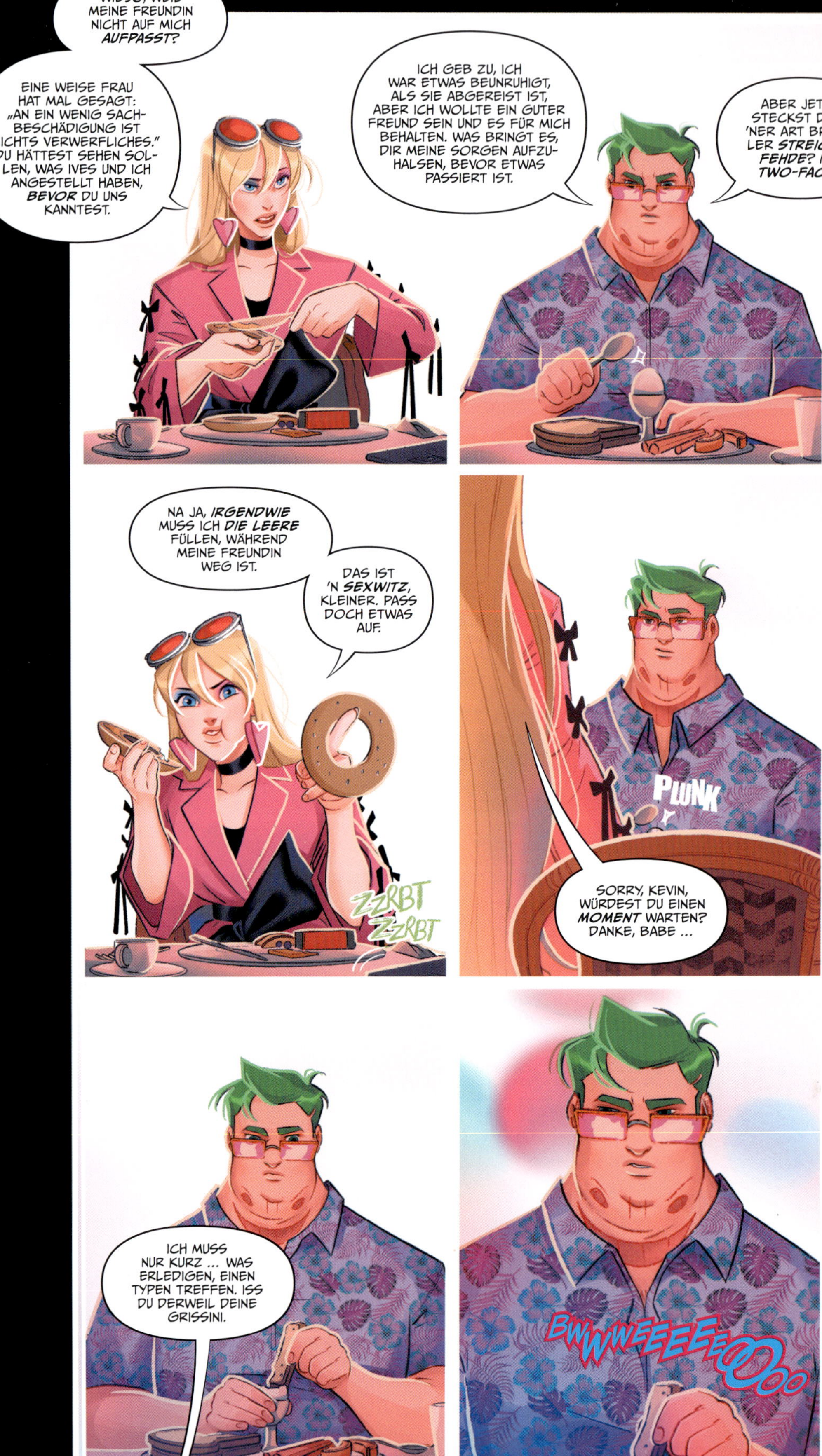
WIESO, WEIL MEINE FREUNDIN NICHT AUF MICH AUFPASST?
EINE WEISE FRAU HAT MAL GESAGT: „AN EIN WENIG SACH-BESCHÄDIGUNG IST NICHTS VERWERFLICHES.“ DU HÄTTEST SEHEN SOL-LEN, WAS IVES UND ICH ANGESTELLT HABEN, BEVOR DU UNS KANNTEST.
ICH GEB ZU, ICH WAR ETWAS BEUNRUHIGT, ALS SIE ABGEREIST IST, ABER ICH WOLLTE EIN GUTER FREUND SEIN UND ES FÜR MICH BEHALTEN. WAS BRINGT ES, DIR MEINE SORGEN AUFZU-HALSEN, BEVOR ETWAS PASSIERT IST.
ABER JETZT STECKST DU IN 'NER ART BRUTA-LER STREICHE-FEHDE? MIT TWO-FACE?
NA JA, IRGENDWIE MUSS ICH DIE LEERE FÜLLEN, WÄHREND MEINE FREUNDIN WEG IST.
DAS IST 'N SEXWITZ, KLEINER. PASS DOCH ETWAS AUF.
ZZRBT ZZRBT
PLUNK
SORRY, KEVIN, WÜRDEST DU EINEN MOMENT WARTEN? DANKE, BABE ...
ICH MUSS NUR KURZ ... WAS ERLEDIGEN, EINEN TYPEN TREFFEN. ISS DU DERWEIL DEINE GRISSINI.
BWWWEEEEEOOOoo

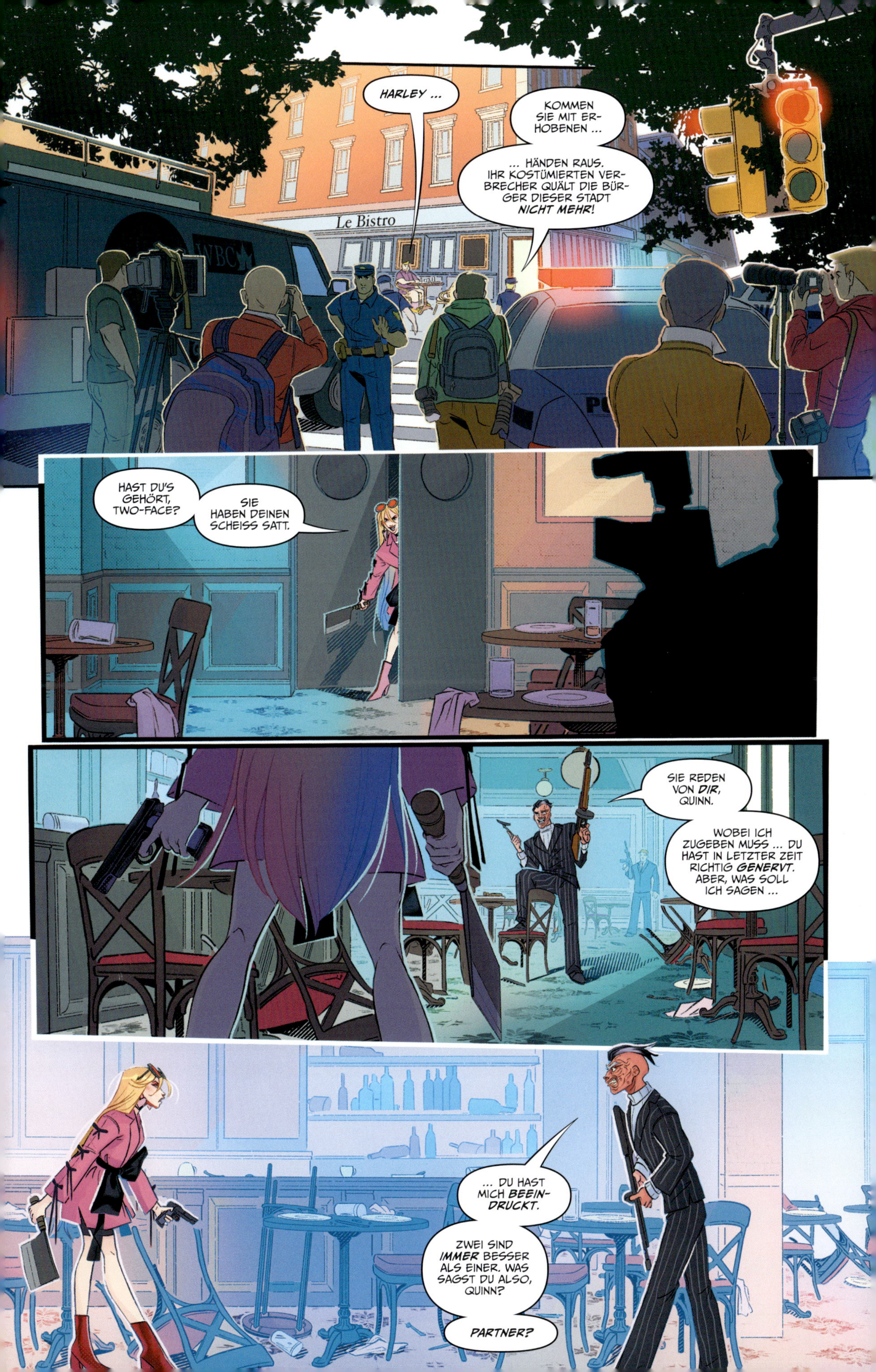
HARLEY ...
KOMMEN SIE MIT ER-HOBENEN ...
... HÄNDEN RAUS. IHR KOSTÜMIERTEN VER-BRECHER QUÄLT DIE BÜR-GER DIESER STADT NICHT MEHR!
Le Bistro
HAST DU'S GEHÖRT, TWO-FACE?
SIE HABEN DEINEN SCHEISS SATT.
SIE REDEN VON DIR, QUINN.
WOBEI ICH ZUGEBEN MUSS ... DU HAST IN LETZTER ZEIT RICHTIG GENERVT. ABER, WAS SOLL ICH SAGEN ...
... DU HAST MICH BEEIN-DRUCKT.
ZWEI SIND IMMER BESSER ALS EINER. WAS SAGST DU ALSO, QUINN?
PARTNER?

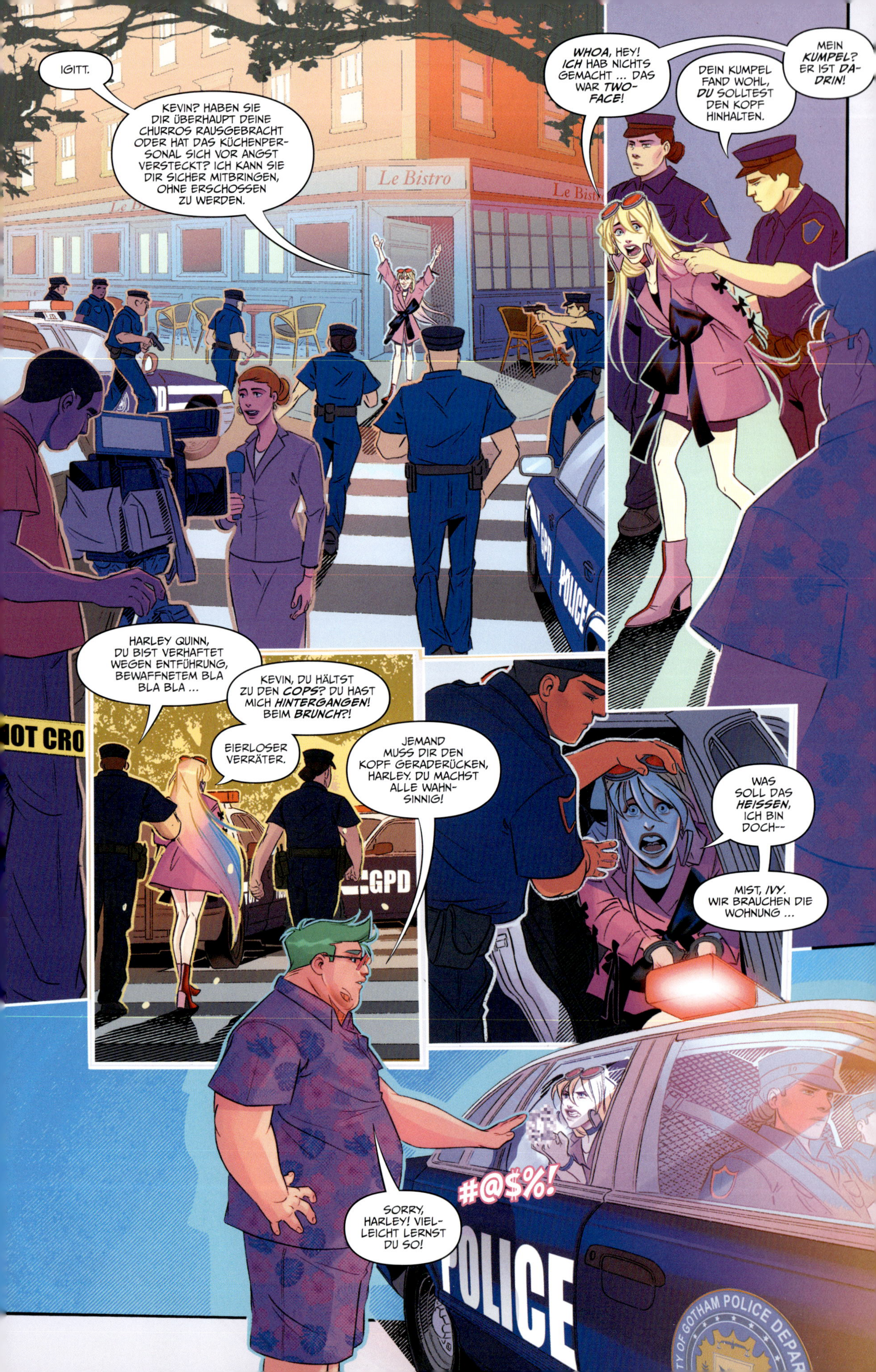
IGITT.
KEVIN? HABEN SIE DIR ÜBERHAUPT DEINE CHURROS RAUSGEBRACHT ODER HAT DAS KÜCHENPERSONAL SICH VOR ANGST VERSTECKT? ICH KANN SIE DIR SICHER MITBRINGEN, OHNE ERSCHOSSEN ZU WERDEN.
Le Bistro
Le Bistro
WHOA, HEY! ICH HAB NICHTS GEMACHT ... DAS WAR TWO-FACE!
DEIN KUMPEL FAND WOHL, DU SOLLTEST DEN KOPF HINHALTEN.
MEIN KUMPEL? ER IST DA-DRIN!
HARLEY QUINN, DU BIST VERHAFTET WEGEN ENTFÜHRUNG, BEWAFFNETEM BLA BLA BLA ...
KEVIN, DU HÄLTST ZU DEN COPS? DU HAST MICH HINTERGANGEN! BEIM BRUNCH?!
EIERLOSER VERRÄTER.
JEMAND MUSS DIR DEN KOPF GERADERÜCKEN, HARLEY. DU MACHST ALLE WAHNSINNIG!
WAS SOLL DAS HEISSEN, ICH BIN DOCH--
MIST, IVY. WIR BRAUCHEN DIE WOHNUNG ...
#@$%!
SORRY, HARLEY! VIELLEICHT LERNST DU SO!
POLICE

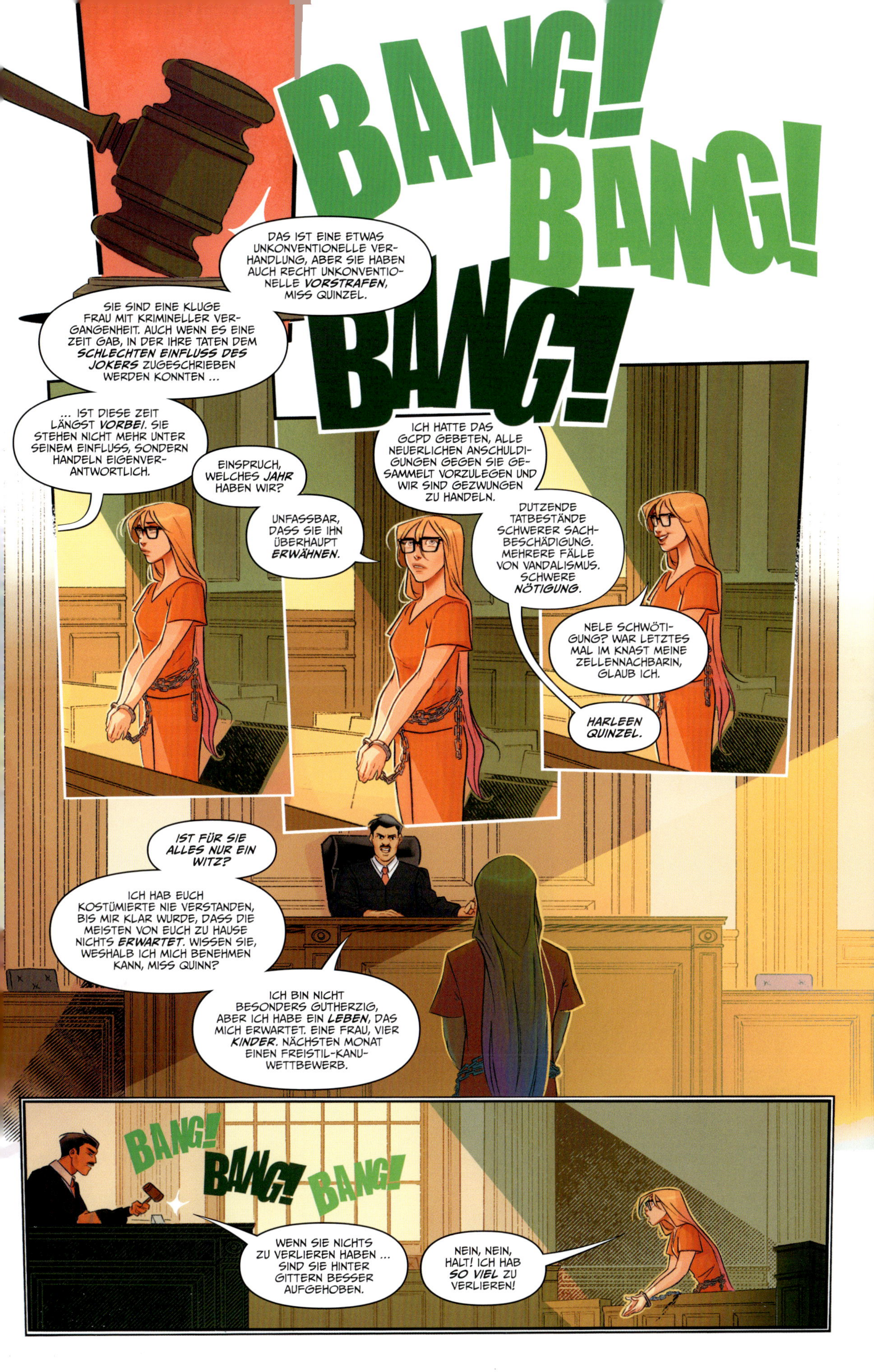
BANG! BANG! BANG!
DAS IST EINE ETWAS UNKONVENTIONELLE VERHANDLUNG, ABER SIE HABEN AUCH RECHT UNKONVENTIONELLE **VORSTRAFEN**, MISS QUINZEL.
SIE SIND EINE KLUGE FRAU MIT KRIMINELLER VERGANGENHEIT. AUCH WENN ES EINE ZEIT GAB, IN DER IHRE TATEN DEM **SCHLECHTEN EINFLUSS DES JOKERS** ZUGESCHRIEBEN WERDEN KONNTEN ...
... IST DIESE ZEIT LÄNGST **VORBEI**. SIE STEHEN NICHT MEHR UNTER SEINEM EINFLUSS, SONDERN HANDELN EIGENVERANTWORTLICH.
EINSPRUCH, WELCHES **JAHR** HABEN WIR?
UNFASSBAR, DASS SIE IHN ÜBERHAUPT **ERWÄHNEN**.
ICH HATTE DAS GCPD GEBETEN, ALLE NEUERLICHEN ANSCHULDIGUNGEN GEGEN SIE GESAMMELT VORZULEGEN UND WIR SIND GEZWUNGEN ZU HANDELN.
DUTZENDE TATBESTÄNDE SCHWERER SACHBESCHÄDIGUNG. MEHRERE FÄLLE VON VANDALISMUS. SCHWERE **NÖTIGUNG**.
NELE SCHWÖTIGUNG? WAR LETZTES MAL IM KNAST MEINE ZELLENNACHBARIN, GLAUB ICH.
HARLEEN QUINZEL.
IST FÜR SIE ALLES NUR EIN WITZ?
ICH HAB EUCH KOSTÜMIERTE NIE VERSTANDEN, BIS MIR KLAR WURDE, DASS DIE MEISTEN VON EUCH ZU HAUSE NICHTS **ERWARTET**. WISSEN SIE, WESHALB ICH MICH BENEHMEN KANN, MISS QUINN?
ICH BIN NICHT BESONDERS GUTHERZIG, ABER ICH HABE EIN **LEBEN**, DAS MICH ERWARTET. EINE FRAU, VIER **KINDER**. NÄCHSTEN MONAT EINEN FREISTIL-KANU-WETTBEWERB.
BANG! BANG! BANG!
WENN SIE NICHTS ZU VERLIEREN HABEN ... SIND SIE HINTER GITTERN BESSER AUFGEHOBEN.
NEIN, NEIN, HALT! ICH HAB **SO VIEL** ZU VERLIEREN!

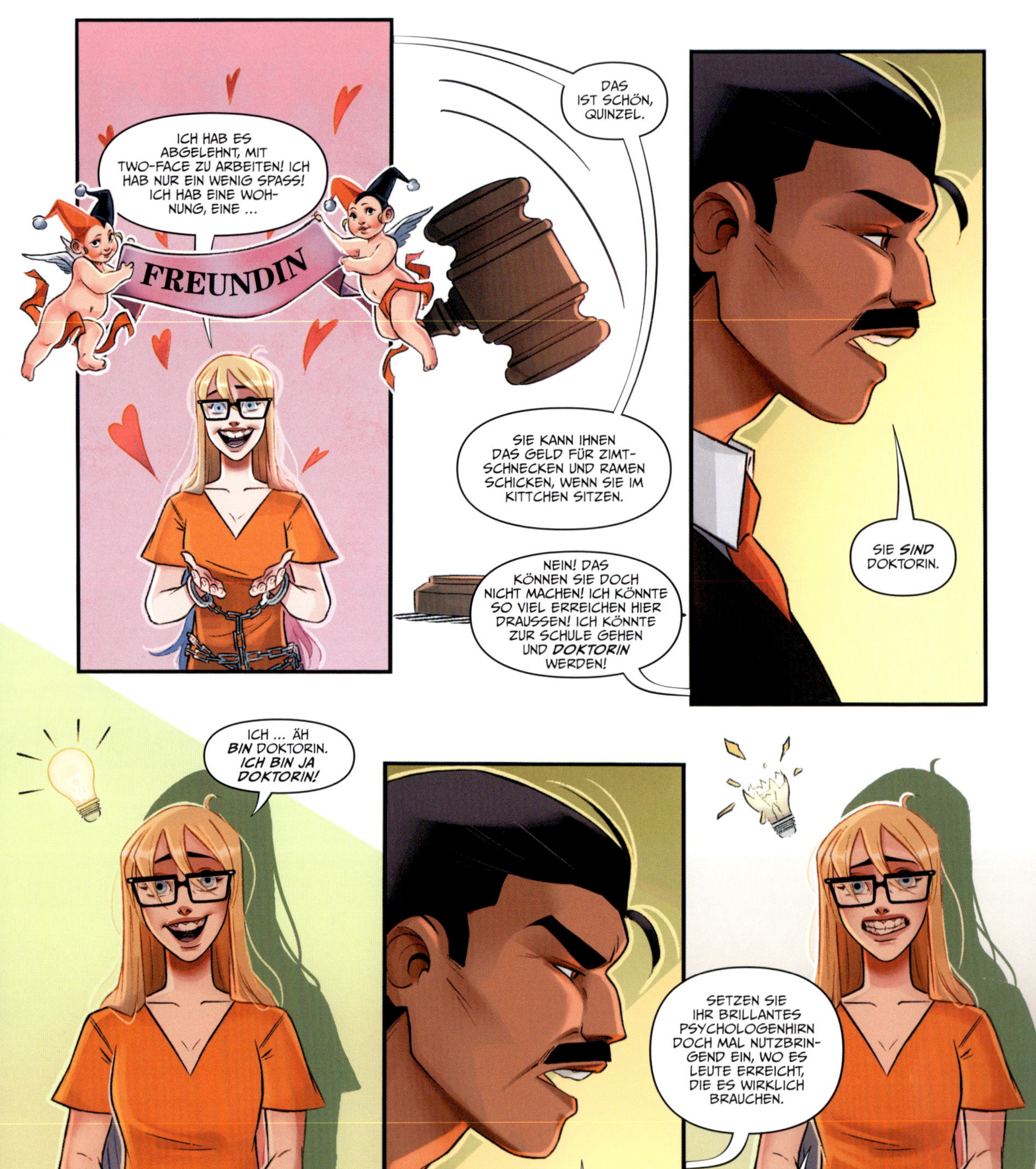
ICH HAB ES ABGELEHNT, MIT TWO-FACE ZU ARBEITEN! ICH HAB NUR EIN WENIG SPASS! ICH HAB EINE WOH-NUNG, EINE ...
FREUNDIN
DAS IST SCHÖN, QUINZEL.
SIE KANN IHNEN DAS GELD FÜR ZIMT-SCHNECKEN UND RAMEN SCHICKEN, WENN SIE IM KITTCHEN SITZEN.
NEIN! DAS KÖNNEN SIE DOCH NICHT MACHEN! ICH KÖNNTE SO VIEL ERREICHEN HIER DRAUSSEN! ICH KÖNNTE ZUR SCHULE GEHEN UND *DOKTORIN* WERDEN!
SIE *SIND* DOKTORIN.
ICH ... ÄH *BIN* DOKTORIN. *ICH BIN JA DOKTORIN!*
DAS GOTHAM CITY COMMUNITY COLLEGE BRAUCHT LEHRPERSONAL. DRIN-GEND. DIE BEZAHLUNG IST ZU NIEDRIG, UM LEUTE ZU HALTEN, ICH DENKE DAHER ... AN *ZWANGSARBEIT*.
SOZIALDIENST, MISS QUINZEL, DAS FEHLT IHNEN.
SETZEN SIE IHR BRILLANTES PSYCHOLOGENHIRN DOCH MAL NUTZBRIN-GEND EIN, WO ES LEUTE ERREICHT, DIE ES WIRKLICH BRAUCHEN.
HAHA ... MOMENT. *WAS?!*

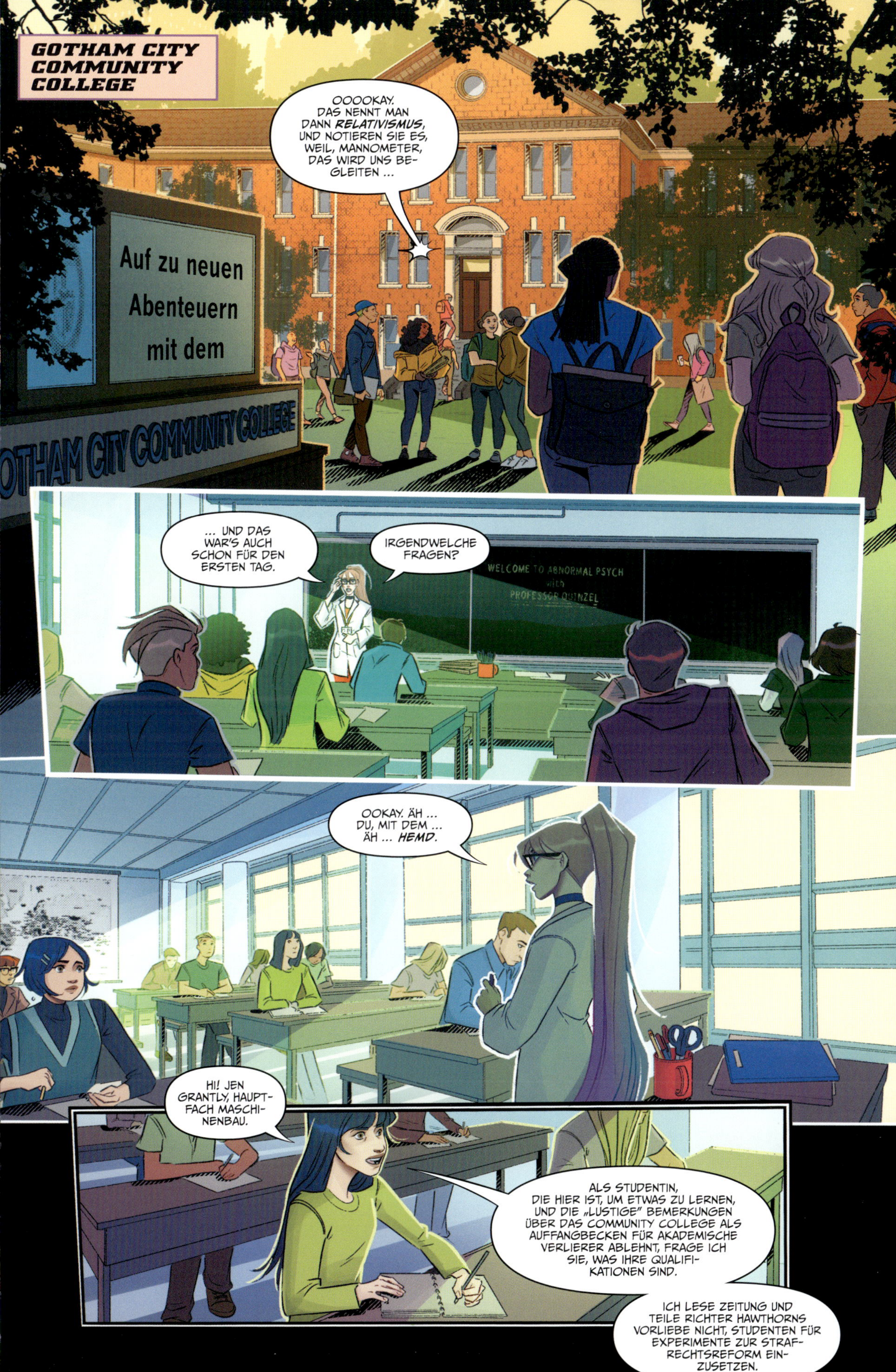

GOTHAM CITY COMMUNITY COLLEGE
OOOOKAY. DAS NENNT MAN DANN ***RELATIVISMUS***, UND NOTIEREN SIE ES, WEIL, MANNOMETER, DAS WIRD UNS BEGLEITEN ...
Auf zu neuen Abenteuern mit dem
GOTHAM CITY COMMUNITY COLLEGE
... UND DAS WAR'S AUCH SCHON FÜR DEN ERSTEN TAG.
IRGENDWELCHE FRAGEN?
WELCOME TO ABNORMAL PSYCH with PROFESSOR QUINZEL
OOKAY. ÄH ... DU, MIT DEM ... ÄH ... ***HEMD.***
HI! JEN GRANTLY, HAUPTFACH MASCHINENBAU.
ALS STUDENTIN, DIE HIER IST, UM ETWAS ZU LERNEN, UND DIE „LUSTIGE" BEMERKUNGEN ÜBER DAS COMMUNITY COLLEGE ALS AUFFANGBECKEN FÜR AKADEMISCHE VERLIERER ABLEHNT, FRAGE ICH SIE, WAS IHRE QUALIFIKATIONEN SIND.
ICH LESE ZEITUNG UND TEILE RICHTER HAWTHORNS VORLIEBE NICHT, STUDENTEN FÜR EXPERIMENTE ZUR STRAFRECHTSREFORM EINZUSETZEN.

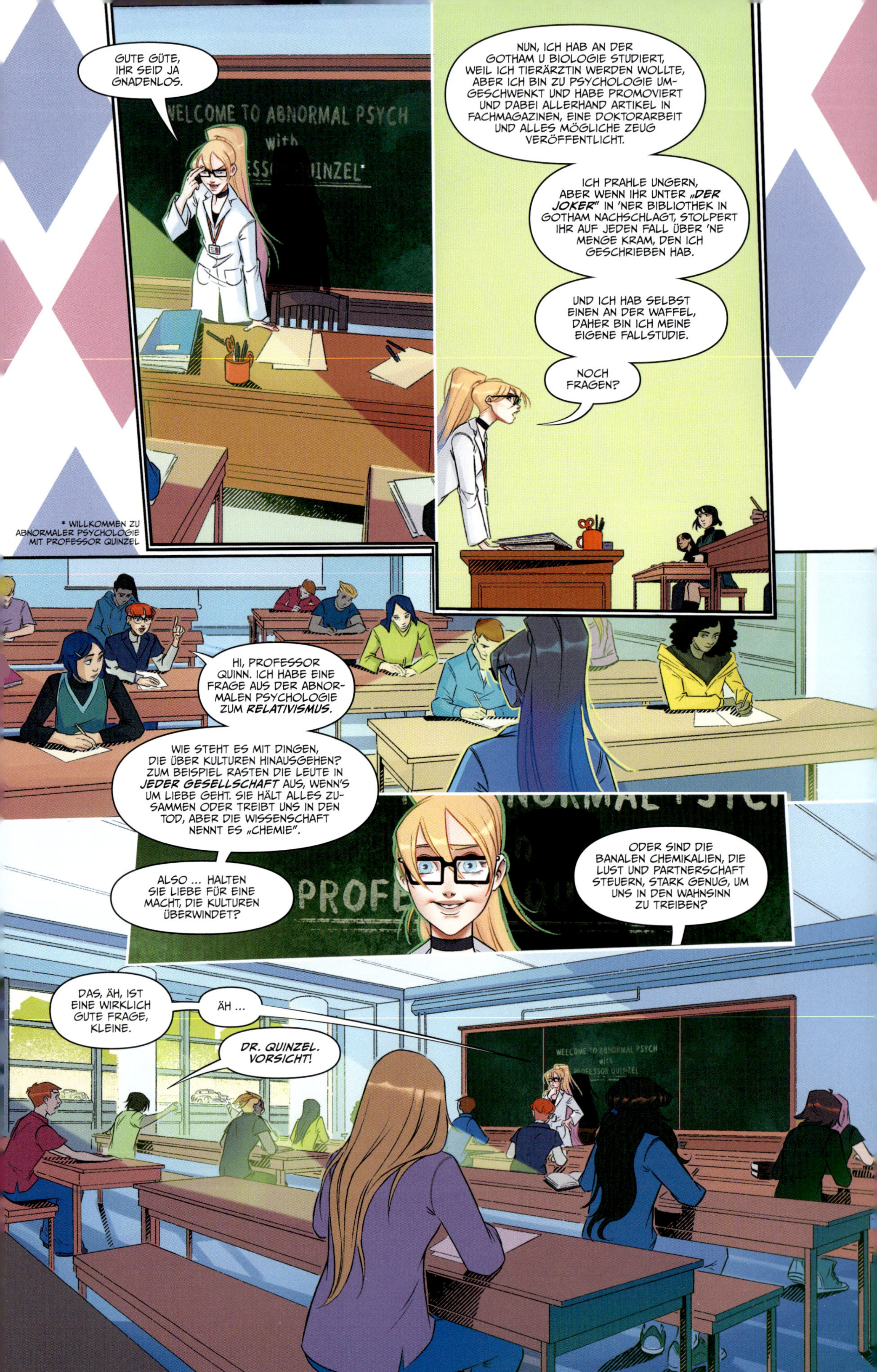
GUTE GÜTE, IHR SEID JA GNADENLOS.
WELCOME TO ABNORMAL PSYCH with PROFESSOR QUINZEL*
* WILLKOMMEN ZU ABNORMALER PSYCHOLOGIE MIT PROFESSOR QUINZEL
NUN, ICH HAB AN DER GOTHAM U BIOLOGIE STUDIERT, WEIL ICH TIERÄRZTIN WERDEN WOLLTE, ABER ICH BIN ZU PSYCHOLOGIE UMGESCHWENKT UND HABE PROMOVIERT UND DABEI ALLERHAND ARTIKEL IN FACHMAGAZINEN, EINE DOKTORARBEIT UND ALLES MÖGLICHE ZEUG VERÖFFENTLICHT.
ICH PRAHLE UNGERN, ABER WENN IHR UNTER „DER JOKER" IN 'NER BIBLIOTHEK IN GOTHAM NACHSCHLAGT, STOLPERT IHR AUF JEDEN FALL ÜBER 'NE MENGE KRAM, DEN ICH GESCHRIEBEN HAB.
UND ICH HAB SELBST EINEN AN DER WAFFEL, DAHER BIN ICH MEINE EIGENE FALLSTUDIE.
NOCH FRAGEN?
HI, PROFESSOR QUINN. ICH HABE EINE FRAGE AUS DER ABNORMALEN PSYCHOLOGIE ZUM RELATIVISMUS.
WIE STEHT ES MIT DINGEN, DIE ÜBER KULTUREN HINAUSGEHEN? ZUM BEISPIEL RASTEN DIE LEUTE IN JEDER GESELLSCHAFT AUS, WENN'S UM LIEBE GEHT. SIE HÄLT ALLES ZUSAMMEN ODER TREIBT UNS IN DEN TOD, ABER DIE WISSENSCHAFT NENNT ES „CHEMIE".
ALSO ... HALTEN SIE LIEBE FÜR EINE MACHT, DIE KULTUREN ÜBERWINDET?
ODER SIND DIE BANALEN CHEMIKALIEN, DIE LUST UND PARTNERSCHAFT STEUERN, STARK GENUG, UM UNS IN DEN WAHNSINN ZU TREIBEN?
DAS, ÄH, IST EINE WIRKLICH GUTE FRAGE, KLEINE.
ÄH ...
DR. QUINZEL. VORSICHT!
WELCOME TO ABNORMAL PSYCH with PROFESSOR QUINZEL

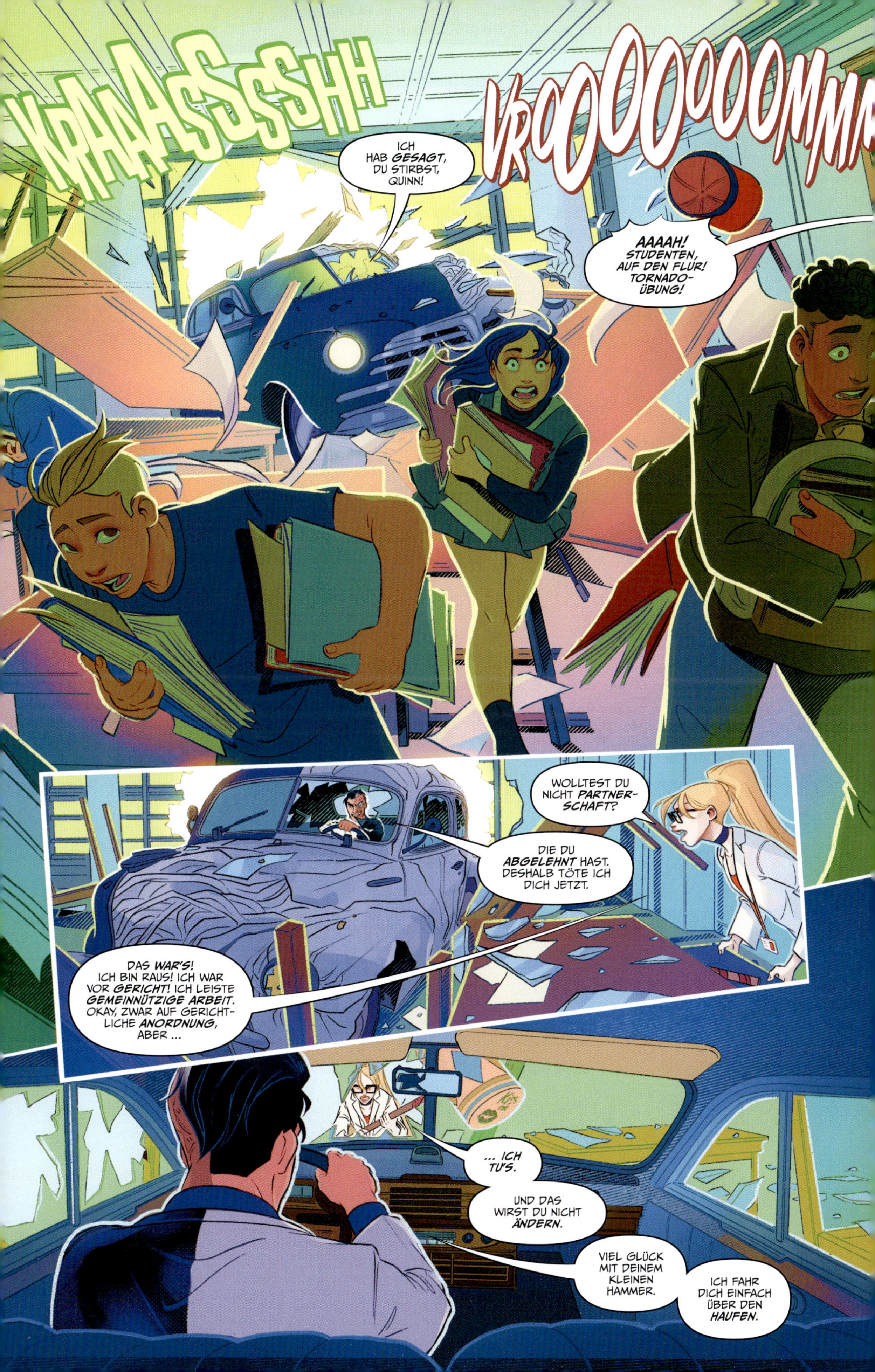
KRAAASSSSHH
VROOOOOOOMM
ICH HAB GESAGT, DU STIRBST, QUINN!
AAAAH! STUDENTEN, AUF DEN FLUR! TORNADO-ÜBUNG!
WOLLTEST DU NICHT PARTNERSCHAFT?
DIE DU ABGELEHNT HAST. DESHALB TÖTE ICH DICH JETZT.
DAS WAR'S! ICH BIN RAUS! ICH WAR VOR GERICHT! ICH LEISTE GEMEINNÜTZIGE ARBEIT. OKAY, ZWAR AUF GERICHTLICHE ANORDNUNG, ABER ...
... ICH TU'S.
UND DAS WIRST DU NICHT ÄNDERN.
VIEL GLÜCK MIT DEINEM KLEINEN HAMMER.
ICH FAHR DICH EINFACH ÜBER DEN HAUFEN.

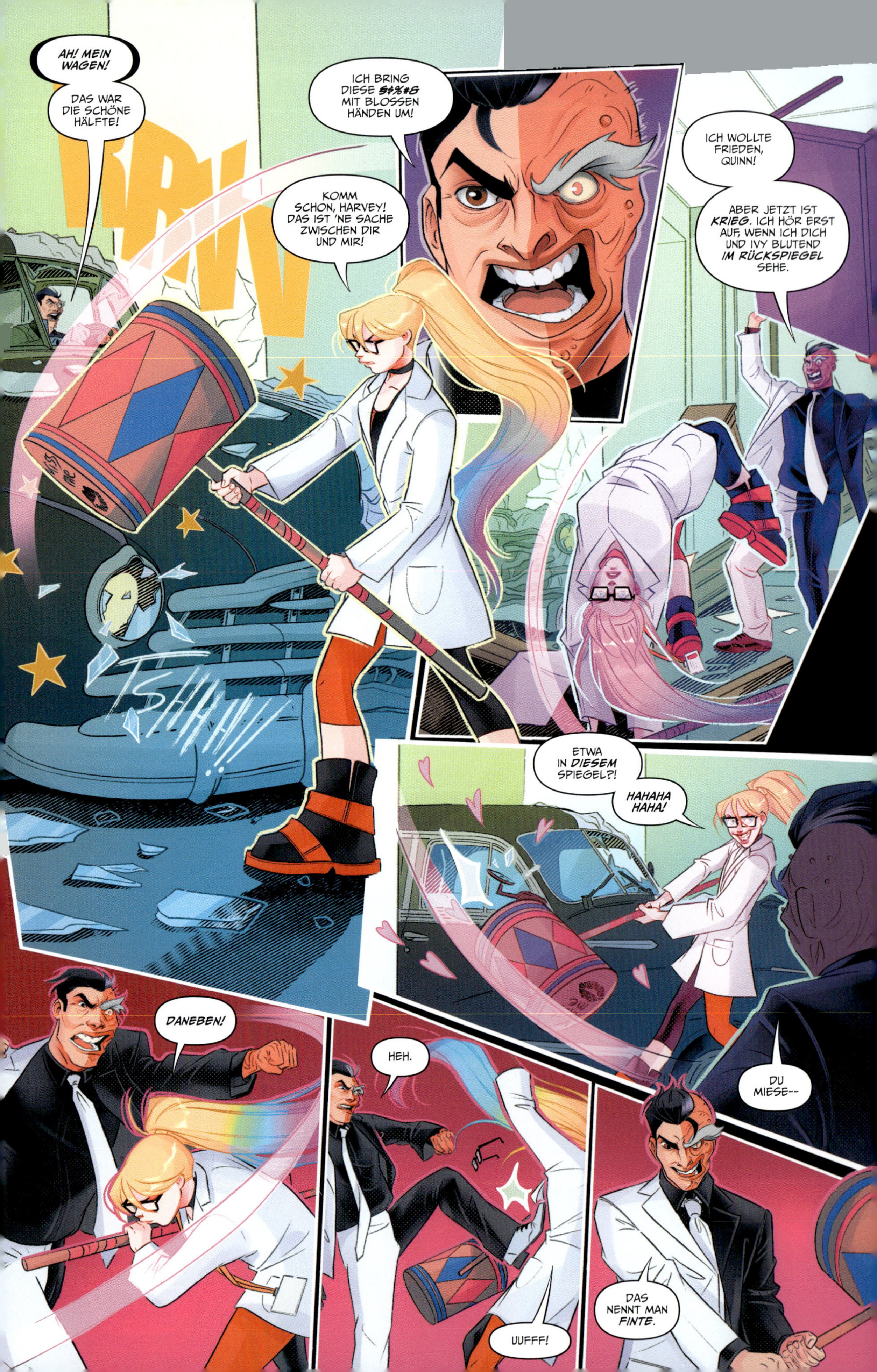

AH! MEIN WAGEN!
DAS WAR DIE SCHÖNE HÄLFTE!
ICH BRING DIESE $$%#& MIT BLOSSEN HÄNDEN UM!
KOMM SCHON, HARVEY! DAS IST 'NE SACHE ZWISCHEN DIR UND MIR!
ICH WOLLTE FRIEDEN, QUINN!
ABER JETZT IST **KRIEG**. ICH HÖR ERST AUF, WENN ICH DICH UND IVY BLUTEND **IM RÜCKSPIEGEL** SEHE.
ETWA IN **DIESEM** SPIEGEL?!
HAHAHA HAHA!
DANEBEN!
HEH.
UUFFF!
DU MIESE--
DAS NENNT MAN **FINTE**.

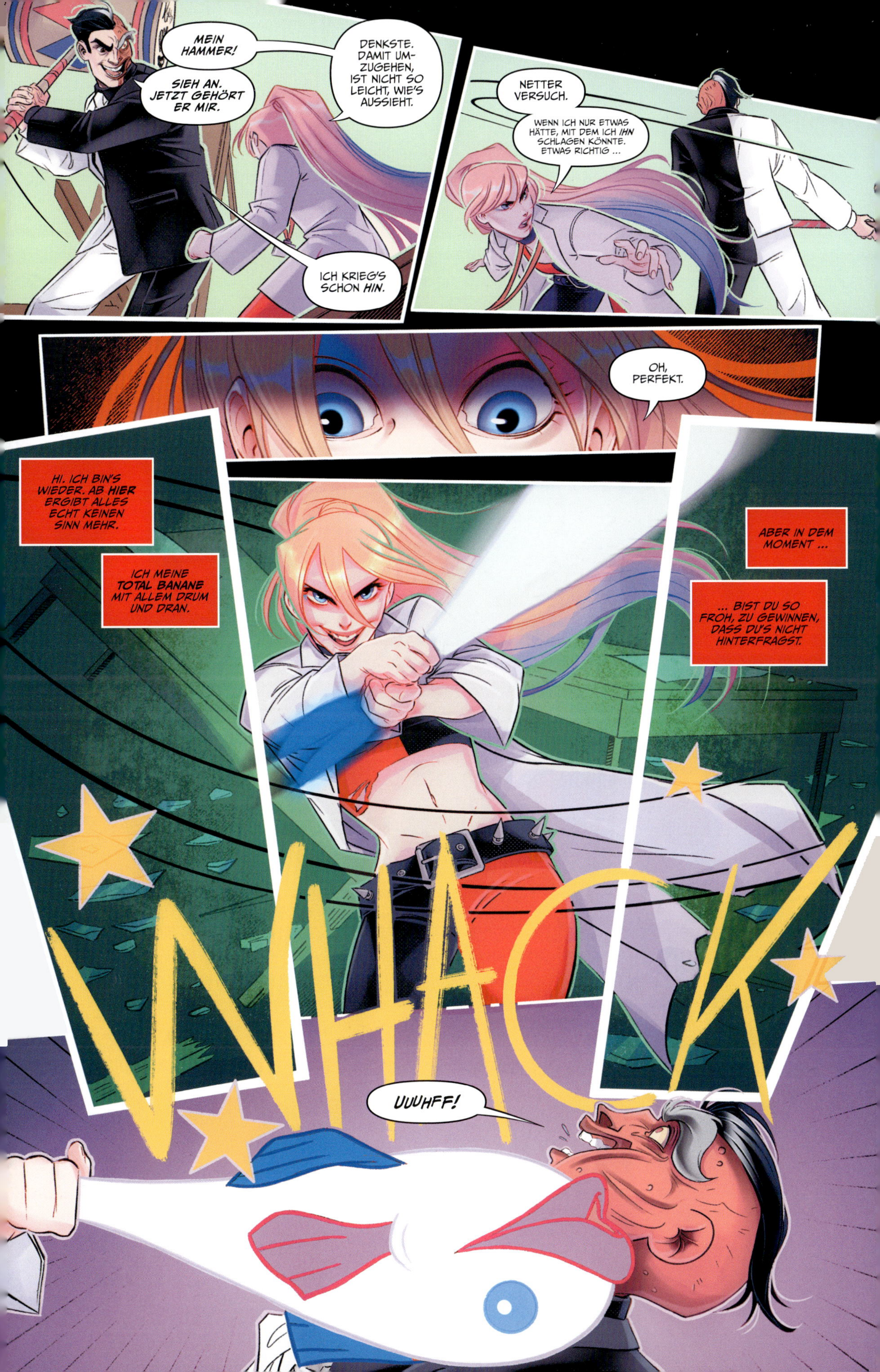

MEIN HAMMER!
DENKSTE. DAMIT UMZUGEHEN, IST NICHT SO LEICHT, WIE'S AUSSIEHT.
SIEH AN. JETZT GEHÖRT ER MIR.
ICH KRIEG'S SCHON HIN.
NETTER VERSUCH.
WENN ICH NUR ETWAS HÄTTE, MIT DEM ICH IHN SCHLAGEN KÖNNTE. ETWAS RICHTIG ...
OH, PERFEKT.
HI. ICH BIN'S WIEDER. AB HIER ERGIBT ALLES ECHT KEINEN SINN MEHR.
ICH MEINE TOTAL BANANE MIT ALLEM DRUM UND DRAN.
ABER IN DEM MOMENT ...
... BIST DU SO FROH, ZU GEWINNEN, DASS DU'S NICHT HINTERFRAGST.
WHACK
UUUHFF!

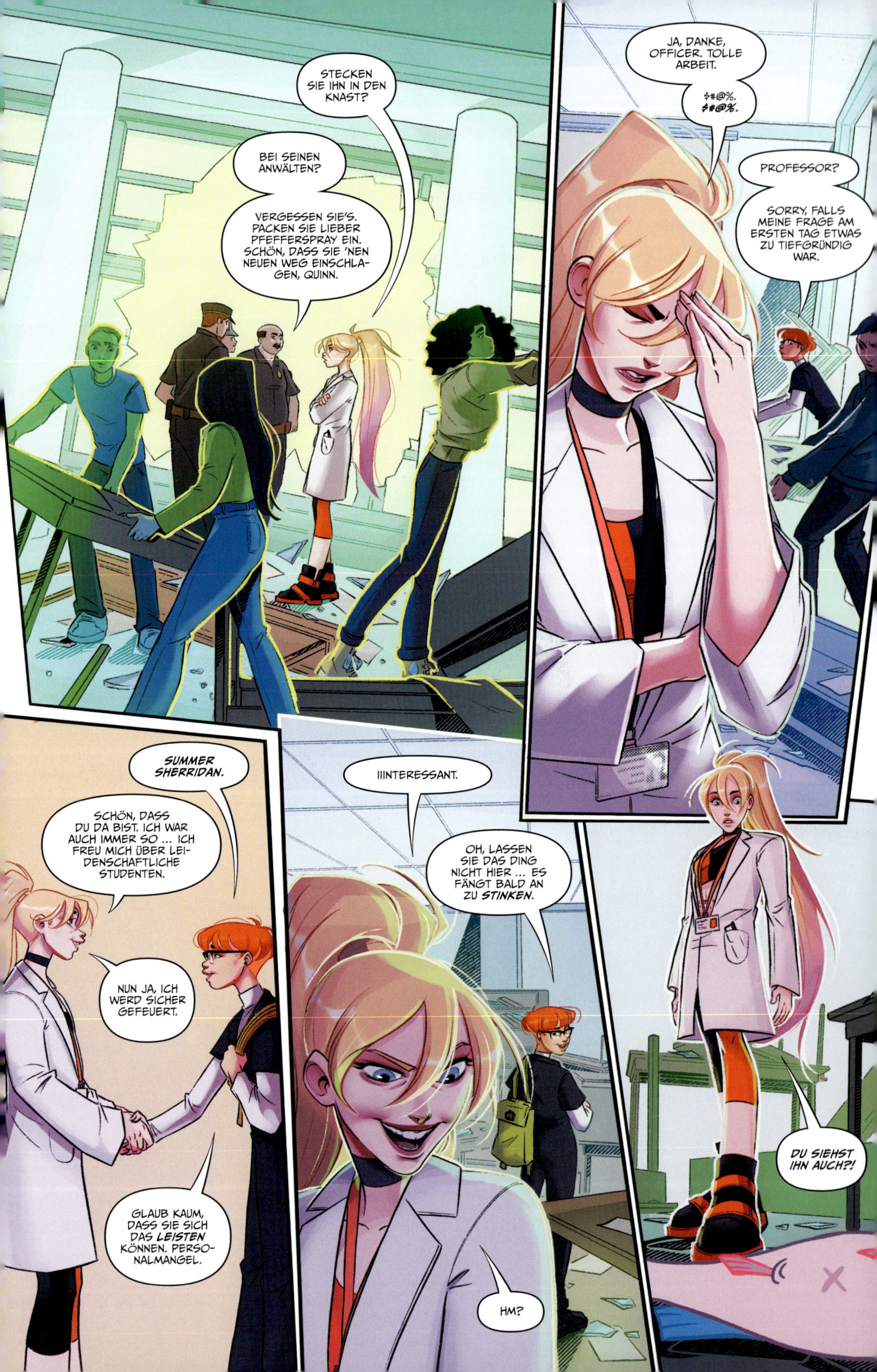
STECKEN SIE IHN IN DEN KNAST?
BEI SEINEN ANWÄLTEN?
VERGESSEN SIE'S. PACKEN SIE LIEBER PFEFFERSPRAY EIN. SCHÖN, DASS SIE 'NEN NEUEN WEG EINSCHLAGEN, QUINN.
JA, DANKE, OFFICER. TOLLE ARBEIT.
$#@%. $#@%.
PROFESSOR?
SORRY, FALLS MEINE FRAGE AM ERSTEN TAG ETWAS ZU TIEFGRÜNDIG WAR.
SUMMER SHERRIDAN.
SCHÖN, DASS DU DA BIST. ICH WAR AUCH IMMER SO ... ICH FREU MICH ÜBER LEIDENSCHAFTLICHE STUDENTEN.
NUN JA, ICH WERD SICHER GEFEUERT.
GLAUB KAUM, DASS SIE SICH DAS LEISTEN KÖNNEN. PERSONALMANGEL.
IIINTERESSANT.
OH, LASSEN SIE DAS DING NICHT HIER ... ES FÄNGT BALD AN ZU STINKEN.
HM?
DU SIEHST IHN AUCH?!

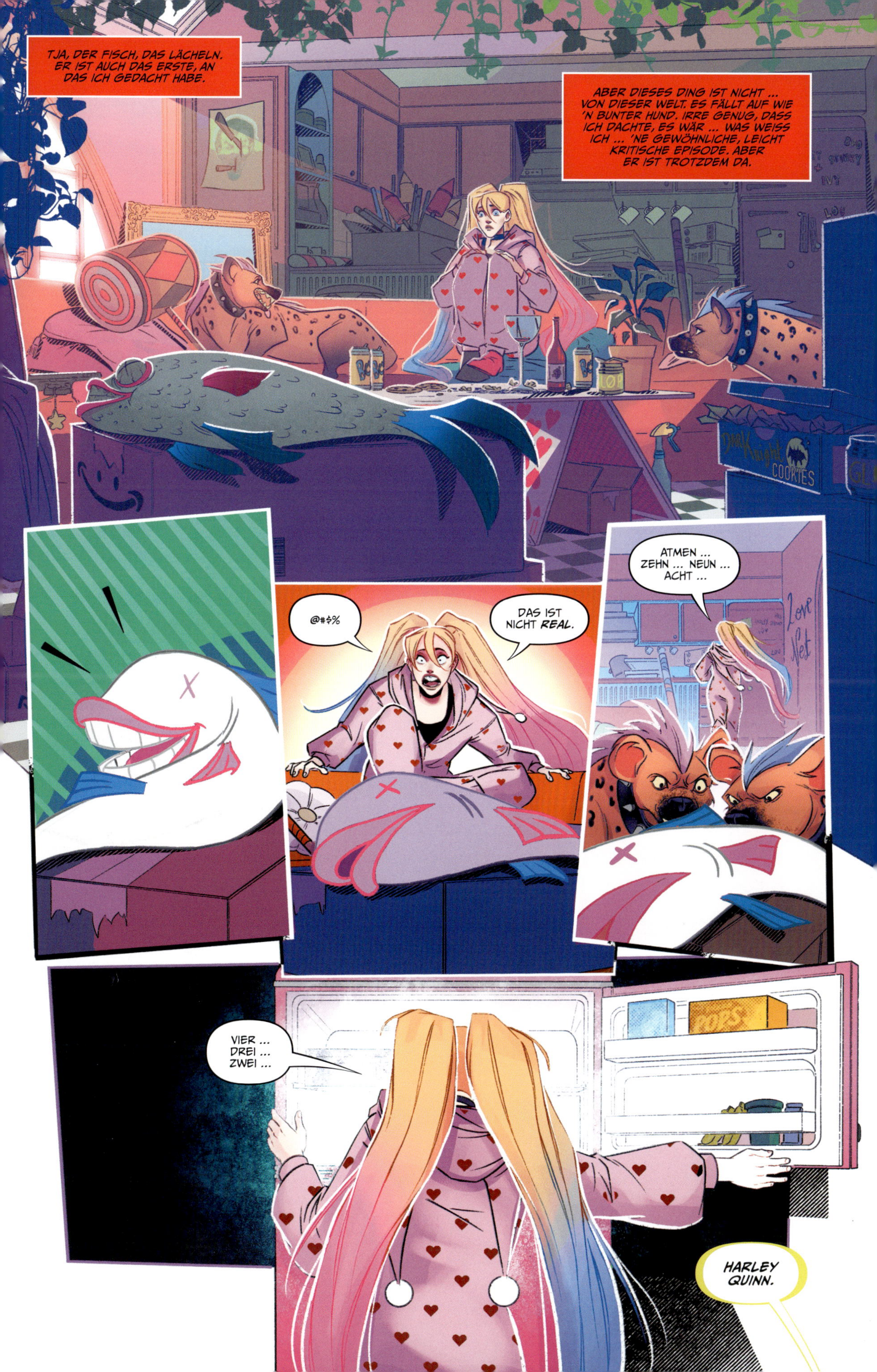
TJA, DER FISCH, DAS LÄCHELN. ER IST AUCH DAS ERSTE, AN DAS ICH GEDACHT HABE.
ABER DIESES DING IST NICHT ... VON DIESER WELT. ES FÄLLT AUF WIE 'N BUNTER HUND. IRRE GENUG, DASS ICH DACHTE, ES WÄR ... WAS WEISS ICH ... 'NE GEWÖHNLICHE, LEICHT KRITISCHE EPISODE. ABER ER IST TROTZDEM DA.
@#$%
DAS IST NICHT **REAL**.
ATMEN ... ZEHN ... NEUN ... ACHT ...
VIER ... DREI ... ZWEI ...
HARLEY QUINN.

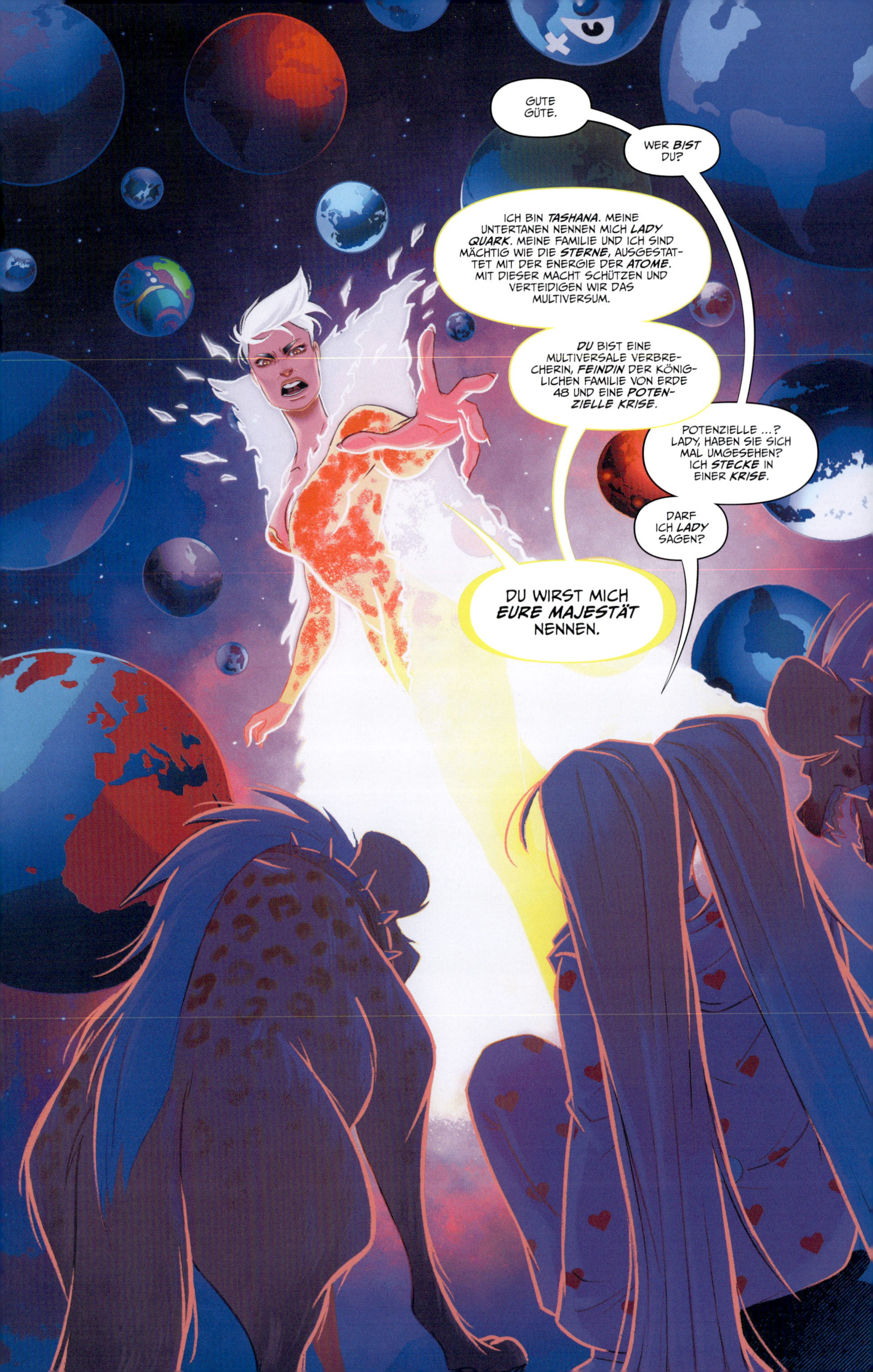
GUTE GÜTE.
WER BIST DU?
ICH BIN TASHANA. MEINE UNTERTANEN NENNEN MICH LADY QUARK. MEINE FAMILIE UND ICH SIND MÄCHTIG WIE DIE STERNE, AUSGESTATTET MIT DER ENERGIE DER ATOME. MIT DIESER MACHT SCHÜTZEN UND VERTEIDIGEN WIR DAS MULTIVERSUM.
DU BIST EINE MULTIVERSALE VERBRECHERIN, FEINDIN DER KÖNIGLICHEN FAMILIE VON ERDE 48 UND EINE POTENZIELLE KRISE.
POTENZIELLE ...? LADY, HABEN SIE SICH MAL UMGESEHEN? ICH STECKE IN EINER KRISE.
DARF ICH LADY SAGEN?
DU WIRST MICH EURE MAJESTÄT NENNEN.

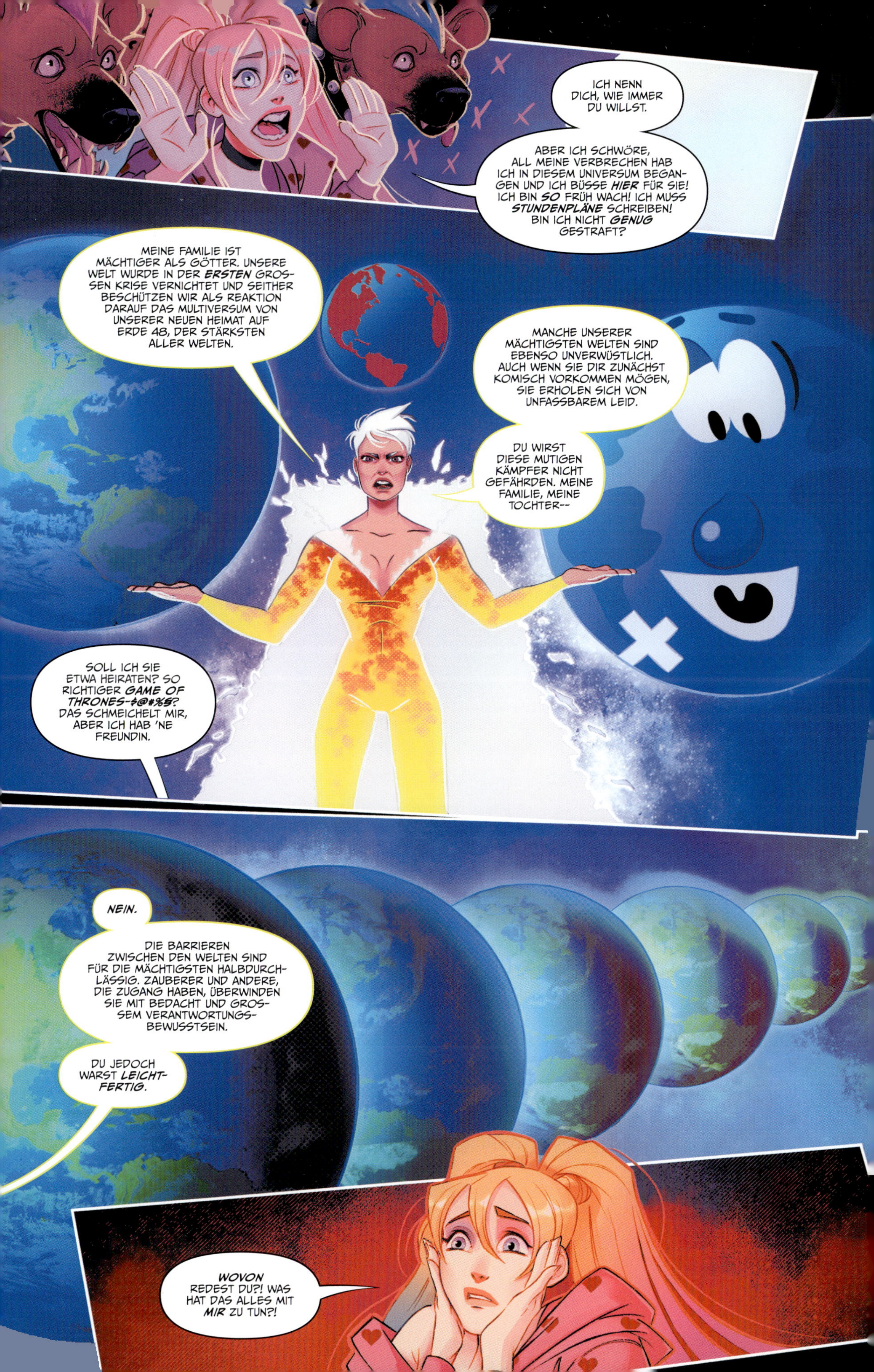
ICH NENN DICH, WIE IMMER DU WILLST.
ABER ICH SCHWÖRE, ALL MEINE VERBRECHEN HAB ICH IN DIESEM UNIVERSUM BEGANGEN UND ICH BÜSSE HIER FÜR SIE! ICH BIN SO FRÜH WACH! ICH MUSS STUNDENPLÄNE SCHREIBEN! BIN ICH NICHT GENUG GESTRAFT?
MEINE FAMILIE IST MÄCHTIGER ALS GÖTTER. UNSERE WELT WURDE IN DER ERSTEN GROSSEN KRISE VERNICHTET UND SEITHER BESCHÜTZEN WIR ALS REAKTION DARAUF DAS MULTIVERSUM VON UNSERER NEUEN HEIMAT AUF ERDE 48, DER STÄRKSTEN ALLER WELTEN.
MANCHE UNSERER MÄCHTIGSTEN WELTEN SIND EBENSO UNVERWÜSTLICH. AUCH WENN SIE DIR ZUNÄCHST KOMISCH VORKOMMEN MÖGEN, SIE ERHOLEN SICH VON UNFASSBAREM LEID.
DU WIRST DIESE MUTIGEN KÄMPFER NICHT GEFÄHRDEN. MEINE FAMILIE, MEINE TOCHTER--
SOLL ICH SIE ETWA HEIRATEN? SO RICHTIGER GAME OF THRONES-$@#%$? DAS SCHMEICHELT MIR, ABER ICH HAB 'NE FREUNDIN.
NEIN.
DIE BARRIEREN ZWISCHEN DEN WELTEN SIND FÜR DIE MÄCHTIGSTEN HALBDURCHLÄSSIG. ZAUBERER UND ANDERE, DIE ZUGANG HABEN, ÜBERWINDEN SIE MIT BEDACHT UND GROSSEM VERANTWORTUNGSBEWUSSTSEIN.
DU JEDOCH WARST LEICHTFERTIG.
WOVON REDEST DU?! WAS HAT DAS ALLES MIT MIR ZU TUN?!

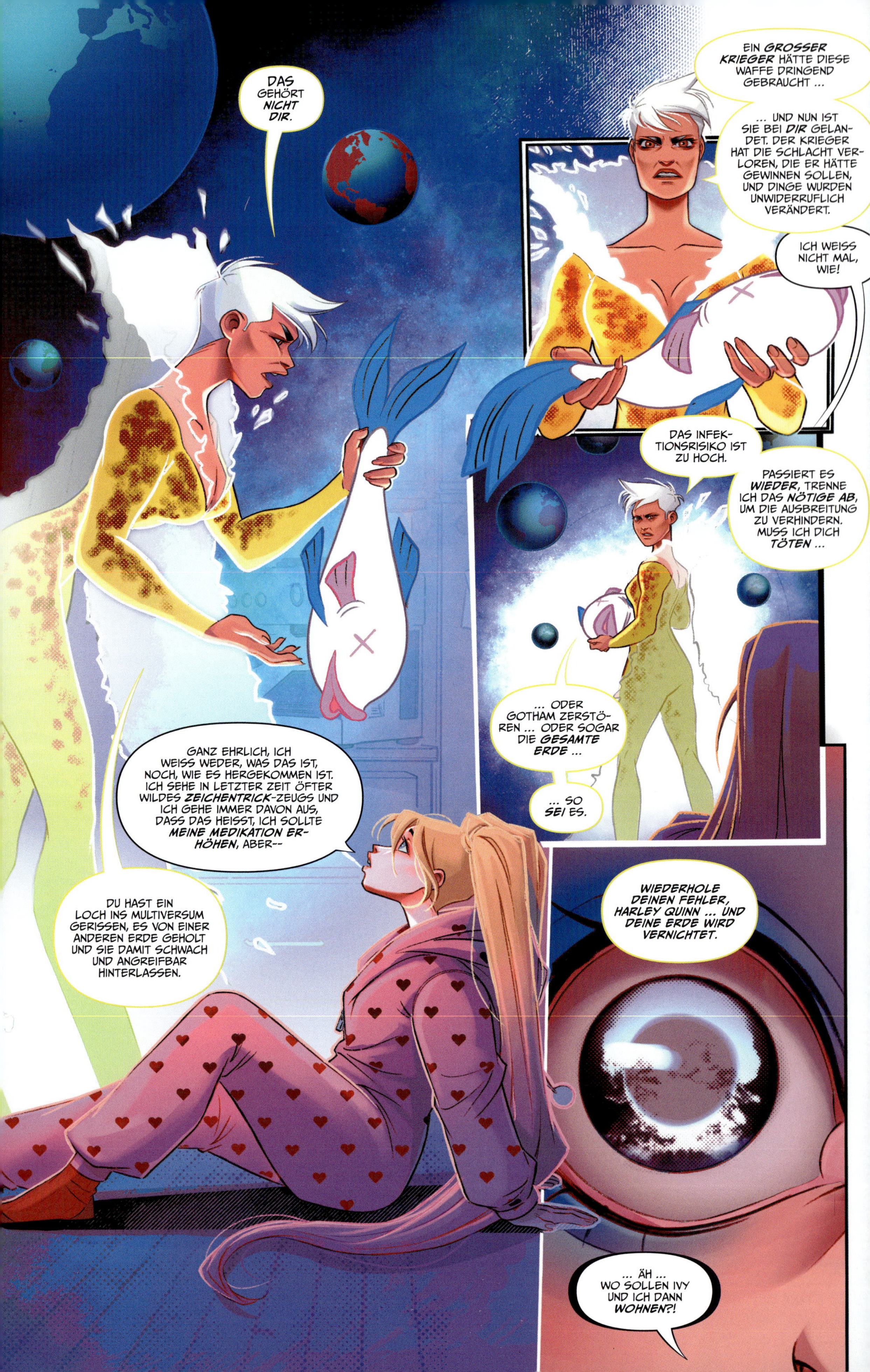

DAS GEHÖRT NICHT DIR.
GANZ EHRLICH, ICH WEISS WEDER, WAS DAS IST, NOCH, WIE ES HERGEKOMMEN IST. ICH SEHE IN LETZTER ZEIT ÖFTER WILDES ZEICHENTRICK-ZEUGS UND ICH GEHE IMMER DAVON AUS, DASS DAS HEISST, ICH SOLLTE MEINE MEDIKATION ERHÖHEN, ABER--
DU HAST EIN LOCH INS MULTIVERSUM GERISSEN, ES VON EINER ANDEREN ERDE GEHOLT UND SIE DAMIT SCHWACH UND ANGREIFBAR HINTERLASSEN.
EIN GROSSER KRIEGER HÄTTE DIESE WAFFE DRINGEND GEBRAUCHT ...
... UND NUN IST SIE BEI DIR GELANDET. DER KRIEGER HAT DIE SCHLACHT VERLOREN, DIE ER HÄTTE GEWINNEN SOLLEN, UND DINGE WURDEN UNWIDERRUFLICH VERÄNDERT.
ICH WEISS NICHT MAL, WIE!
DAS INFEKTIONSRISIKO IST ZU HOCH.
PASSIERT ES WIEDER, TRENNE ICH DAS NÖTIGE AB, UM DIE AUSBREITUNG ZU VERHINDERN. MUSS ICH DICH TÖTEN ...
... ODER GOTHAM ZERSTÖREN ... ODER SOGAR DIE GESAMTE ERDE ...
... SO SEI ES.
WIEDERHOLE DEINEN FEHLER, HARLEY QUINN ... UND DEINE ERDE WIRD VERNICHTET.
... ÄH ... WO SOLLEN IVY UND ICH DANN WOHNEN?!

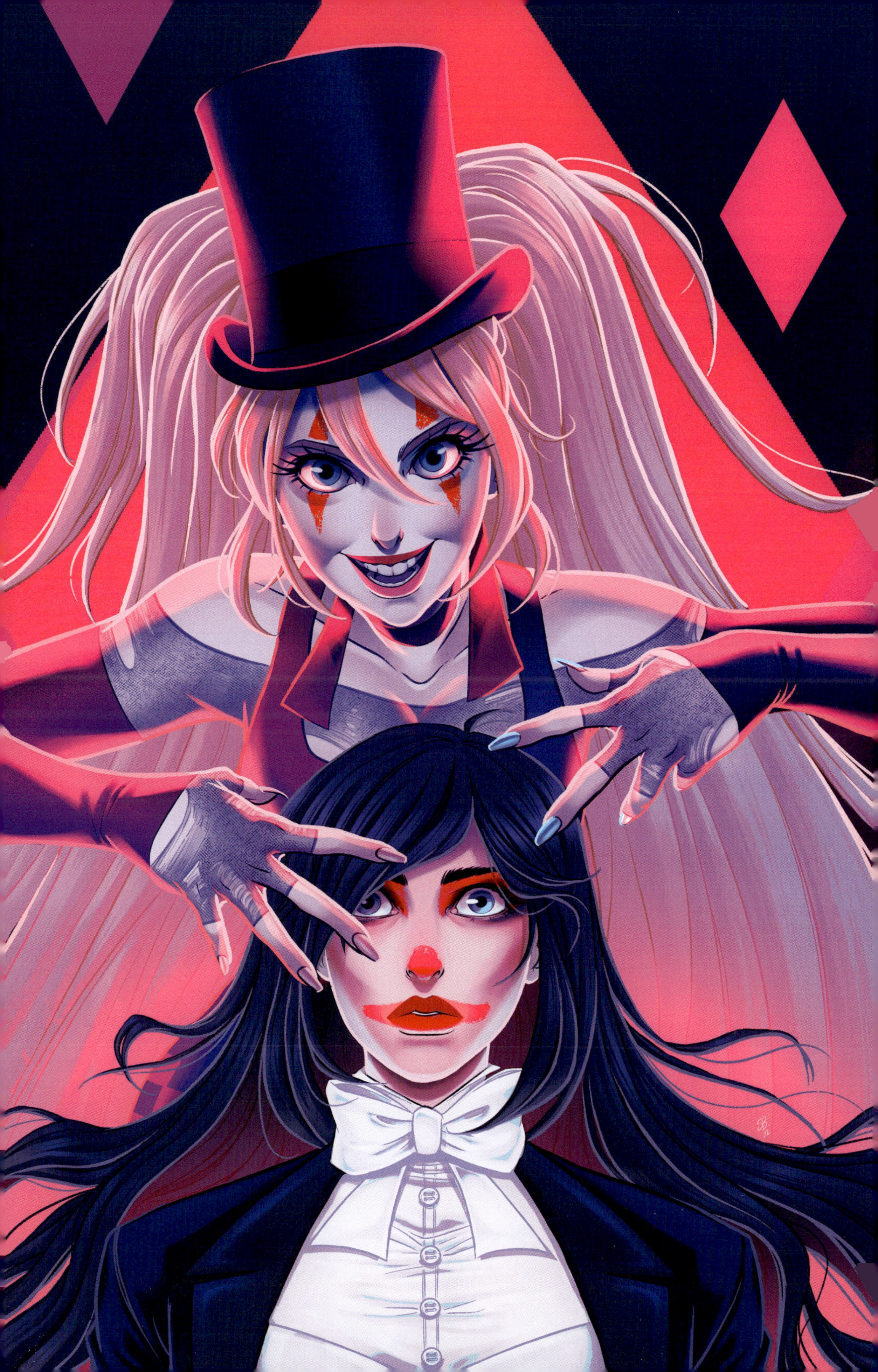

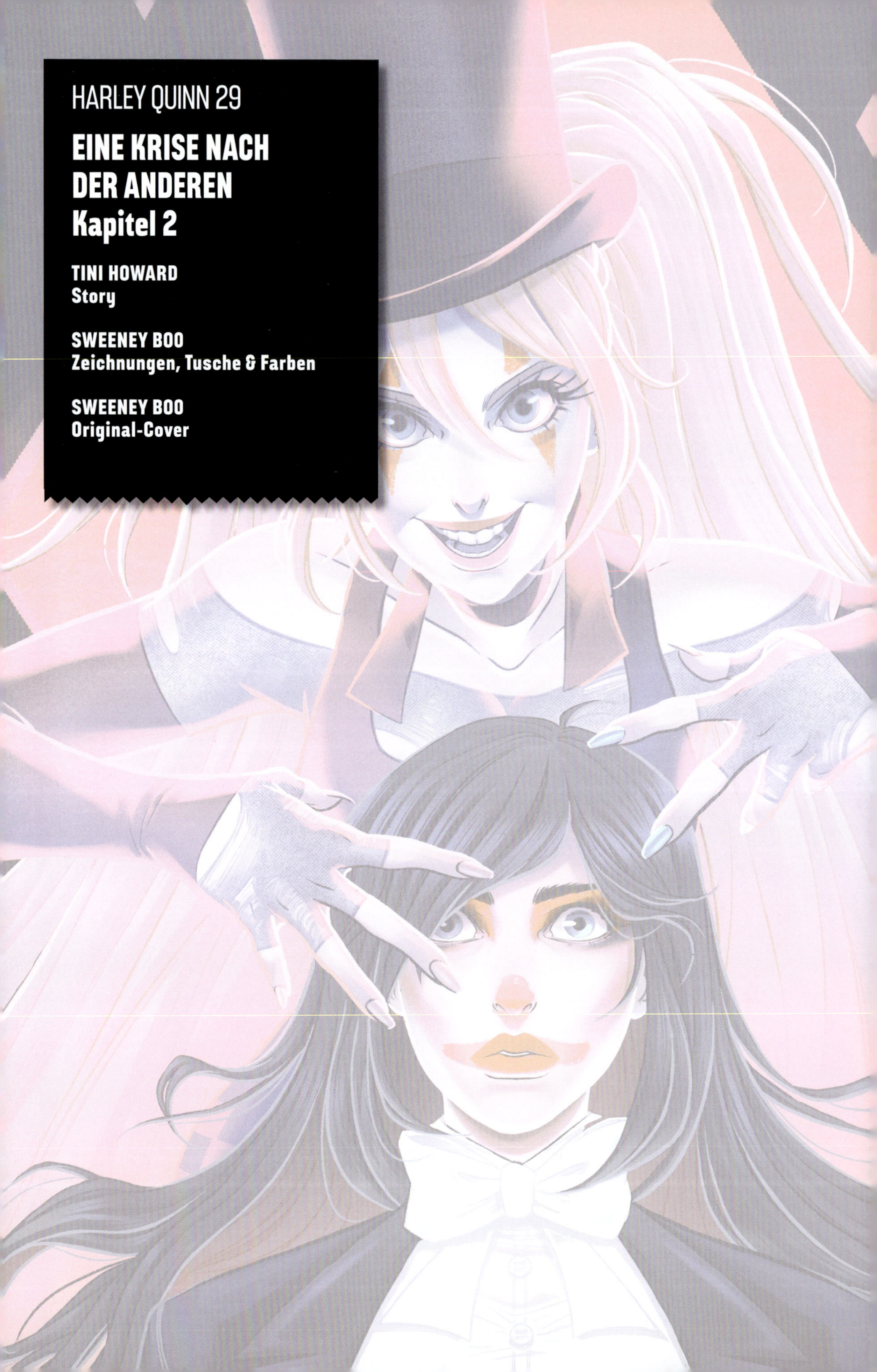

HARLEY QUINN 29

EINE KRISE NACH DER ANDEREN
Kapitel 2

TINI HOWARD
Story

SWEENEY BOO
Zeichnungen, Tusche & Farben

SWEENEY BOO
Original-Cover

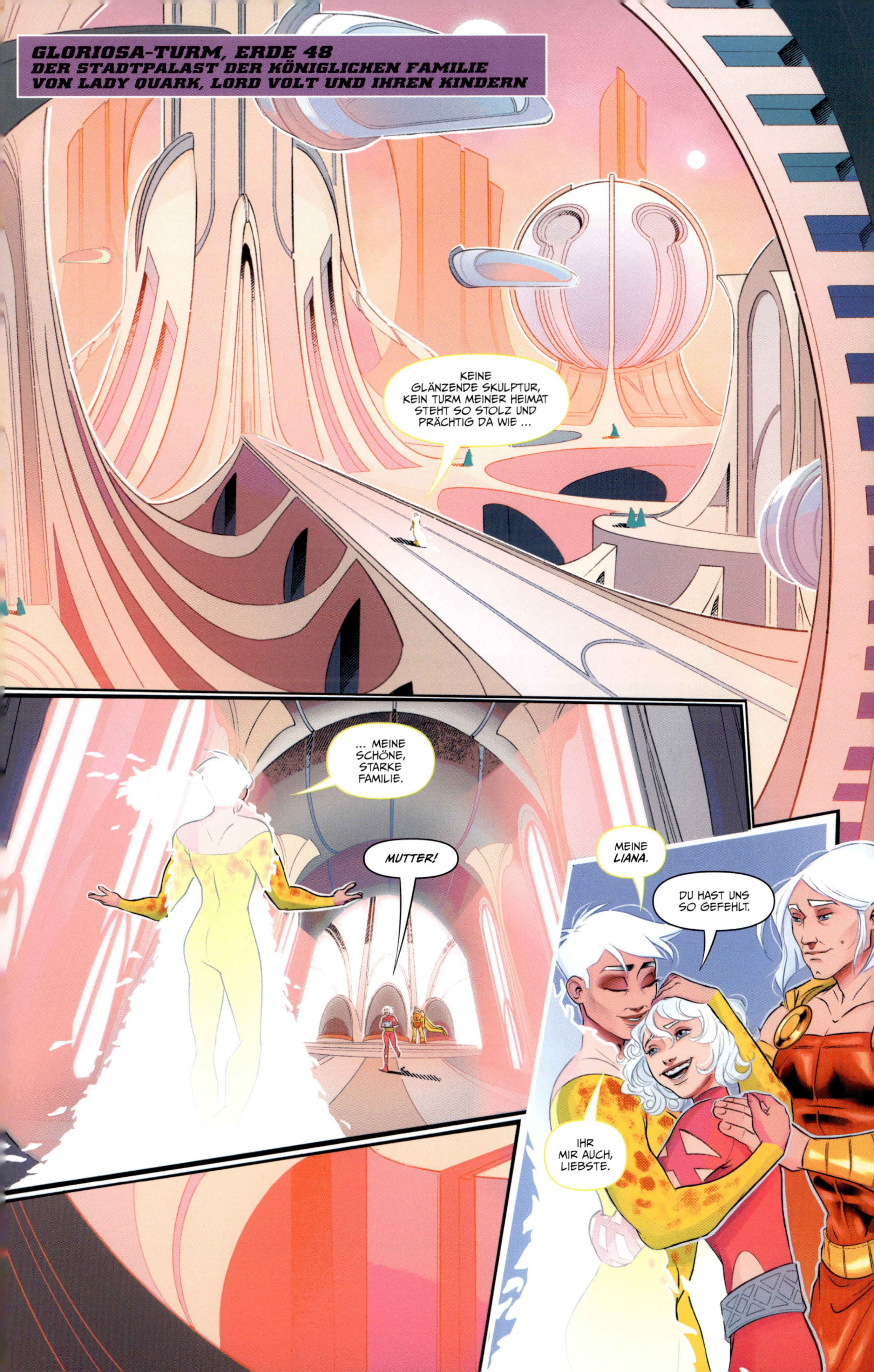
GLORIOSA-TURM, ERDE 48
DER STADTPALAST DER KÖNIGLICHEN FAMILIE VON LADY QUARK, LORD VOLT UND IHREN KINDERN
KEINE GLÄNZENDE SKULPTUR, KEIN TURM MEINER HEIMAT STEHT SO STOLZ UND PRÄCHTIG DA WIE ...
... MEINE SCHÖNE, STARKE FAMILIE.
MUTTER!
MEINE LIANA.
DU HAST UNS SO GEFEHLT.
IHR MIR AUCH, LIEBSTE.

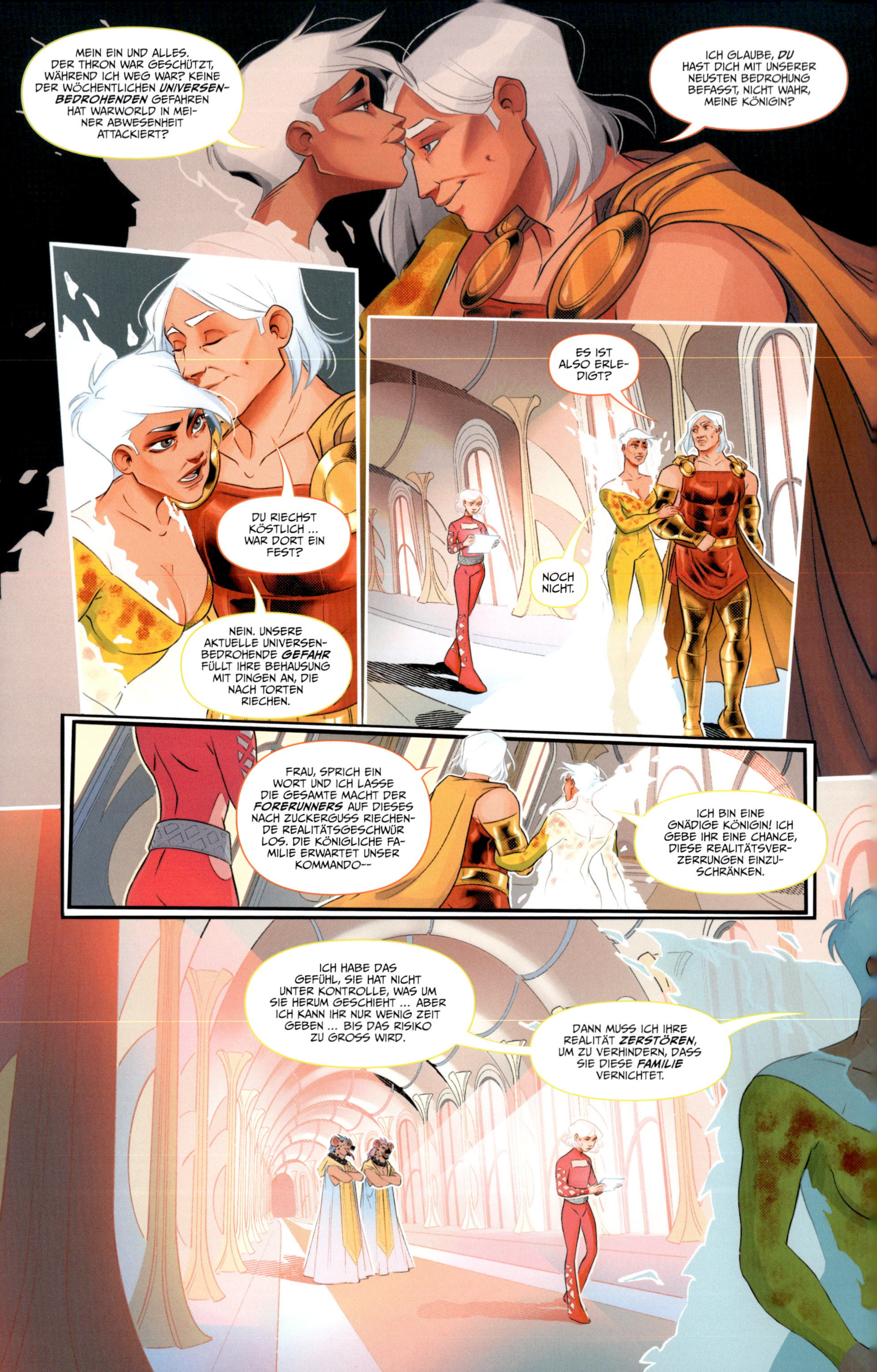

MEIN EIN UND ALLES. DER THRON WAR GESCHÜTZT, WÄHREND ICH WEG WAR? KEINE DER WÖCHENTLICHEN *UNIVERSEN-BEDROHENDEN* GEFAHREN HAT WARWORLD IN MEI-NER ABWESENHEIT ATTACKIERT?
ICH GLAUBE, *DU* HAST DICH MIT UNSERER NEUSTEN BEDROHUNG BEFASST, NICHT WAHR, MEINE KÖNIGIN?
DU RIECHST KÖSTLICH ... WAR DORT EIN FEST?
NEIN. UNSERE AKTUELLE UNIVERSEN-BEDROHENDE *GEFAHR* FÜLLT IHRE BEHAUSUNG MIT DINGEN AN, DIE NACH TORTEN RIECHEN.
ES IST ALSO ERLE-DIGT?
NOCH NICHT.
FRAU, SPRICH EIN WORT UND ICH LASSE DIE GESAMTE MACHT DER *FORERUNNERS* AUF DIESES NACH ZUCKERGUSS RIECHEN-DE REALITÄTSGESCHWÜR LOS. DIE KÖNIGLICHE FA-MILIE ERWARTET UNSER KOMMANDO--
ICH BIN EINE GNÄDIGE KÖNIGIN! ICH GEBE IHR EINE CHANCE, DIESE REALITÄTSVER-ZERRUNGEN EINZU-SCHRÄNKEN.
ICH HABE DAS GEFÜHL, SIE HAT NICHT UNTER KONTROLLE, WAS UM SIE HERUM GESCHIEHT ... ABER ICH KANN IHR NUR WENIG ZEIT GEBEN ... BIS DAS RISIKO ZU GROSS WIRD.
DANN MUSS ICH IHRE REALITÄT *ZERSTÖREN*, UM ZU VERHINDERN, DASS SIE DIESE *FAMILIE* VERNICHTET.

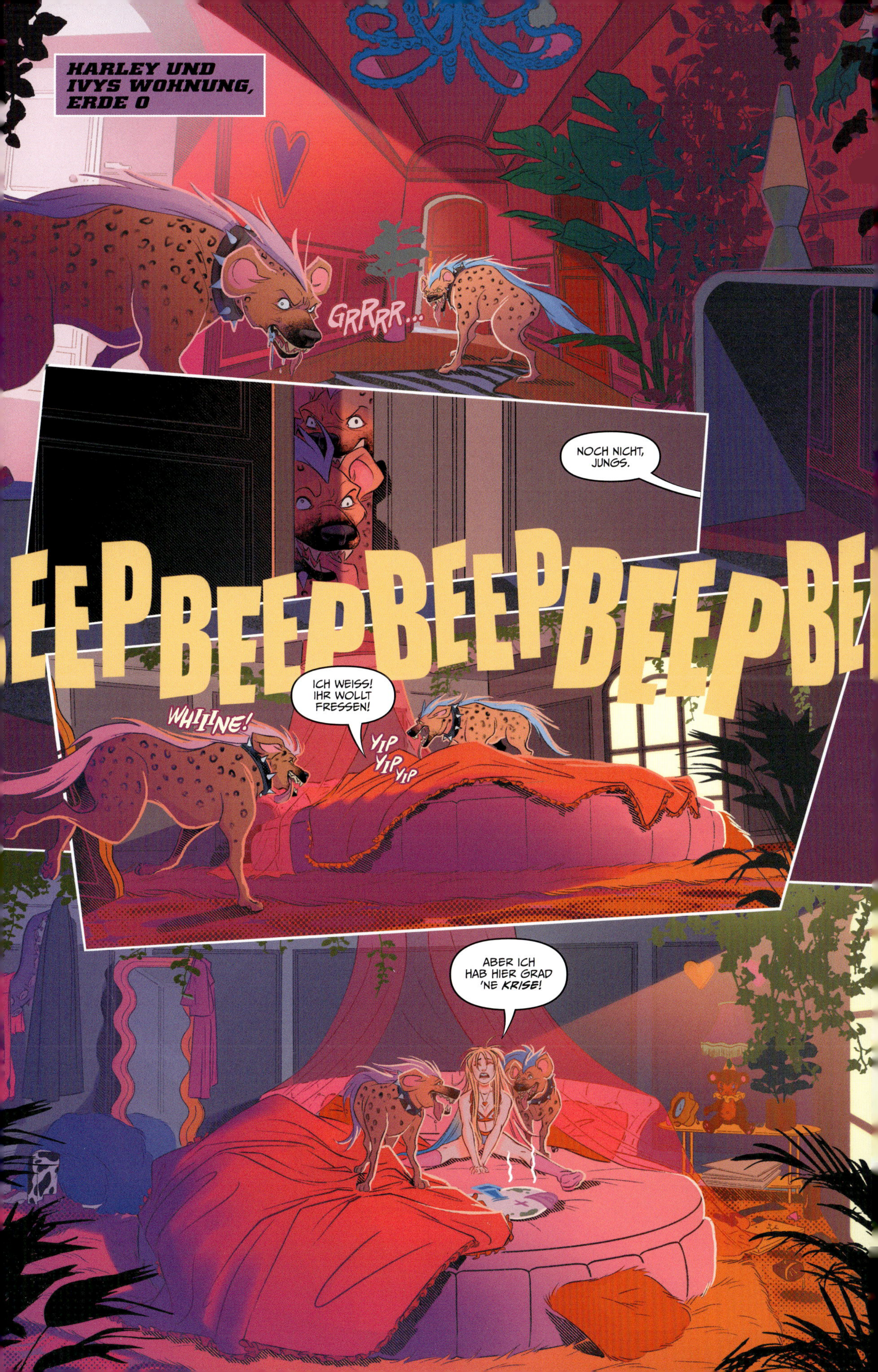
HARLEY UND IVYS WOHNUNG, ERDE 0
GRRRR...
NOCH NICHT, JUNGS.
BEEPBEEPBEEPBEEPBE
WHIIINE!
ICH WEISS! IHR WOLLT FRESSEN!
YIP YIP YIP
ABER ICH HAB HIER GRAD 'NE *KRISE*!

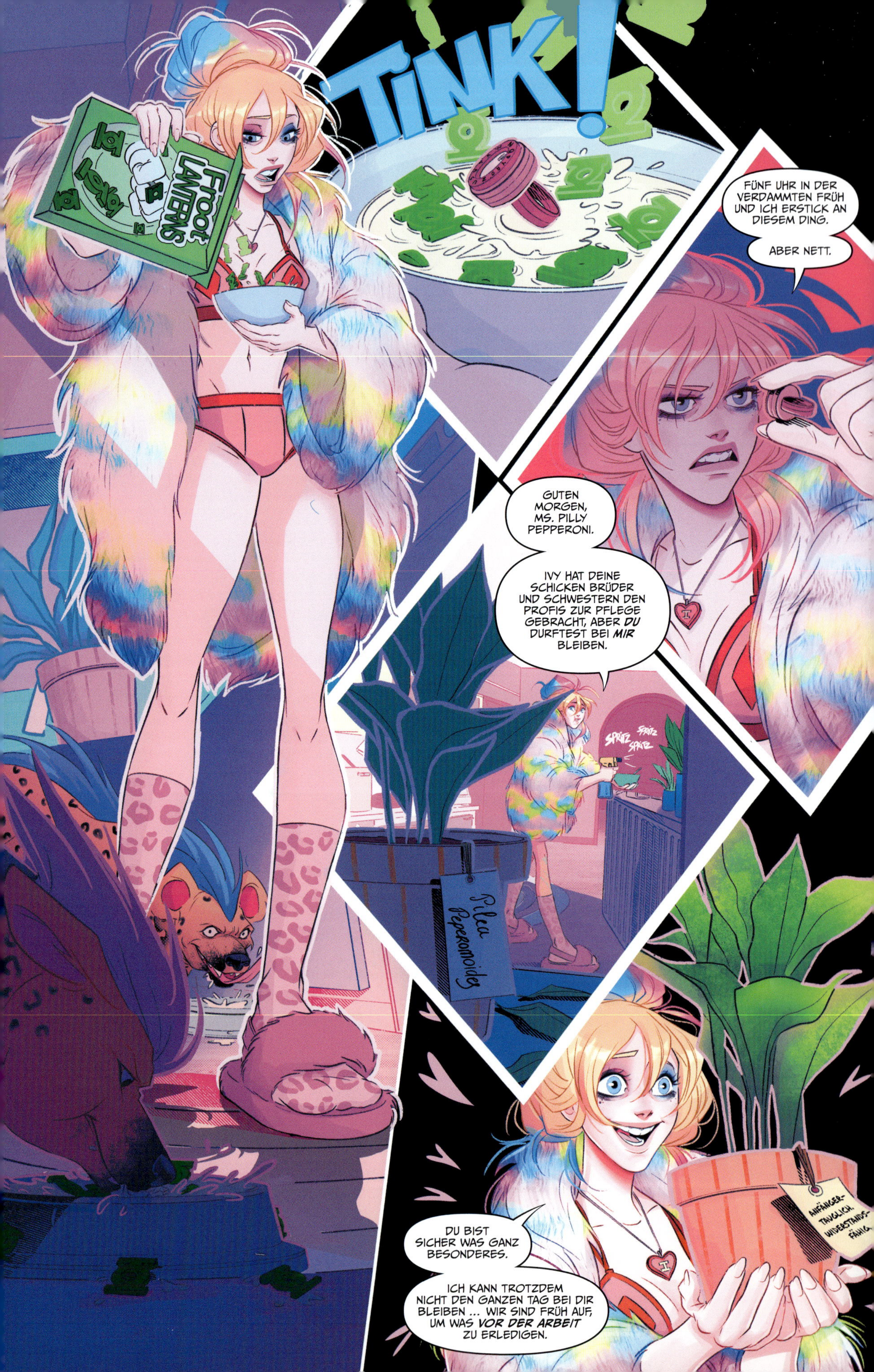
FROOT LANTERNS
TINK!
FÜNF UHR IN DER VERDAMMTEN FRÜH UND ICH ERSTICK AN DIESEM DING.
ABER NETT.
GUTEN MORGEN, MS. PILLY PEPPERONI.
IVY HAT DEINE SCHICKEN BRÜDER UND SCHWESTERN DEN PROFIS ZUR PFLEGE GEBRACHT, ABER *DU* DURFTEST BEI *MIR* BLEIBEN.
SPRITZ SPRITZ SPRITZ
Pilea Peperomioides
ANFÄNGER-TAUGLICH. WIDERSTANDS-FÄHIG.
DU BIST SICHER WAS GANZ BESONDERES.
ICH KANN TROTZDEM NICHT DEN GANZEN TAG BEI DIR BLEIBEN ... WIR SIND FRÜH AUF, UM WAS *VOR DER ARBEIT* ZU ERLEDIGEN.

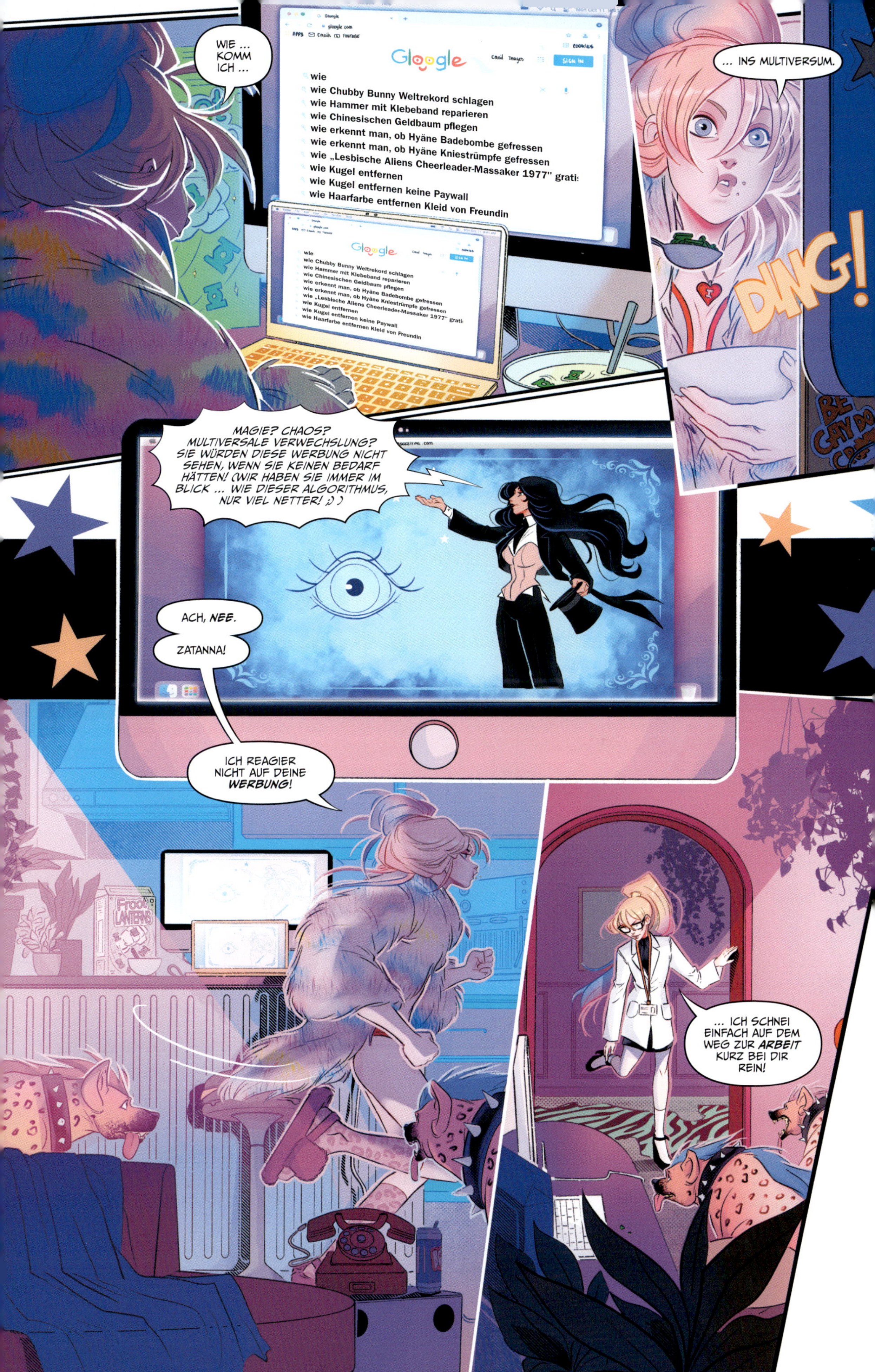
WIE ... KOMM ICH ...
Gloogle
wie
wie Chubby Bunny Weltrekord schlagen
wie Hammer mit Klebeband reparieren
wie Chinesischen Geldbaum pflegen
wie erkennt man, ob Hyäne Badebombe gefressen
wie erkennt man, ob Hyäne Kniestrümpfe gefressen
wie „Lesbische Aliens Cheerleader-Massaker 1977" gratis
wie Kugel entfernen
wie Kugel entfernen keine Paywall
wie Haarfarbe entfernen Kleid von Freundin
... INS MULTIVERSUM.
DING!
MAGIE? CHAOS? MULTIVERSALE VERWECHSLUNG? SIE WÜRDEN DIESE WERBUNG NICHT SEHEN, WENN SIE KEINEN BEDARF HÄTTEN! (WIR HABEN SIE IMMER IM BLICK ... WIE DIESER ALGORITHMUS, NUR VIEL NETTER! ;))
ACH, NEE.
ZATANNA!
ICH REAGIER NICHT AUF DEINE WERBUNG!
... ICH SCHNEI EINFACH AUF DEM WEG ZUR ARBEIT KURZ BEI DIR REIN!

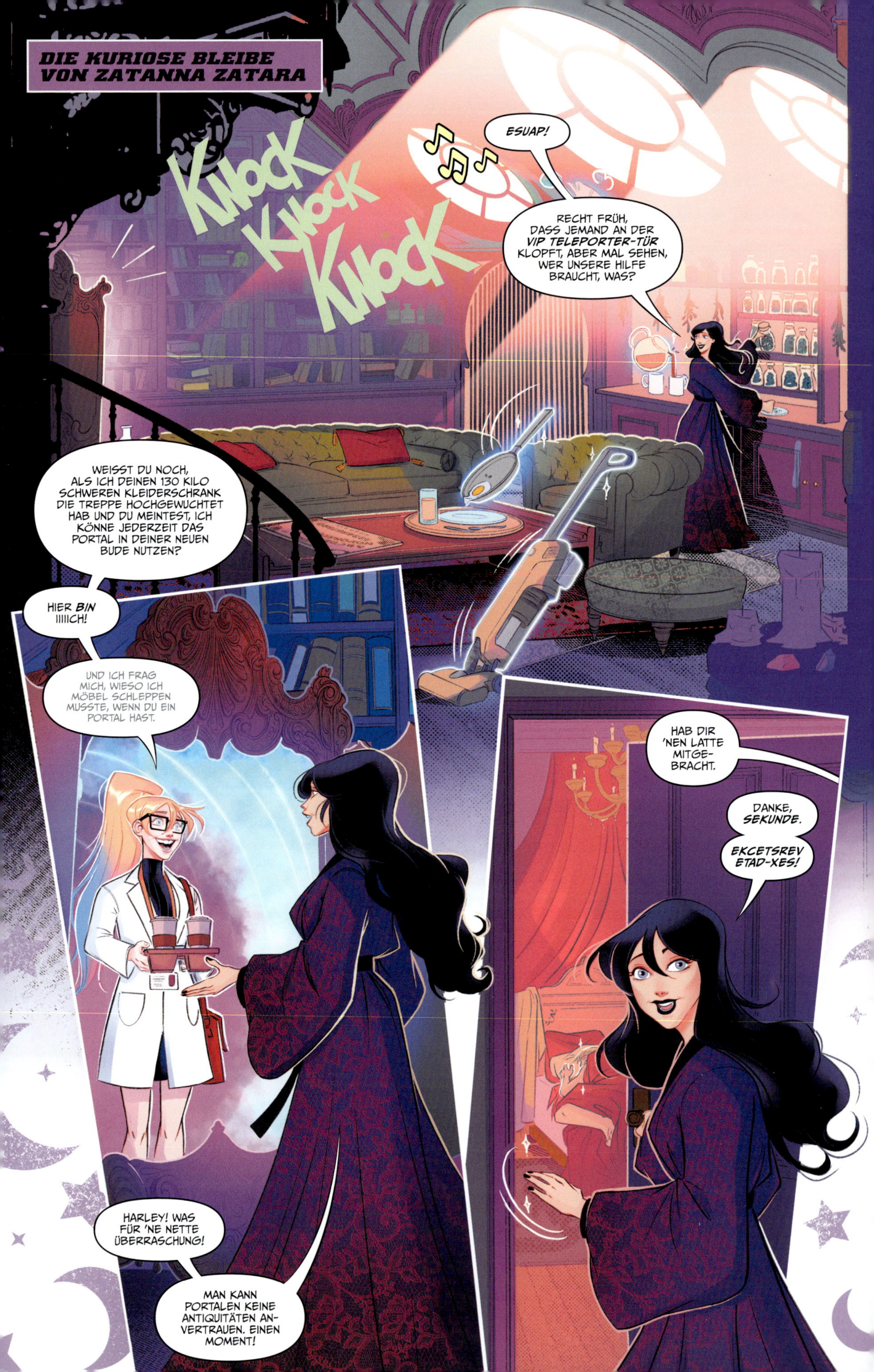
DIE KURIOSE BLEIBE VON ZATANNA ZATARA
KNOCK KNOCK KNOCK
ESUAP!
RECHT FRÜH, DASS JEMAND AN DER VIP TELEPORTER-TÜR KLOPFT, ABER MAL SEHEN, WER UNSERE HILFE BRAUCHT, WAS?
WEISST DU NOCH, ALS ICH DEINEN 130 KILO SCHWEREN KLEIDERSCHRANK DIE TREPPE HOCHGEWUCHTET HAB UND DU MEINTEST, ICH KÖNNE JEDERZEIT DAS PORTAL IN DEINER NEUEN BUDE NUTZEN?
HIER BIN IIIIICH!
UND ICH FRAG MICH, WIESO ICH MÖBEL SCHLEPPEN MUSSTE, WENN DU EIN PORTAL HAST.
HARLEY! WAS FÜR 'NE NETTE ÜBERRASCHUNG!
MAN KANN PORTALEN KEINE ANTIQUITÄTEN ANVERTRAUEN. EINEN MOMENT!
HAB DIR 'NEN LATTE MITGEBRACHT.
DANKE, SEKUNDE.
EKCETSREV ETAD-XES!

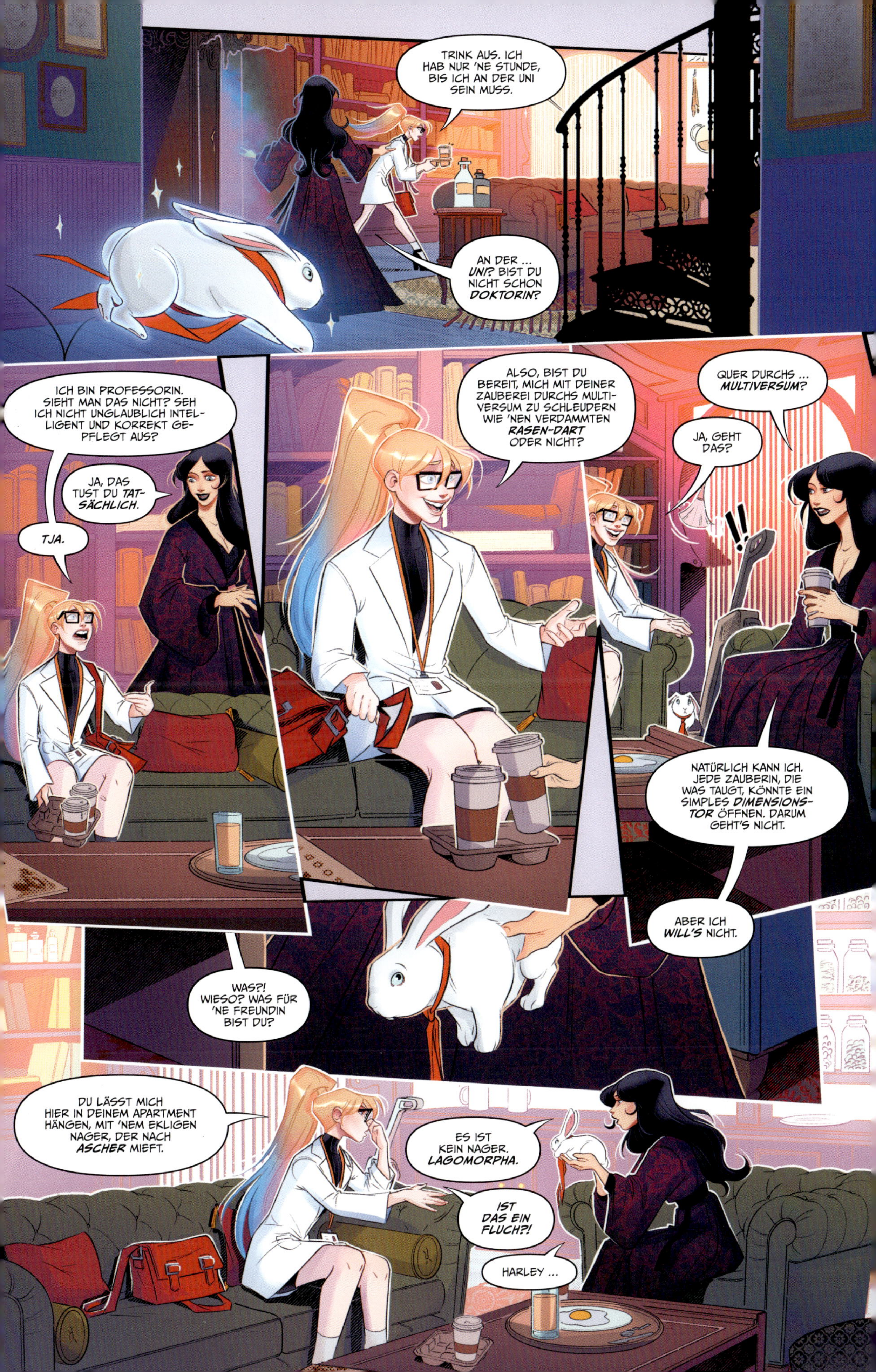
TRINK AUS. ICH HAB NUR 'NE STUNDE, BIS ICH AN DER UNI SEIN MUSS.
AN DER ... UNI!? BIST DU NICHT SCHON DOKTORIN?
ICH BIN PROFESSORIN. SIEHT MAN DAS NICHT? SEH ICH NICHT UNGLAUBLICH INTELLIGENT UND KORREKT GEPFLEGT AUS?
JA, DAS TUST DU TATSÄCHLICH.
TJA.
ALSO, BIST DU BEREIT, MICH MIT DEINER ZAUBEREI DURCHS MULTIVERSUM ZU SCHLEUDERN WIE 'NEN VERDAMMTEN RASEN-DART ODER NICHT?
QUER DURCHS ... MULTIVERSUM?
JA, GEHT DAS?
!!
NATÜRLICH KANN ICH. JEDE ZAUBERIN, DIE WAS TAUGT, KÖNNTE EIN SIMPLES DIMENSIONSTOR ÖFFNEN. DARUM GEHT'S NICHT.
ABER ICH WILL'S NICHT.
WAS?! WIESO? WAS FÜR 'NE FREUNDIN BIST DU?
DU LÄSST MICH HIER IN DEINEM APARTMENT HÄNGEN, MIT 'NEM EKLIGEN NAGER, DER NACH ASCHER MIEFT.
ES IST KEIN NAGER. LAGOMORPHA.
IST DAS EIN FLUCH?!
HARLEY ...

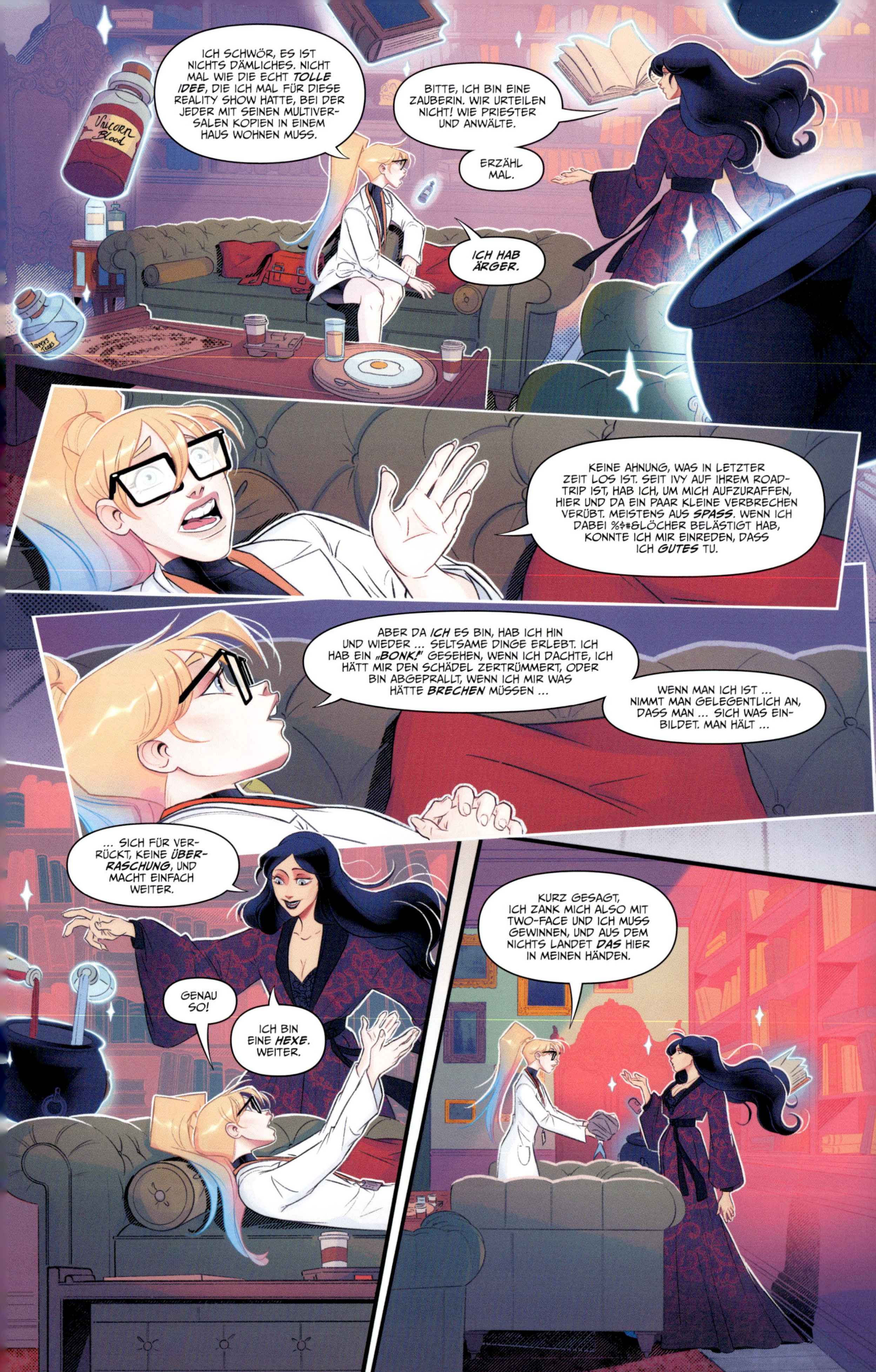

Unicorn Blood
ICH SCHWÖR, ES IST NICHTS DÄMLICHES. NICHT MAL WIE DIE ECHT TOLLE IDEE, DIE ICH MAL FÜR DIESE REALITY SHOW HATTE, BEI DER JEDER MIT SEINEN MULTIVERSALEN KOPIEN IN EINEM HAUS WOHNEN MUSS.
BITTE, ICH BIN EINE ZAUBERIN. WIR URTEILEN NICHT! WIE PRIESTER UND ANWÄLTE.
ERZÄHL MAL.
ICH HAB ÄRGER.
KEINE AHNUNG, WAS IN LETZTER ZEIT LOS IST. SEIT IVY AUF IHREM ROAD-TRIP IST, HAB ICH, UM MICH AUFZURAFFEN, HIER UND DA EIN PAAR KLEINE VERBRECHEN VERÜBT. MEISTENS AUS SPASS. WENN ICH DABEI %$#&LÖCHER BELÄSTIGT HAB, KONNTE ICH MIR EINREDEN, DASS ICH GUTES TU.
ABER DA ICH ES BIN, HAB ICH HIN UND WIEDER ... SELTSAME DINGE ERLEBT. ICH HAB EIN „BONK!" GESEHEN, WENN ICH DACHTE, ICH HÄTT MIR DEN SCHÄDEL ZERTRÜMMERT, ODER BIN ABGEPRALLT, WENN ICH MIR WAS HÄTTE BRECHEN MÜSSEN ...
WENN MAN ICH IST ... NIMMT MAN GELEGENTLICH AN, DASS MAN ... SICH WAS EIN-BILDET. MAN HÄLT ...
... SICH FÜR VER-RÜCKT, KEINE ÜBER-RASCHUNG, UND MACHT EINFACH WEITER.
GENAU SO!
ICH BIN EINE HEXE. WEITER.
KURZ GESAGT, ICH ZANK MICH ALSO MIT TWO-FACE UND ICH MUSS GEWINNEN, UND AUS DEM NICHTS LANDET DAS HIER IN MEINEN HÄNDEN.

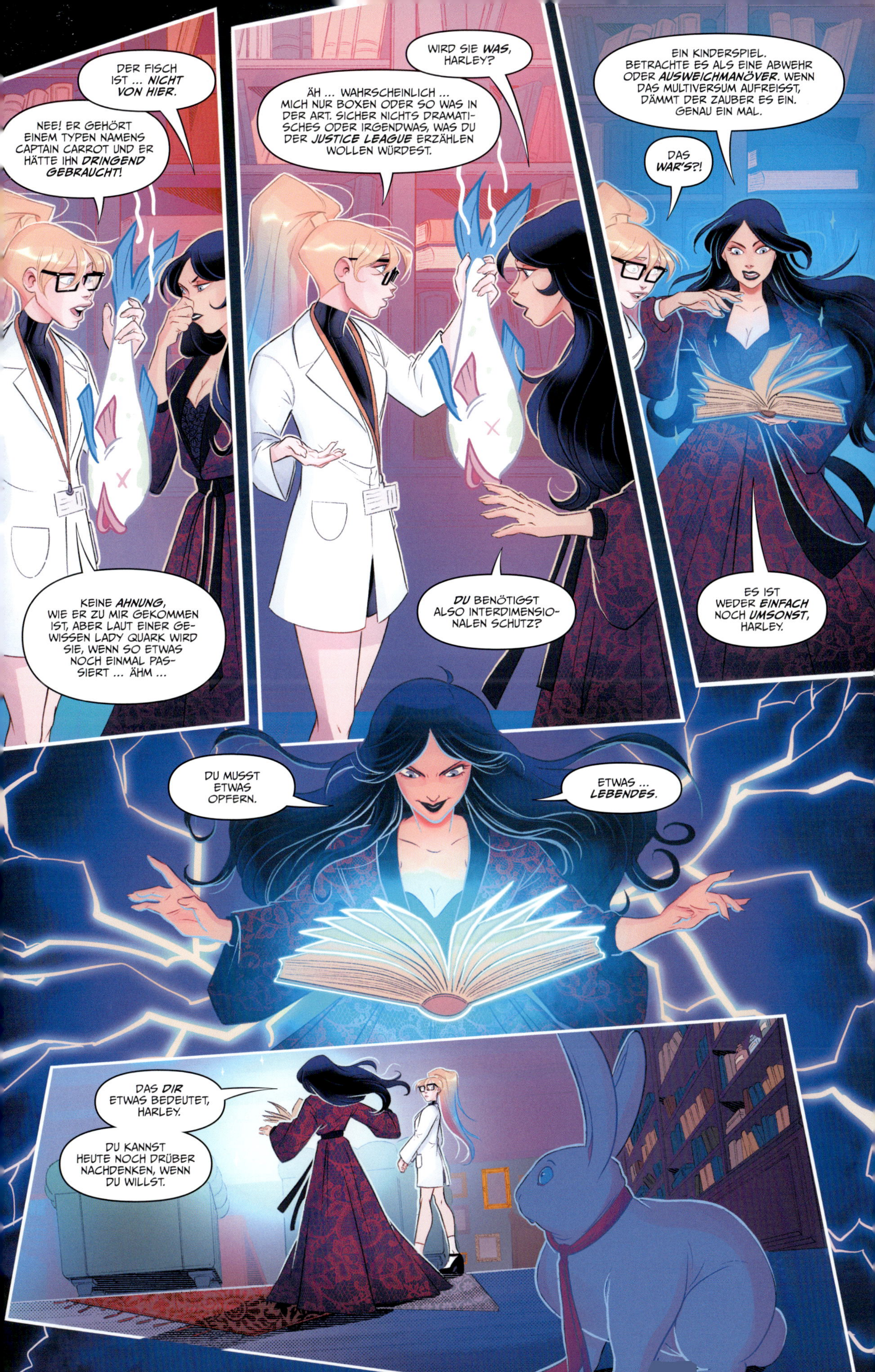
DER FISCH IST ... NICHT VON HIER.
NEE! ER GEHÖRT EINEM TYPEN NAMENS CAPTAIN CARROT UND ER HÄTTE IHN DRINGEND GEBRAUCHT!
KEINE AHNUNG, WIE ER ZU MIR GEKOMMEN IST, ABER LAUT EINER GEWISSEN LADY QUARK WIRD SIE, WENN SO ETWAS NOCH EINMAL PASSIERT ... ÄHM ...
WIRD SIE WAS, HARLEY?
ÄH ... WAHRSCHEINLICH ... MICH NUR BOXEN ODER SO WAS IN DER ART. SICHER NICHTS DRAMATISCHES ODER IRGENDWAS, WAS DU DER JUSTICE LEAGUE ERZÄHLEN WOLLEN WÜRDEST.
DU BENÖTIGST ALSO INTERDIMENSIONALEN SCHUTZ?
EIN KINDERSPIEL. BETRACHTE ES ALS EINE ABWEHR ODER AUSWEICHMANÖVER. WENN DAS MULTIVERSUM AUFREISST, DÄMMT DER ZAUBER ES EIN. GENAU EIN MAL.
DAS WAR'S?!
ES IST WEDER EINFACH NOCH UMSONST, HARLEY.
DU MUSST ETWAS OPFERN.
ETWAS ... LEBENDES.
DAS DIR ETWAS BEDEUTET, HARLEY.
DU KANNST HEUTE NOCH DRÜBER NACHDENKEN, WENN DU WILLST.

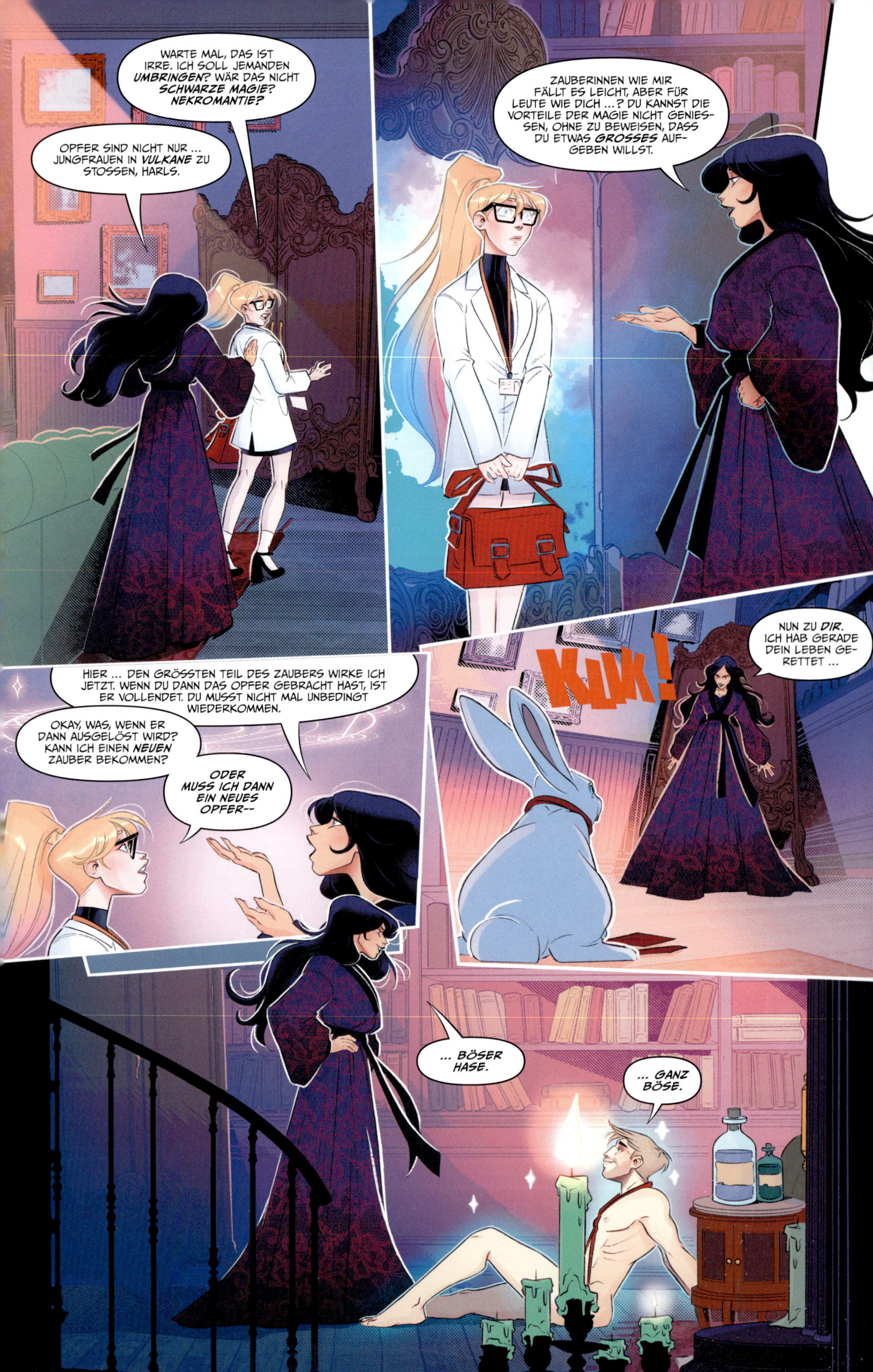
WARTE MAL, DAS IST IRRE. ICH SOLL JEMANDEN UMBRINGEN? WÄR DAS NICHT SCHWARZE MAGIE? NEKROMANTIE?
OPFER SIND NICHT NUR ... JUNGFRAUEN IN VULKANE ZU STOSSEN, HARLS.
ZAUBERINNEN WIE MIR FÄLLT ES LEICHT, ABER FÜR LEUTE WIE DICH ...? DU KANNST DIE VORTEILE DER MAGIE NICHT GENIESSEN, OHNE ZU BEWEISEN, DASS DU ETWAS GROSSES AUFGEBEN WILLST.
HIER ... DEN GRÖSSTEN TEIL DES ZAUBERS WIRKE ICH JETZT. WENN DU DANN DAS OPFER GEBRACHT HAST, IST ER VOLLENDET. DU MUSST NICHT MAL UNBEDINGT WIEDERKOMMEN.
OKAY, WAS, WENN ER DANN AUSGELÖST WIRD? KANN ICH EINEN NEUEN ZAUBER BEKOMMEN?
ODER MUSS ICH DANN EIN NEUES OPFER--
KLIK!
NUN ZU DIR. ICH HAB GERADE DEIN LEBEN GERETTET ...
... BÖSER HASE.
... GANZ BÖSE.

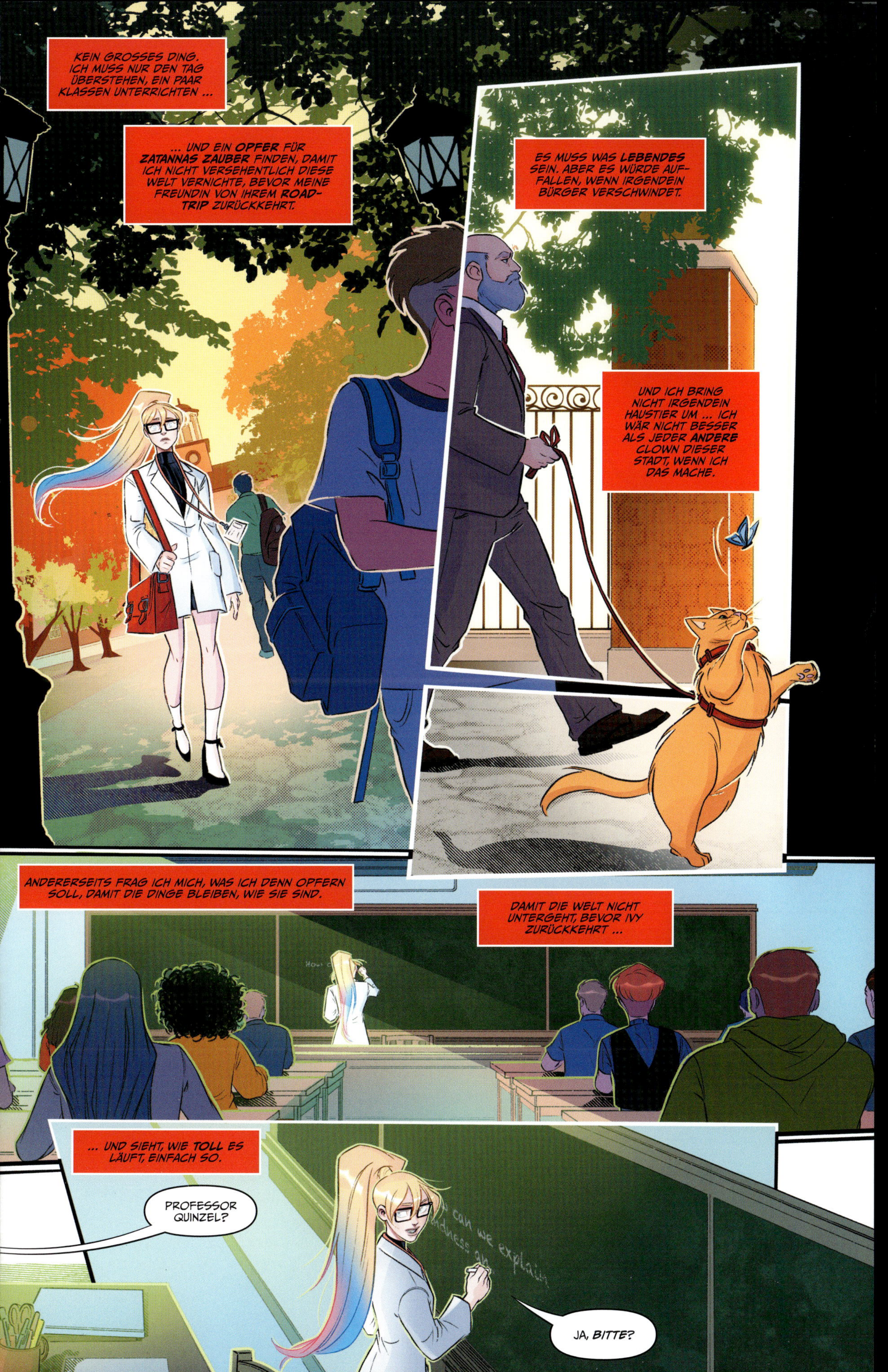
KEIN GROSSES DING. ICH MUSS NUR DEN TAG ÜBERSTEHEN, EIN PAAR KLASSEN UNTERRICHTEN ...
... UND EIN OPFER FÜR ZATANNAS ZAUBER FINDEN, DAMIT ICH NICHT VERSEHENTLICH DIESE WELT VERNICHTE, BEVOR MEINE FREUNDIN VON IHREM ROAD-TRIP ZURÜCKKEHRT.
ES MUSS WAS LEBENDES SEIN. ABER ES WÜRDE AUF-FALLEN, WENN IRGENDEIN BÜRGER VERSCHWINDET.
UND ICH BRING NICHT IRGENDEIN HAUSTIER UM ... ICH WÄR NICHT BESSER ALS JEDER ANDERE CLOWN DIESER STADT, WENN ICH DAS MACHE.
ANDERERSEITS FRAG ICH MICH, WAS ICH DENN OPFERN SOLL, DAMIT DIE DINGE BLEIBEN, WIE SIE SIND.
DAMIT DIE WELT NICHT UNTERGEHT, BEVOR IVY ZURÜCKKEHRT ...
... UND SIEHT, WIE TOLL ES LÄUFT, EINFACH SO.
PROFESSOR QUINZEL?
JA, BITTE?

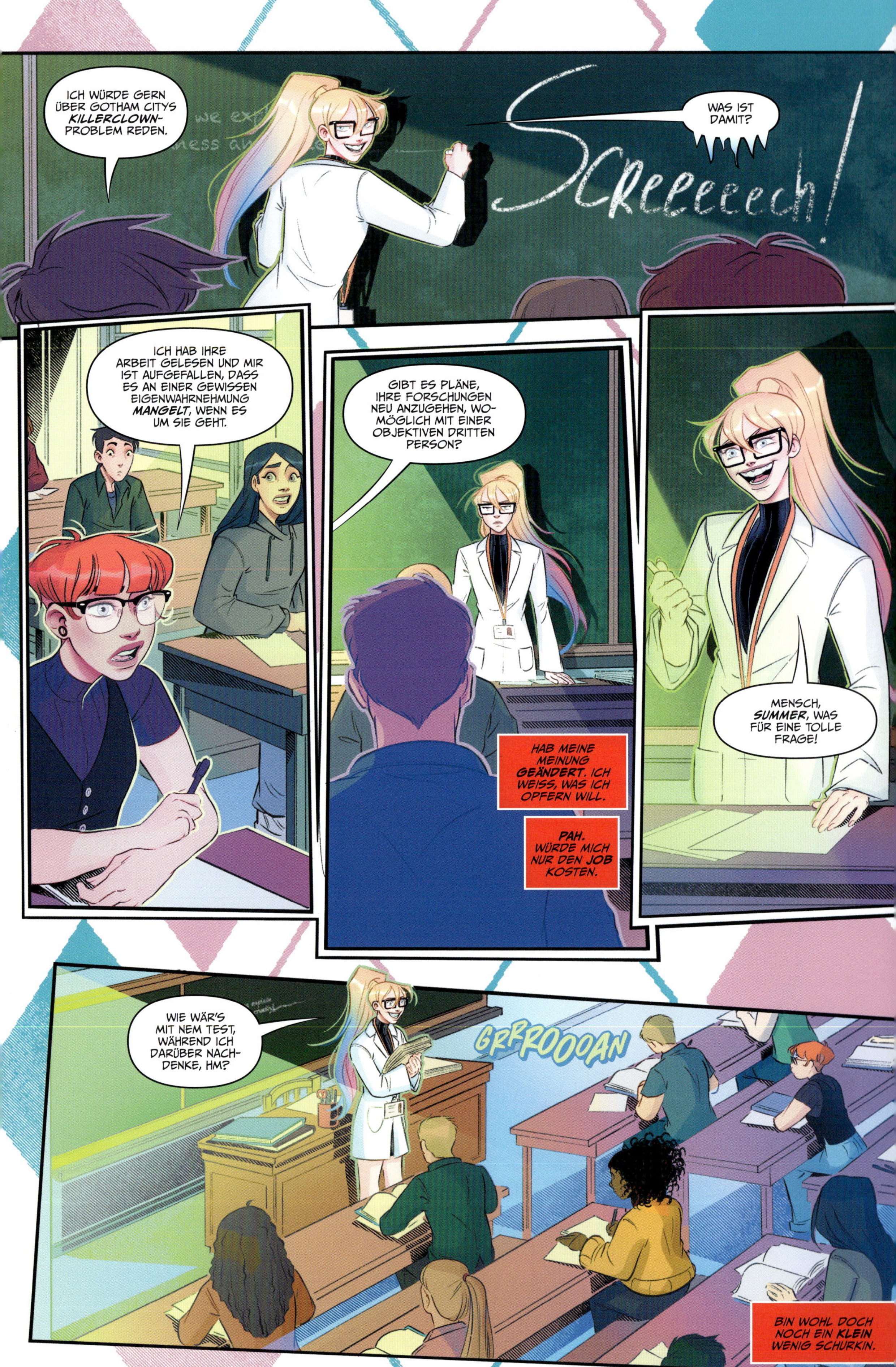
ICH WÜRDE GERN ÜBER GOTHAM CITYS KILLERCLOWN-PROBLEM REDEN.
SCREEEEECH!
WAS IST DAMIT?
ICH HAB IHRE ARBEIT GELESEN UND MIR IST AUFGEFALLEN, DASS ES AN EINER GEWISSEN EIGENWAHRNEHMUNG MANGELT, WENN ES UM SIE GEHT.
GIBT ES PLÄNE, IHRE FORSCHUNGEN NEU ANZUGEHEN, WO-MÖGLICH MIT EINER OBJEKTIVEN DRITTEN PERSON?
HAB MEINE MEINUNG GEÄNDERT. ICH WEISS, WAS ICH OPFERN WILL.
PAH. WÜRDE MICH NUR DEN JOB KOSTEN.
MENSCH, SUMMER, WAS FÜR EINE TOLLE FRAGE!
WIE WÄR'S MIT NEM TEST, WÄHREND ICH DARÜBER NACH-DENKE, HM?
GRRROOOAN
BIN WOHL DOCH NOCH EIN KLEIN WENIG SCHURKIN.

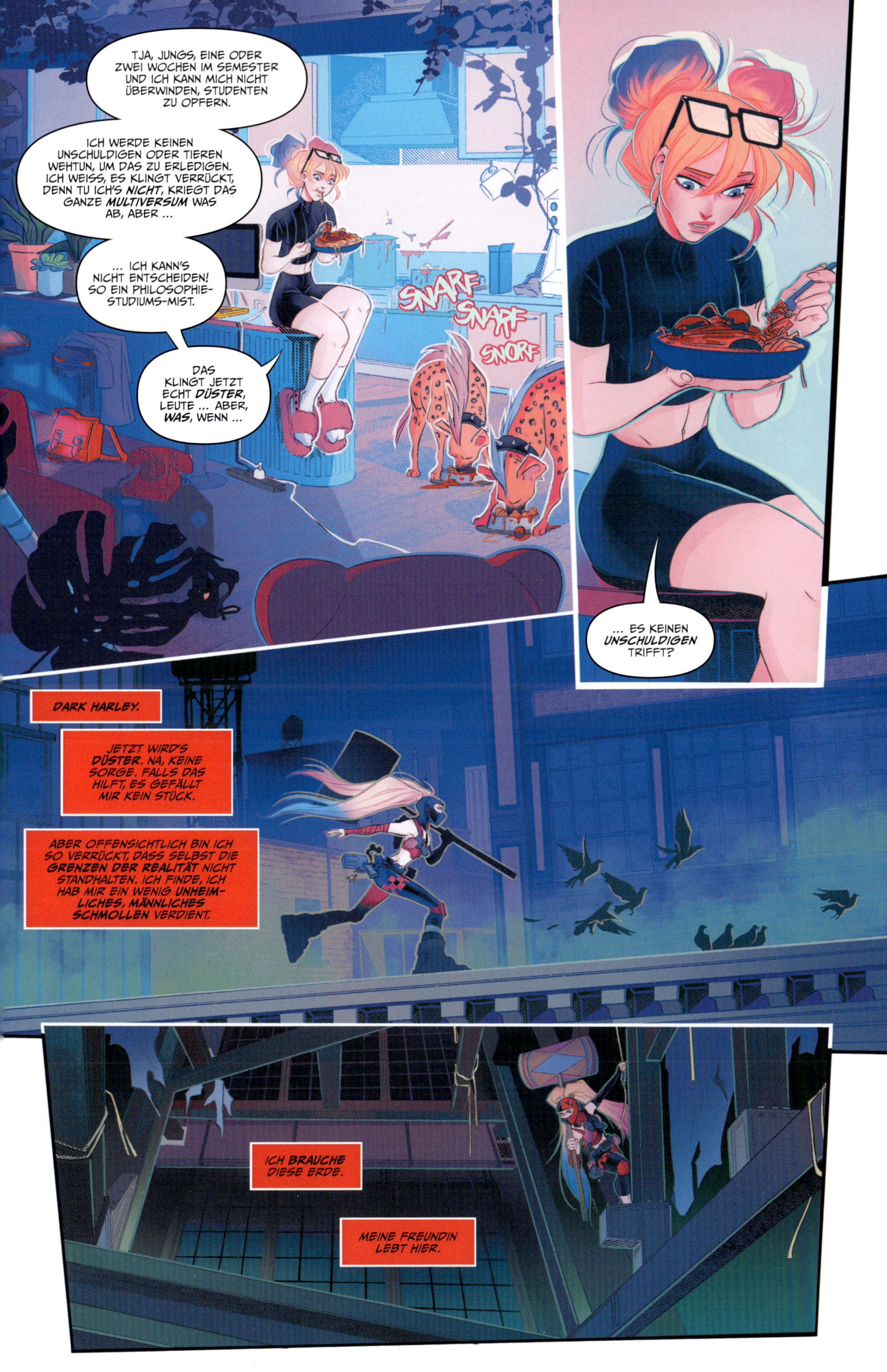
TJA, JUNGS, EINE ODER ZWEI WOCHEN IM SEMESTER UND ICH KANN MICH NICHT ÜBERWINDEN, STUDENTEN ZU OPFERN.
ICH WERDE KEINEN UNSCHULDIGEN ODER TIEREN WEHTUN, UM DAS ZU ERLEDIGEN. ICH WEISS, ES KLINGT VERRÜCKT, DENN TU ICH'S **NICHT**, KRIEGT DAS GANZE **MULTIVERSUM** WAS AB, ABER ...
... ICH KANN'S NICHT ENTSCHEIDEN! SO EIN PHILOSOPHIE-STUDIUMS-MIST.
SNARF
SNARF
SNORF
DAS KLINGT JETZT ECHT **DÜSTER**, LEUTE ... ABER, **WAS**, WENN ...
... ES KEINEN **UNSCHULDIGEN** TRIFFT?
DARK HARLEY.
JETZT WIRD'S **DÜSTER**. NA, KEINE SORGE. FALLS DAS HILFT, ES GEFÄLLT MIR KEIN STÜCK.
ABER OFFENSICHTLICH BIN ICH SO VERRÜCKT, DASS SELBST DIE **GRENZEN DER REALITÄT** NICHT STANDHALTEN. ICH FINDE, ICH HAB MIR EIN WENIG **UNHEIMLICHES, MÄNNLICHES SCHMOLLEN** VERDIENT.
ICH **BRAUCHE** DIESE ERDE.
MEINE FREUNDIN LEBT HIER.

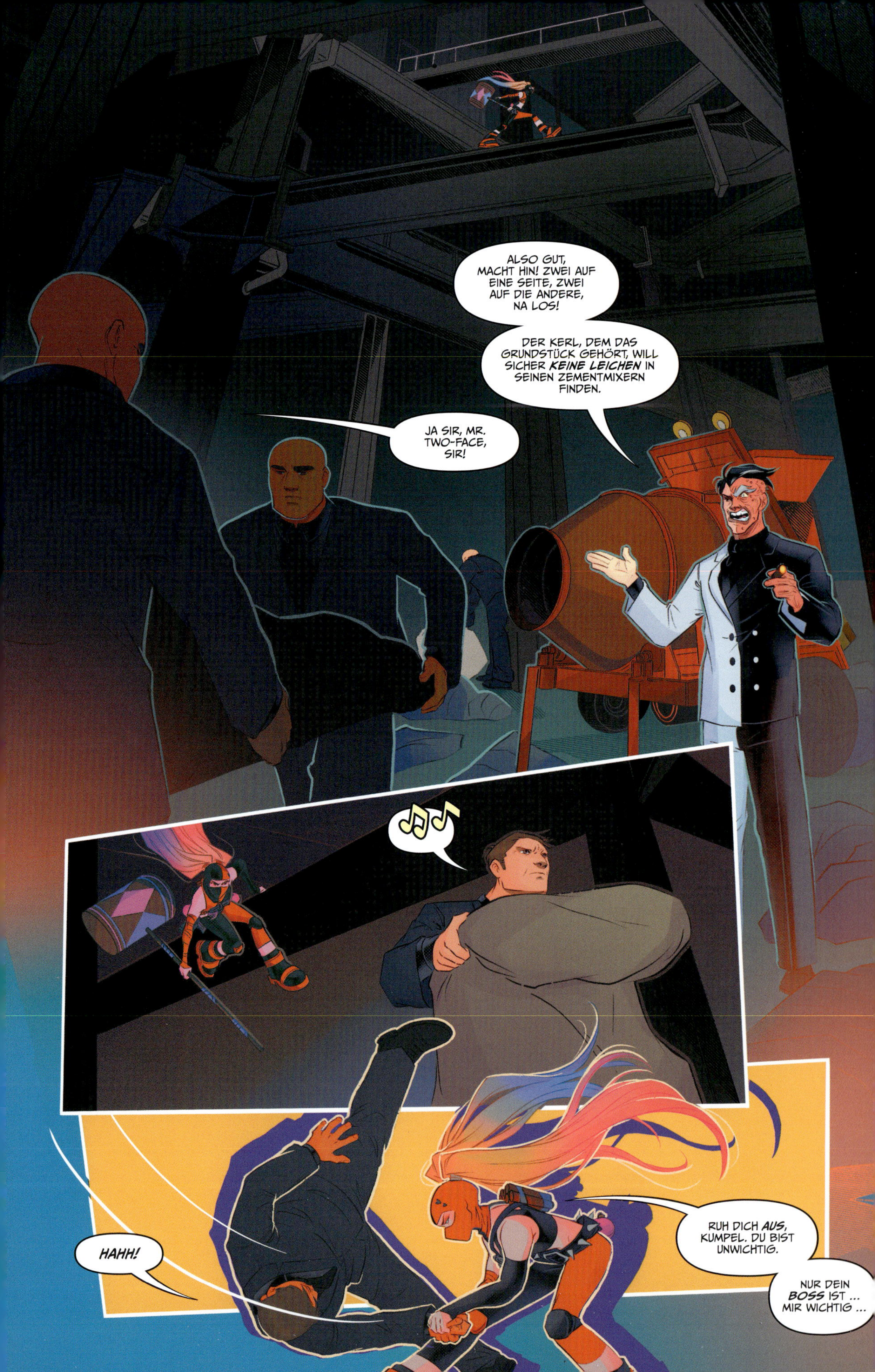
ALSO GUT, MACHT HIN! ZWEI AUF EINE SEITE, ZWEI AUF DIE ANDERE, NA LOS!
DER KERL, DEM DAS GRUNDSTÜCK GEHÖRT, WILL SICHER *KEINE LEICHEN* IN SEINEN ZEMENTMIXERN FINDEN.
JA SIR, MR. TWO-FACE, SIR!
♫♫
HAHH!
RUH DICH *AUS*, KUMPEL. DU BIST UNWICHTIG.
NUR DEIN *BOSS* IST ... MIR WICHTIG ...

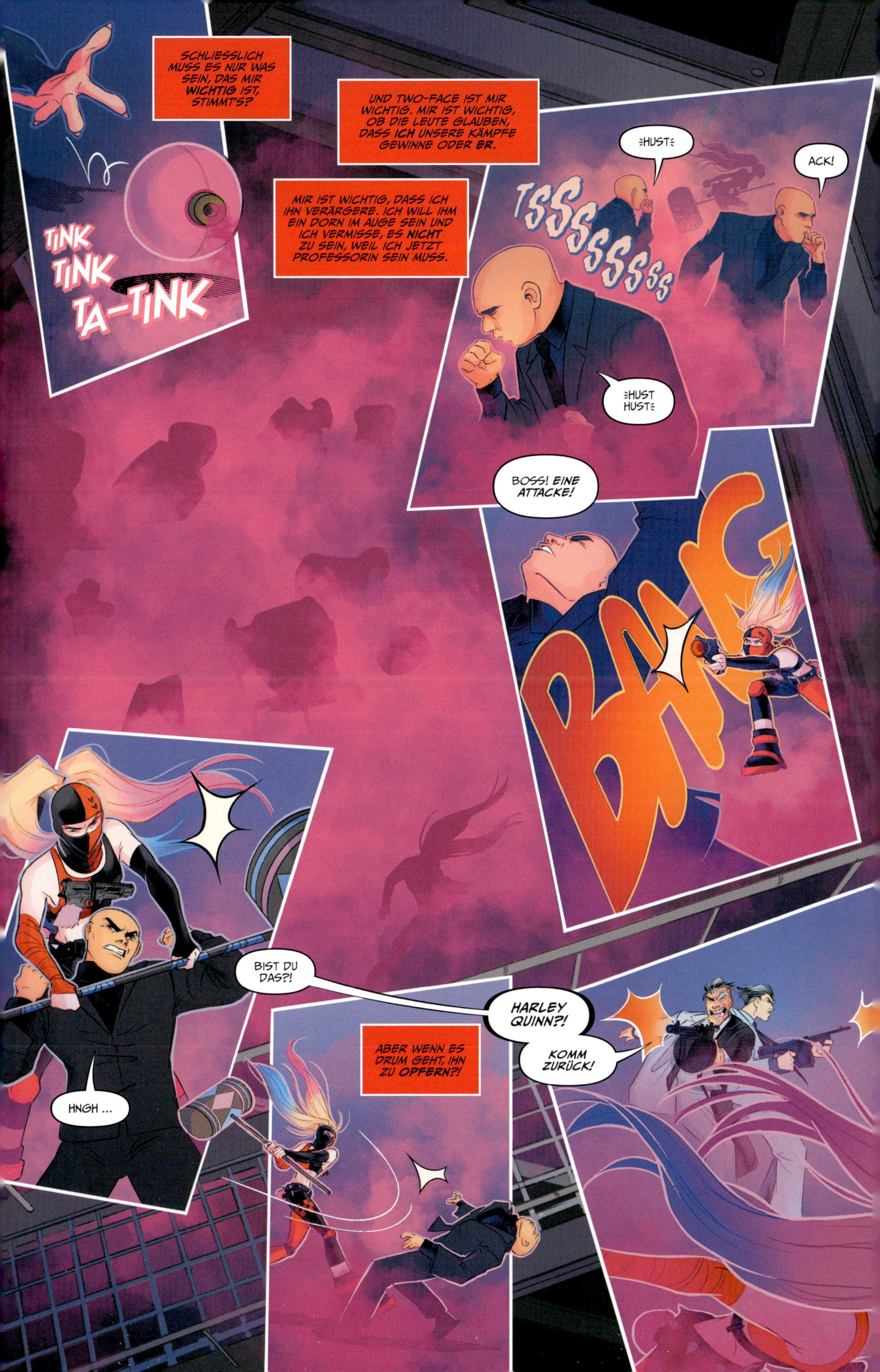
SCHLIESSLICH MUSS ES NUR WAS SEIN, DAS MIR WICHTIG IST, STIMMT'S?
TINK TINK TA-TINK
UND TWO-FACE IST MIR WICHTIG. MIR IST WICHTIG, OB DIE LEUTE GLAUBEN, DASS ICH UNSERE KÄMPFE GEWINNE ODER ER.
MIR IST WICHTIG, DASS ICH IHN VERÄRGERE. ICH WILL IHM EIN DORN IM AUGE SEIN UND ICH VERMISSE, ES NICHT ZU SEIN, WEIL ICH JETZT PROFESSORIN SEIN MUSS.
TSSSSSSSS
HUST
ACK!
HUST HUST
BOSS! EINE ATTACKE!
BAM
BIST DU DAS?!
HARLEY QUINN?!
HNGH ...
ABER WENN ES DRUM GEHT, IHN ZU OPFERN?!
KOMM ZURÜCK!

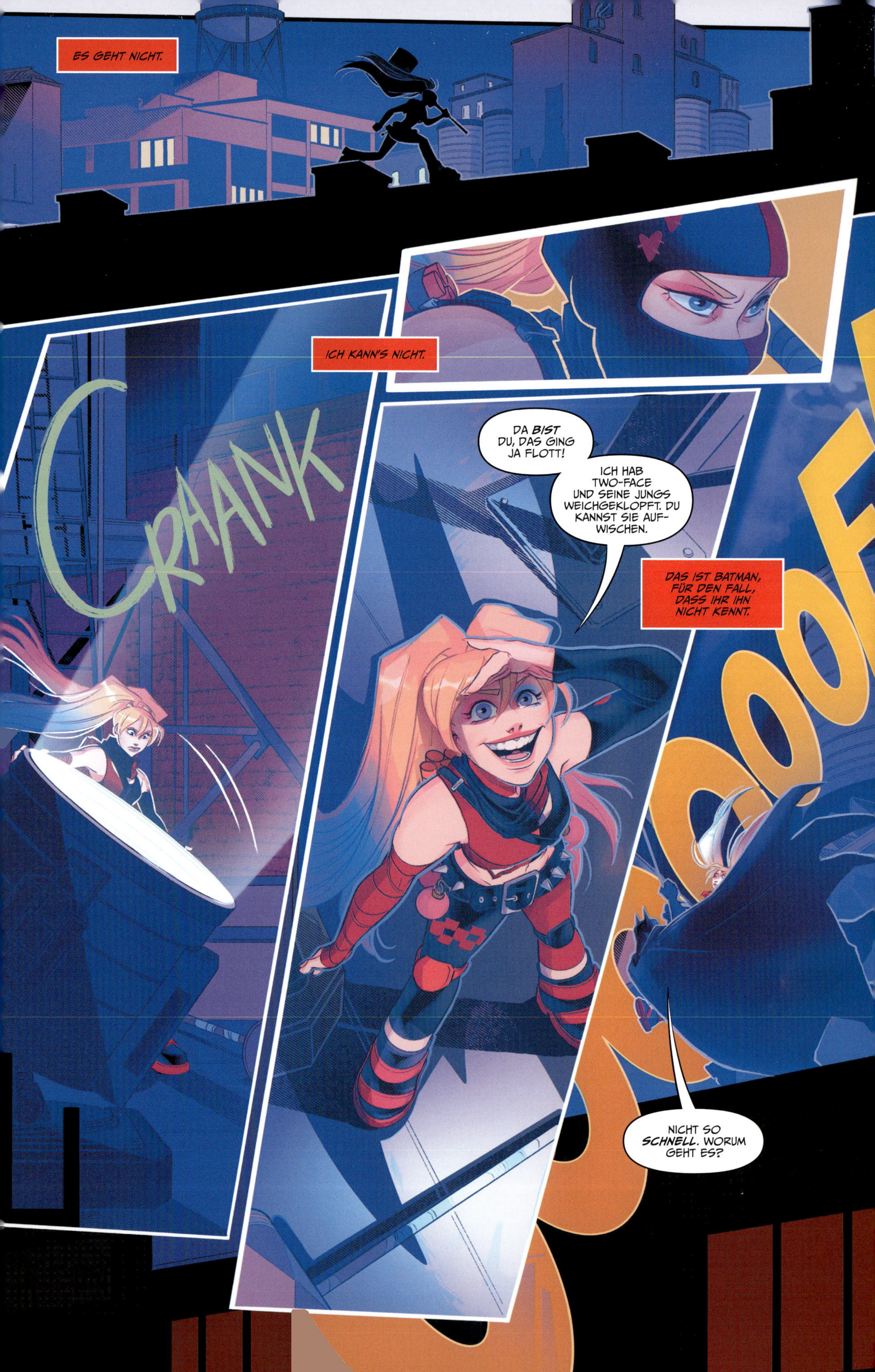
ES GEHT NICHT.
ICH KANN'S NICHT.
CRAANK
DA BIST DU, DAS GING JA FLOTT!
ICH HAB TWO-FACE UND SEINE JUNGS WEICHGEKLOPFT. DU KANNST SIE AUF-WISCHEN.
DAS IST BATMAN, FÜR DEN FALL, DASS IHR IHN NICHT KENNT.
NICHT SO SCHNELL. WORUM GEHT ES?

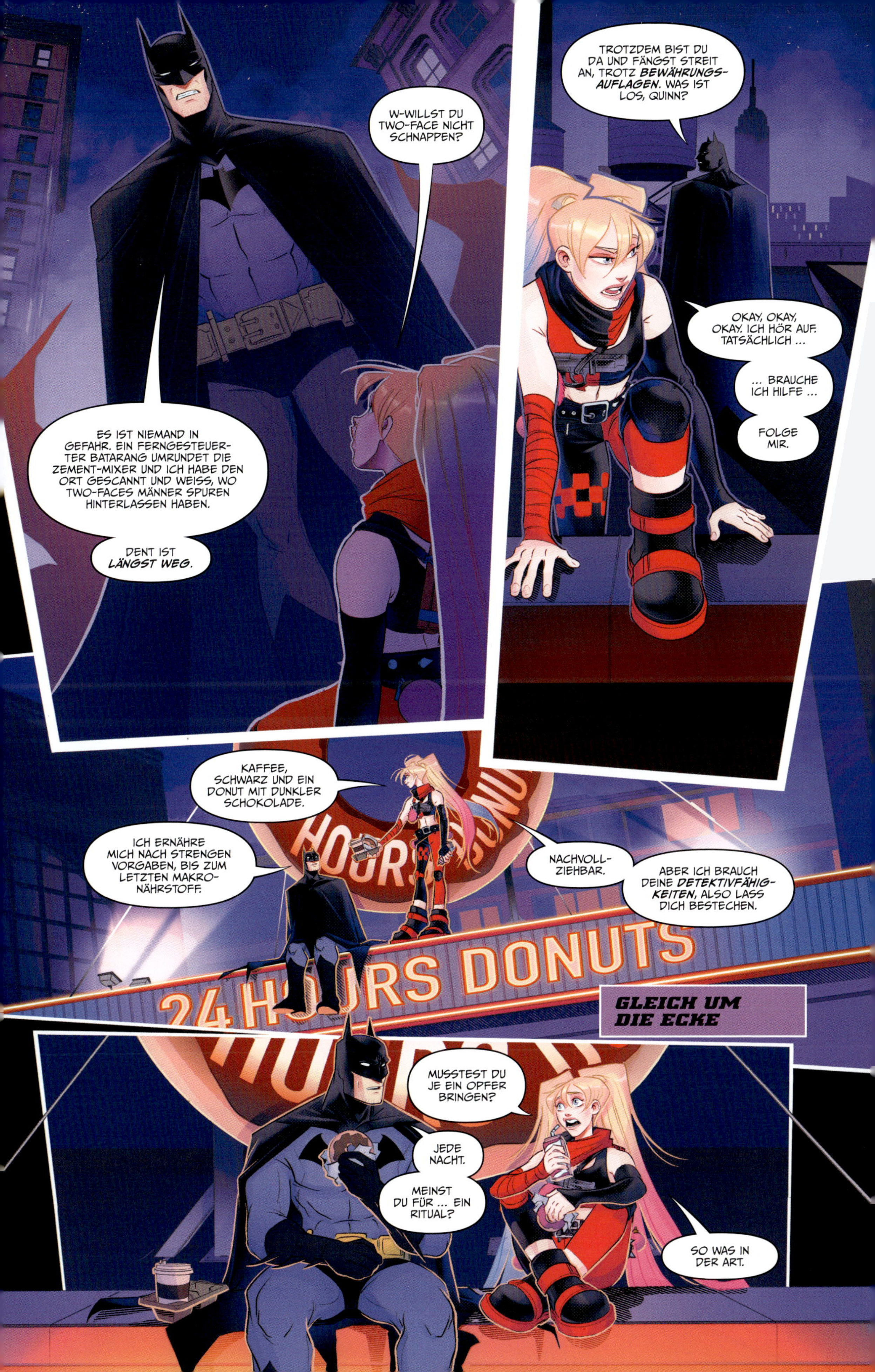
W-WILLST DU TWO-FACE NICHT SCHNAPPEN?
ES IST NIEMAND IN GEFAHR. EIN FERNGESTEUER-TER BATARANG UMRUNDET DIE ZEMENT-MIXER UND ICH HABE DEN ORT GESCANNT UND WEISS, WO TWO-FACES MÄNNER SPUREN HINTERLASSEN HABEN.
DENT IST *LÄNGST WEG*.
TROTZDEM BIST DU DA UND FÄNGST STREIT AN, TROTZ *BEWÄHRUNGS-AUFLAGEN*. WAS IST LOS, QUINN?
OKAY, OKAY, OKAY. ICH HÖR AUF. TATSÄCHLICH ...
... BRAUCHE ICH HILFE ...
FOLGE MIR.
KAFFEE, SCHWARZ UND EIN DONUT MIT DUNKLER SCHOKOLADE.
ICH ERNÄHRE MICH NACH STRENGEN VORGABEN, BIS ZUM LETZTEN MAKRO-NÄHRSTOFF.
NACHVOLL-ZIEHBAR.
ABER ICH BRAUCH DEINE *DETEKTIVFÄHIG-KEITEN*, ALSO LASS DICH BESTECHEN.
24 HOURS DONUTS
GLEICH UM DIE ECKE
MUSSTEST DU JE EIN OPFER BRINGEN?
JEDE NACHT.
MEINST DU FÜR ... EIN RITUAL?
SO WAS IN DER ART.

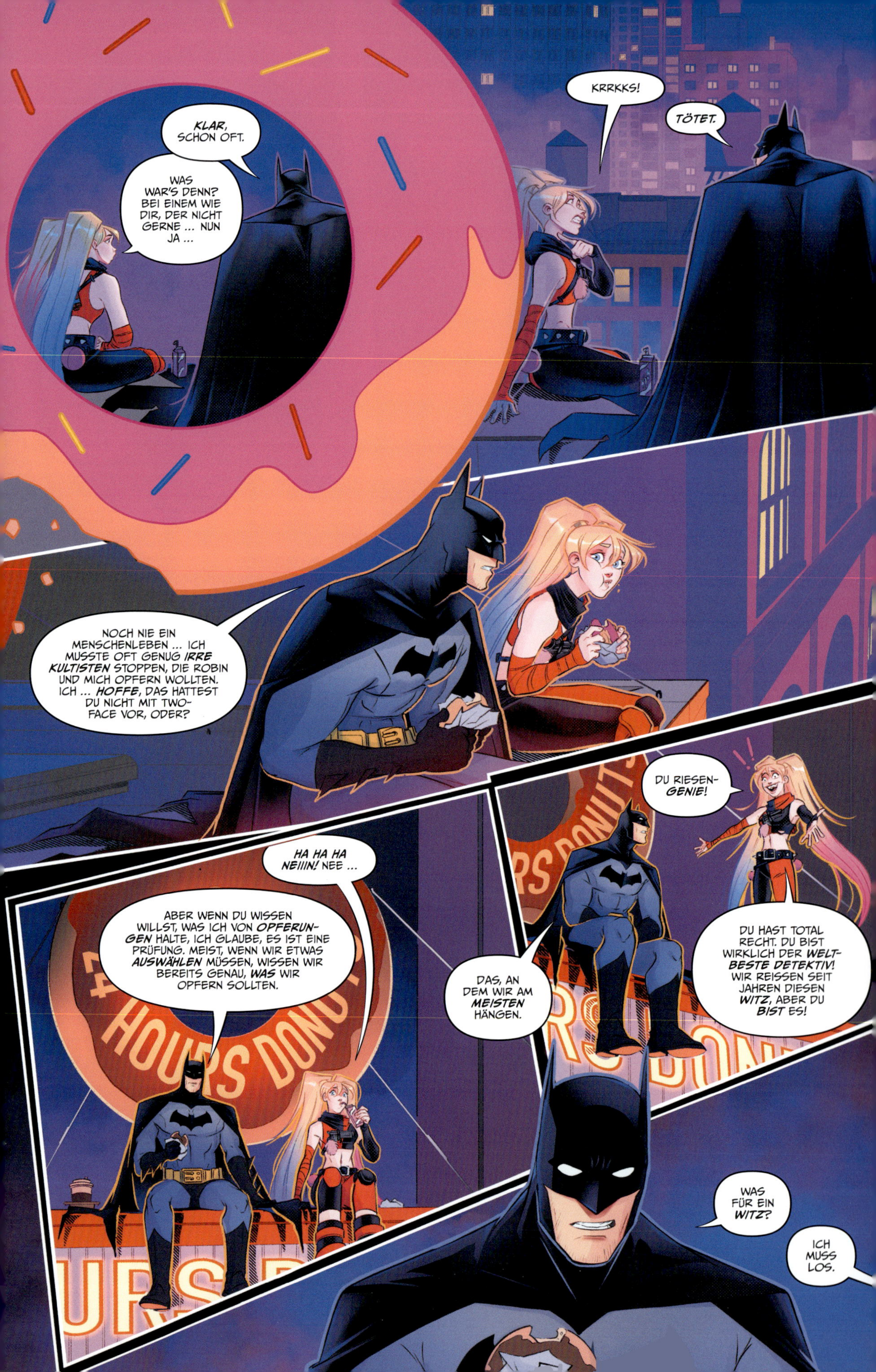
KLAR, SCHON OFT.
WAS WAR'S DENN? BEI EINEM WIE DIR, DER NICHT GERNE ... NUN JA ...
KRRKKS!
TÖTET.
NOCH NIE EIN MENSCHENLEBEN ... ICH MUSSTE OFT GENUG IRRE KULTISTEN STOPPEN, DIE ROBIN UND MICH OPFERN WOLLTEN. ICH ... HOFFE, DAS HATTEST DU NICHT MIT TWO-FACE VOR, ODER?
HA HA HA NEIIIN! NEE ...
ABER WENN DU WISSEN WILLST, WAS ICH VON OPFERUNGEN HALTE, ICH GLAUBE, ES IST EINE PRÜFUNG. MEIST, WENN WIR ETWAS AUSWÄHLEN MÜSSEN, WISSEN WIR BEREITS GENAU, WAS WIR OPFERN SOLLTEN.
DAS, AN DEM WIR AM MEISTEN HÄNGEN.
DU RIESEN-GENIE!
DU HAST TOTAL RECHT. DU BIST WIRKLICH DER WELTBESTE DETEKTIV! WIR REISSEN SEIT JAHREN DIESEN WITZ, ABER DU BIST ES!
WAS FÜR EIN WITZ?
ICH MUSS LOS.
24 HOURS DONUTS

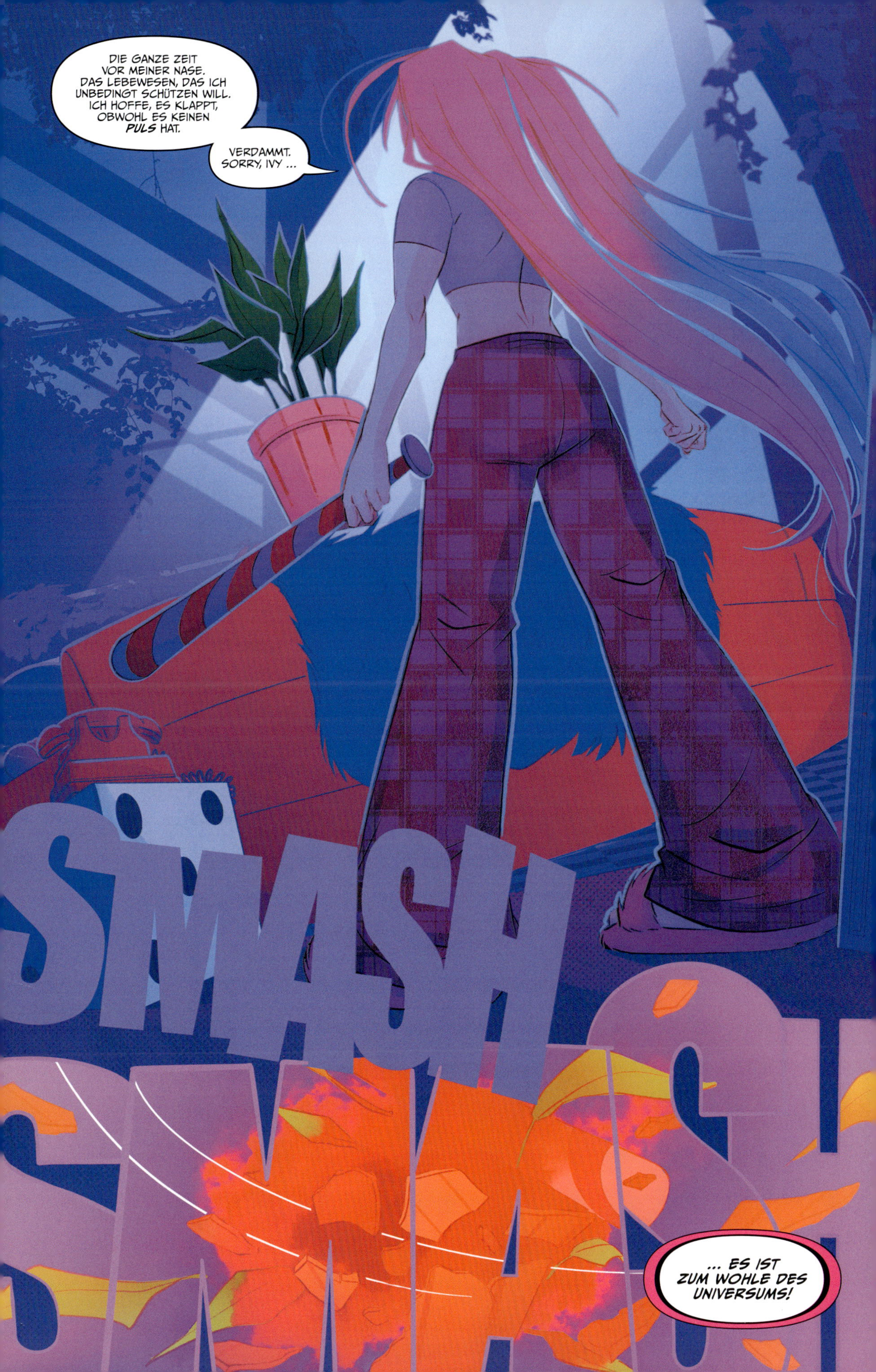
DIE GANZE ZEIT VOR MEINER NASE. DAS LEBEWESEN, DAS ICH UNBEDINGT SCHÜTZEN WILL. ICH HOFFE, ES KLAPPT, OBWOHL ES KEINEN *PULS* HAT.
VERDAMMT. SORRY, IVY ...
SMASH
SMASH
... ES IST ZUM WOHLE DES UNIVERSUMS!

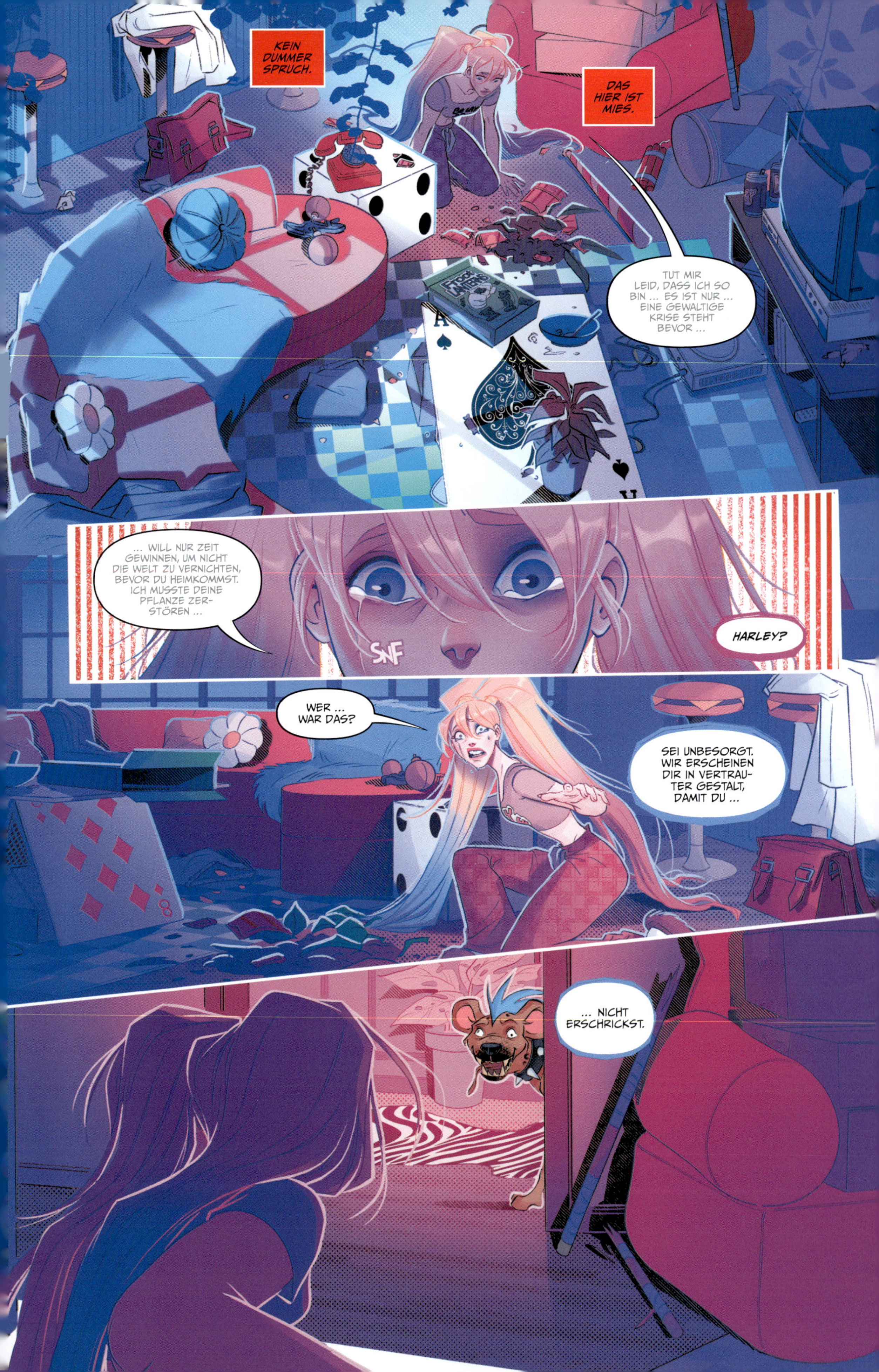

KEIN DUMMER SPRUCH.
DAS HIER IST MIES.
TUT MIR LEID, DASS ICH SO BIN ... ES IST NUR ... EINE GEWALTIGE KRISE STEHT BEVOR ...
... WILL NUR ZEIT GEWINNEN, UM NICHT DIE WELT ZU VERNICHTEN, BEVOR DU HEIMKOMMST. ICH MUSSTE DEINE PFLANZE ZERSTÖREN ...
SNF
HARLEY?
WER ... WAR DAS?
SEI UNBESORGT. WIR ERSCHEINEN DIR IN VERTRAUTER GESTALT, DAMIT DU ...
... NICHT ERSCHRICKST.

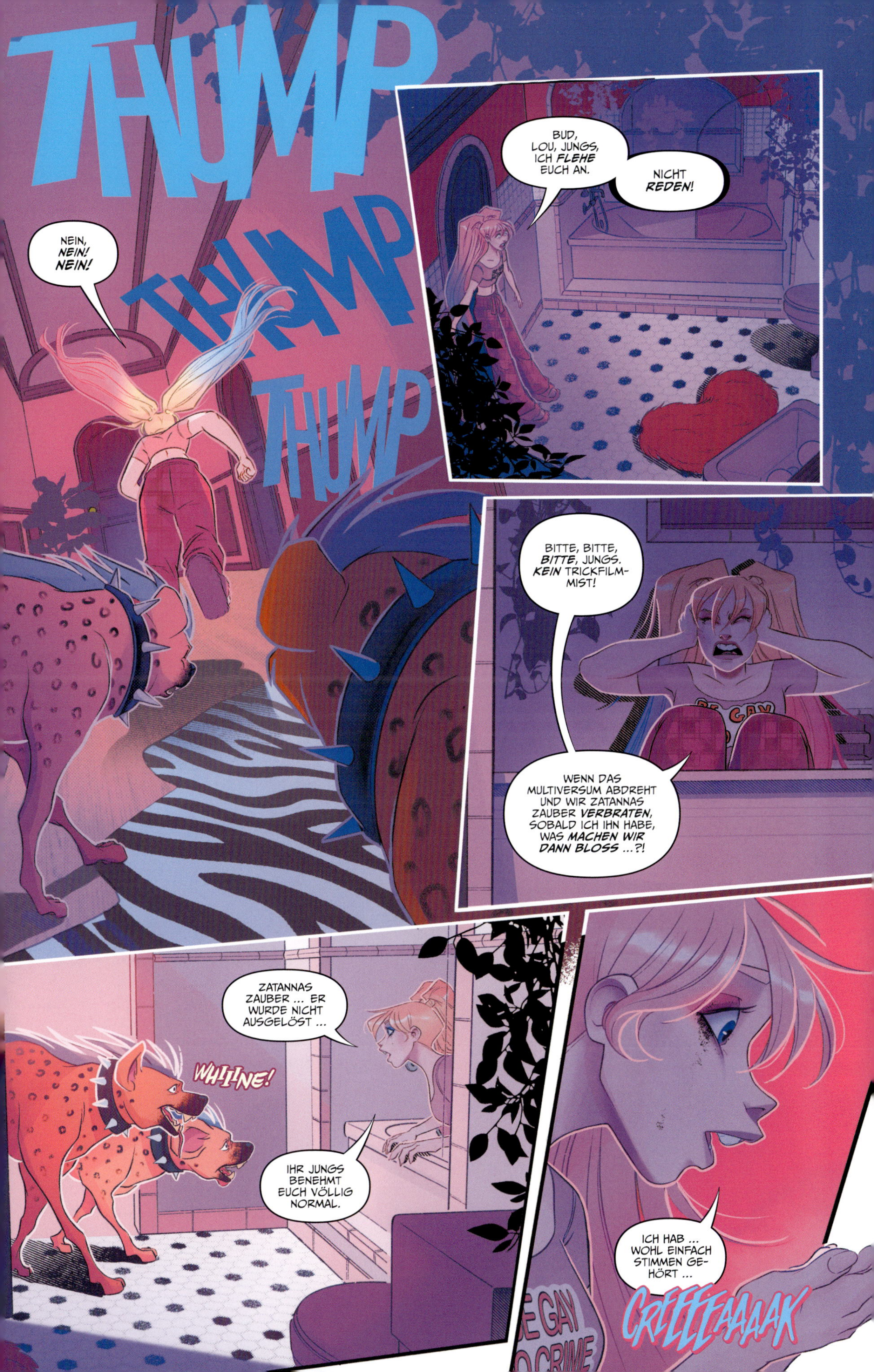
THUMP
NEIN, NEIN! NEIN!
THUMP
THUMP
BUD, LOU, JUNGS, ICH FLEHE EUCH AN.
NICHT REDEN!
BITTE, BITTE, BITTE, JUNGS. KEIN TRICKFILM-MIST!
WENN DAS MULTIVERSUM ABDREHT UND WIR ZATANNAS ZAUBER VERBRATEN, SOBALD ICH IHN HABE, WAS MACHEN WIR DANN BLOSS ...?!
ZATANNAS ZAUBER ... ER WURDE NICHT AUSGELÖST ...
WHIIINE!
IHR JUNGS BENEHMT EUCH VÖLLIG NORMAL.
ICH HAB ... WOHL EINFACH STIMMEN GEHÖRT ...
CREEEEAAAAK

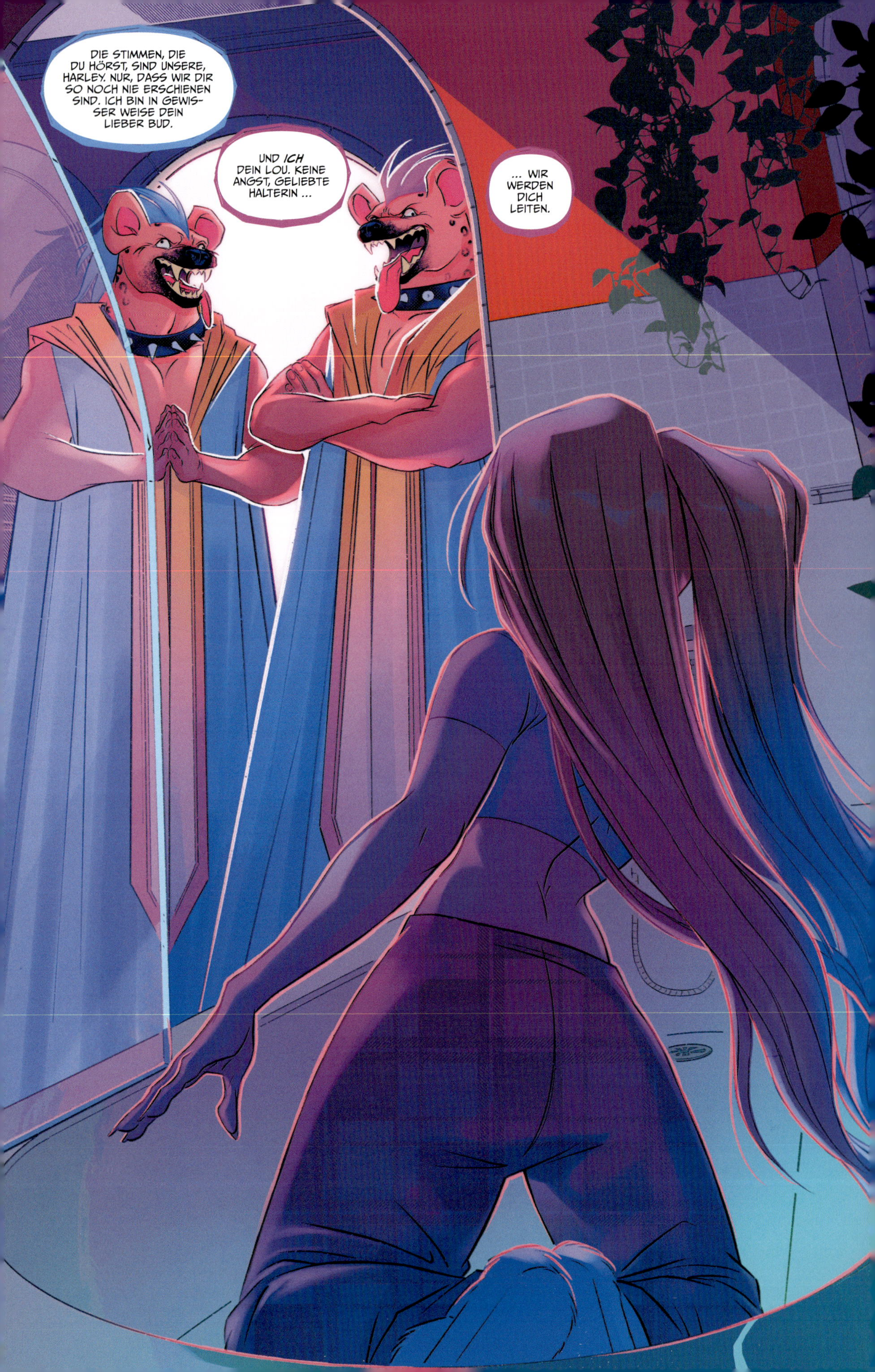
DIE STIMMEN, DIE DU HÖRST, SIND UNSERE, HARLEY. NUR, DASS WIR DIR SO NOCH NIE ERSCHIENEN SIND. ICH BIN IN GEWISSER WEISE DEIN LIEBER BUD.
UND *ICH* DEIN LOU. KEINE ANGST, GELIEBTE HALTERIN ...
... WIR WERDEN DICH LEITEN.

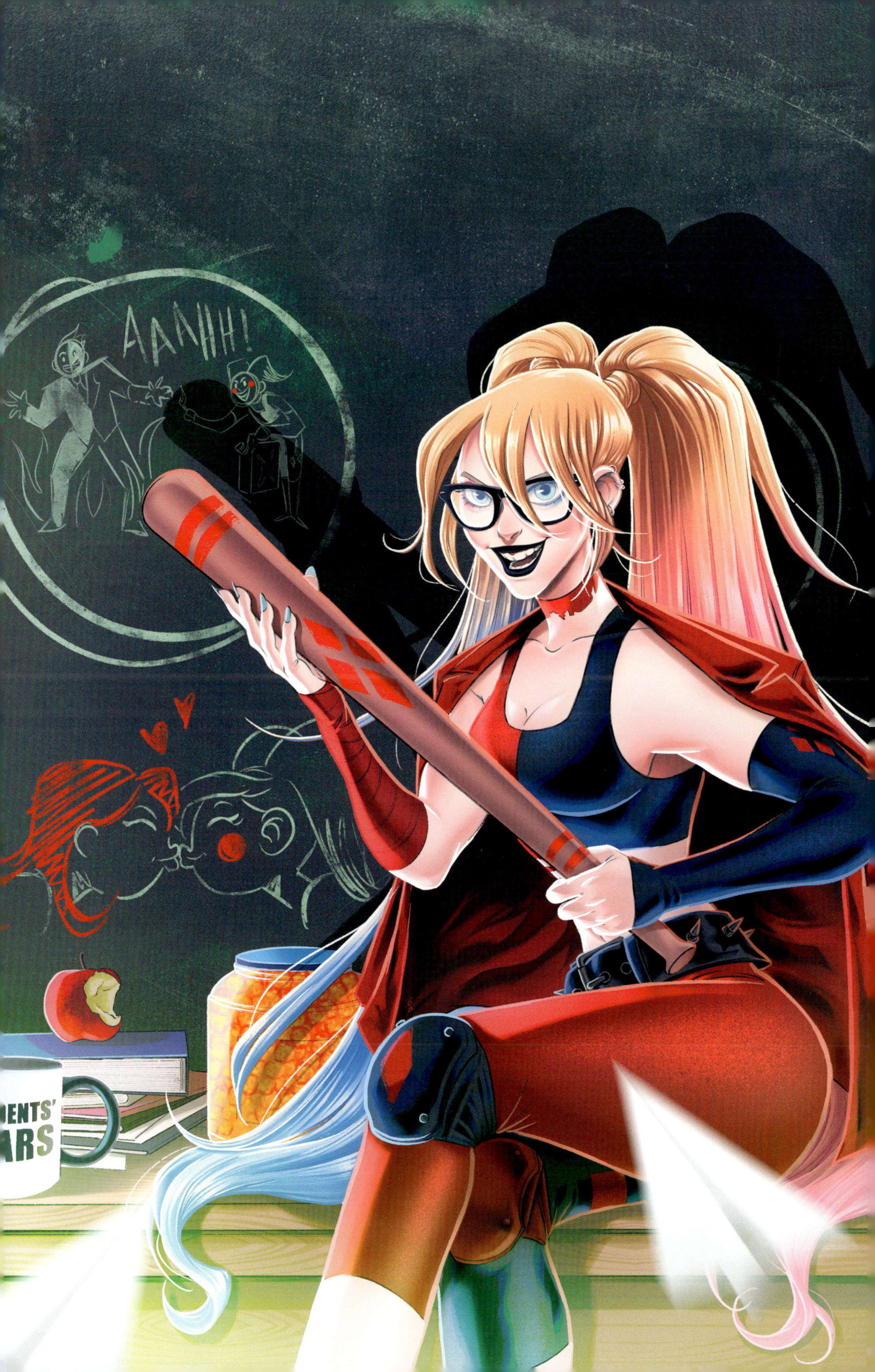
AANHH!
ENTS'
ARS

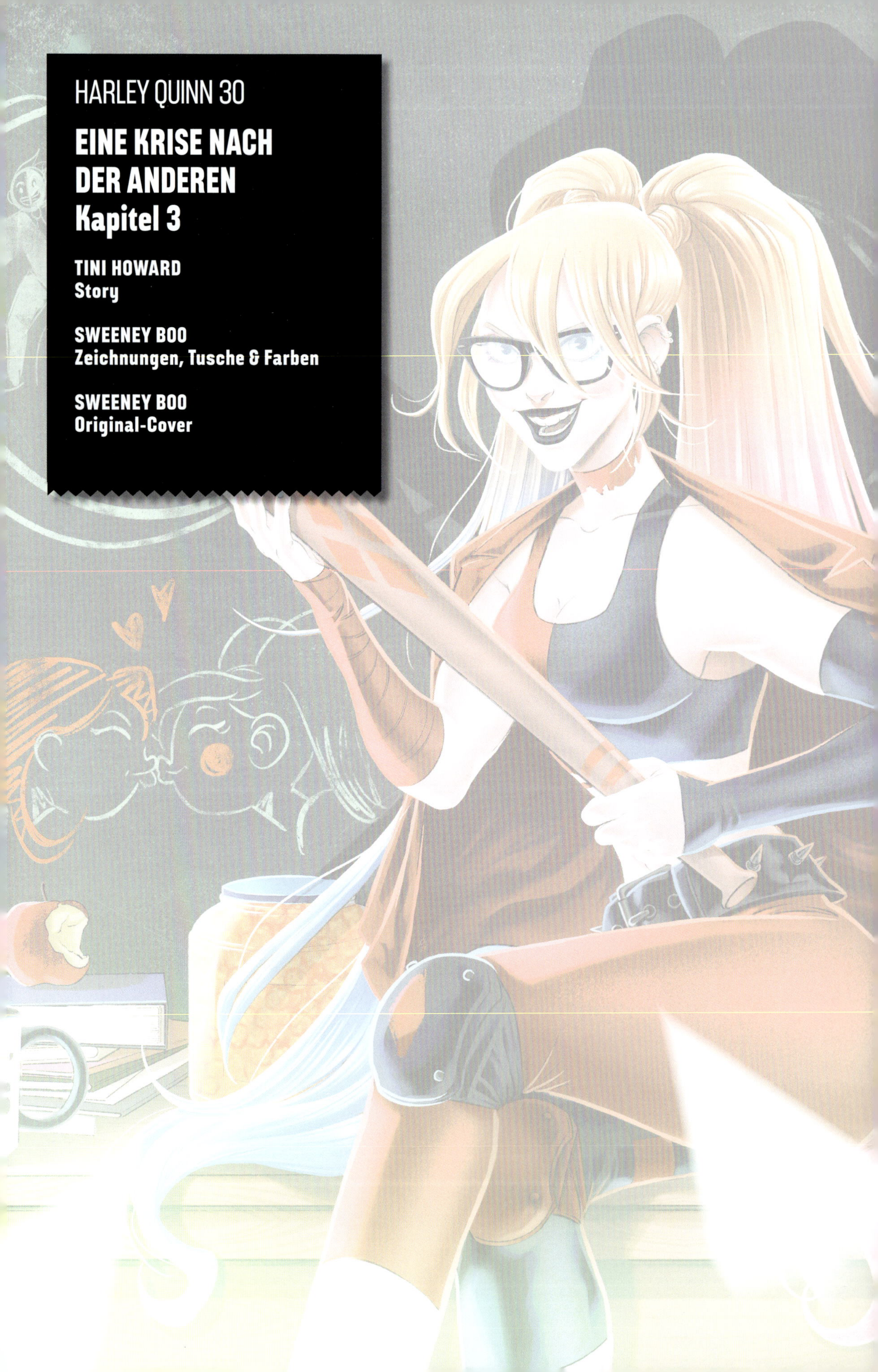
HARLEY QUINN 30
EINE KRISE NACH DER ANDEREN
Kapitel 3
TINI HOWARD
Story
SWEENEY BOO
Zeichnungen, Tusche & Farben
SWEENEY BOO
Original-Cover

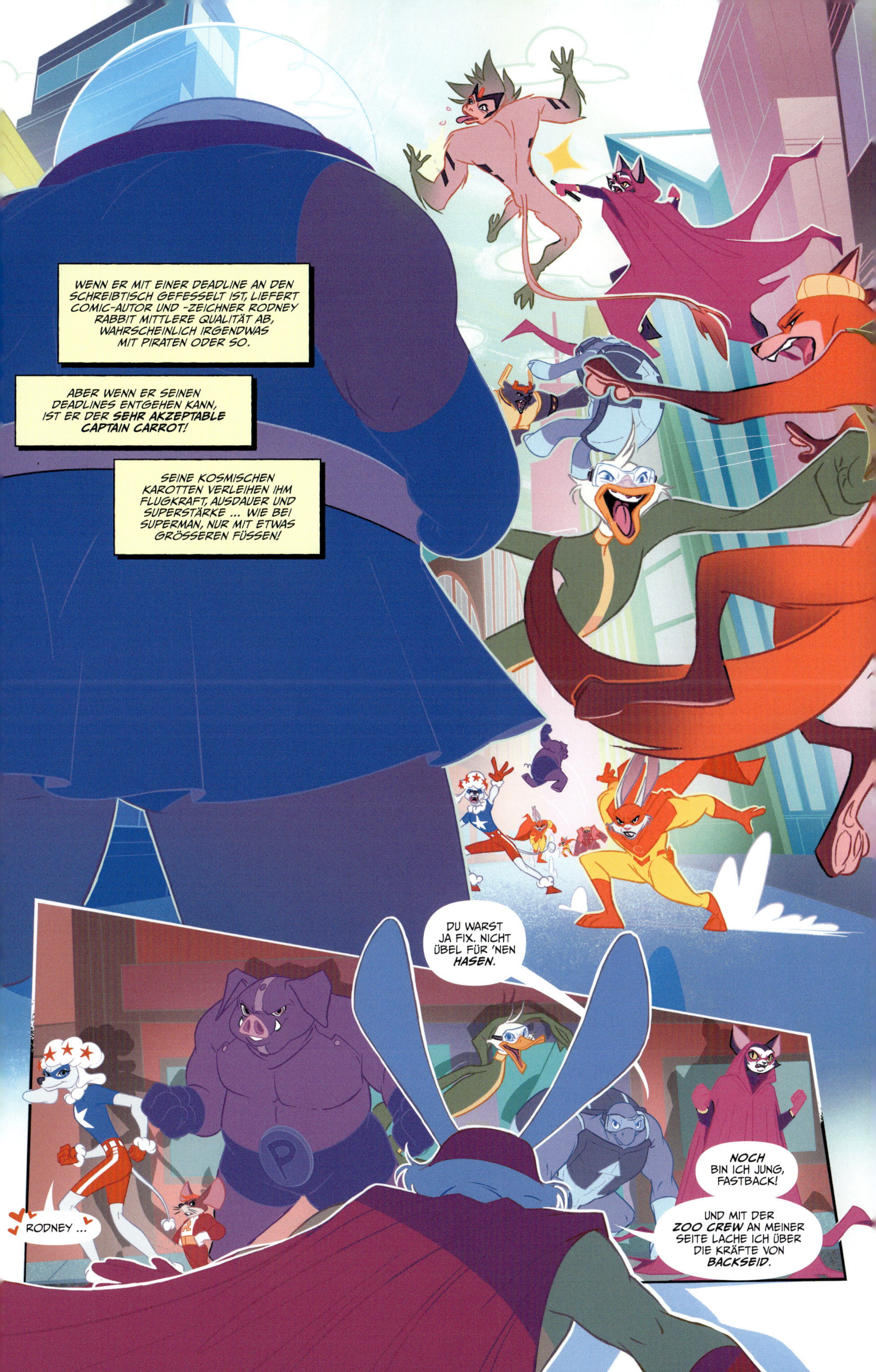
WENN ER MIT EINER DEADLINE AN DEN SCHREIBTISCH GEFESSELT IST, LIEFERT COMIC-AUTOR UND -ZEICHNER RODNEY RABBIT MITTLERE QUALITÄT AB, WAHRSCHEINLICH IRGENDWAS MIT PIRATEN ODER SO.
ABER WENN ER SEINEN DEADLINES ENTGEHEN KANN, IST ER DER SEHR AKZEPTABLE CAPTAIN CARROT!
SEINE KOSMISCHEN KAROTTEN VERLEIHEN IHM FLUGKRAFT, AUSDAUER UND SUPERSTÄRKE ... WIE BEI SUPERMAN, NUR MIT ETWAS GRÖSSEREN FÜSSEN!
DU WARST JA FIX. NICHT ÜBEL FÜR 'NEN HASEN.
RODNEY ...
NOCH BIN ICH JUNG, FASTBACK!
UND MIT DER ZOO CREW AN MEINER SEITE LACHE ICH ÜBER DIE KRÄFTE VON BACKSEID.

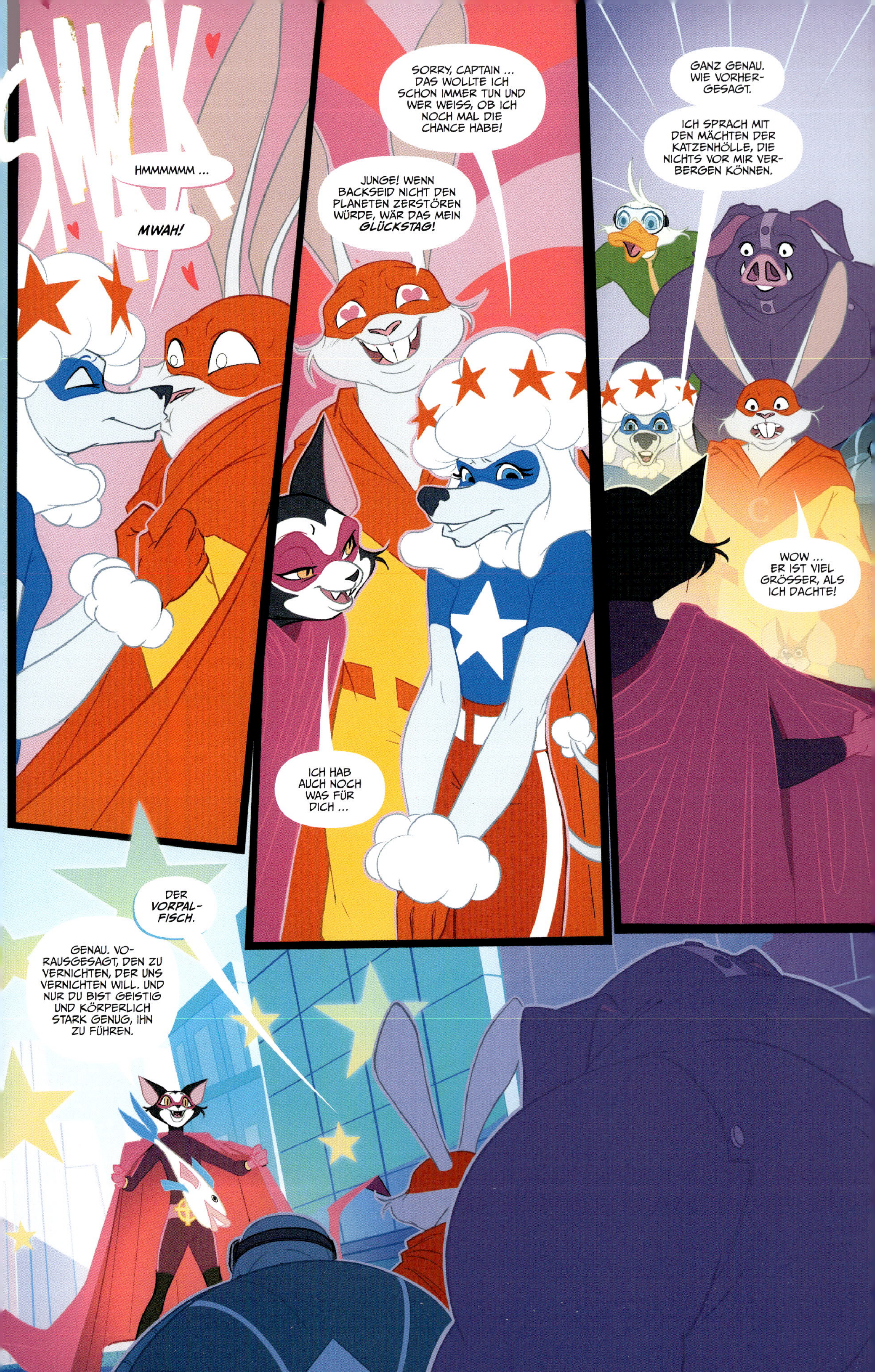
SMACK
HMMMMMM ...
MWAH!
SORRY, CAPTAIN ... DAS WOLLTE ICH SCHON IMMER TUN UND WER WEISS, OB ICH NOCH MAL DIE CHANCE HABE!
JUNGE! WENN BACKSEID NICHT DEN PLANETEN ZERSTÖREN WÜRDE, WÄR DAS MEIN GLÜCKSTAG!
ICH HAB AUCH NOCH WAS FÜR DICH ...
GANZ GENAU. WIE VORHER-GESAGT.
ICH SPRACH MIT DEN MÄCHTEN DER KATZENHÖLLE, DIE NICHTS VOR MIR VER-BERGEN KÖNNEN.
WOW ... ER IST VIEL GRÖSSER, ALS ICH DACHTE!
DER VORPAL-FISCH.
GENAU. VO-RAUSGESAGT, DEN ZU VERNICHTEN, DER UNS VERNICHTEN WILL. UND NUR DU BIST GEISTIG UND KÖRPERLICH STARK GENUG, IHN ZU FÜHREN.

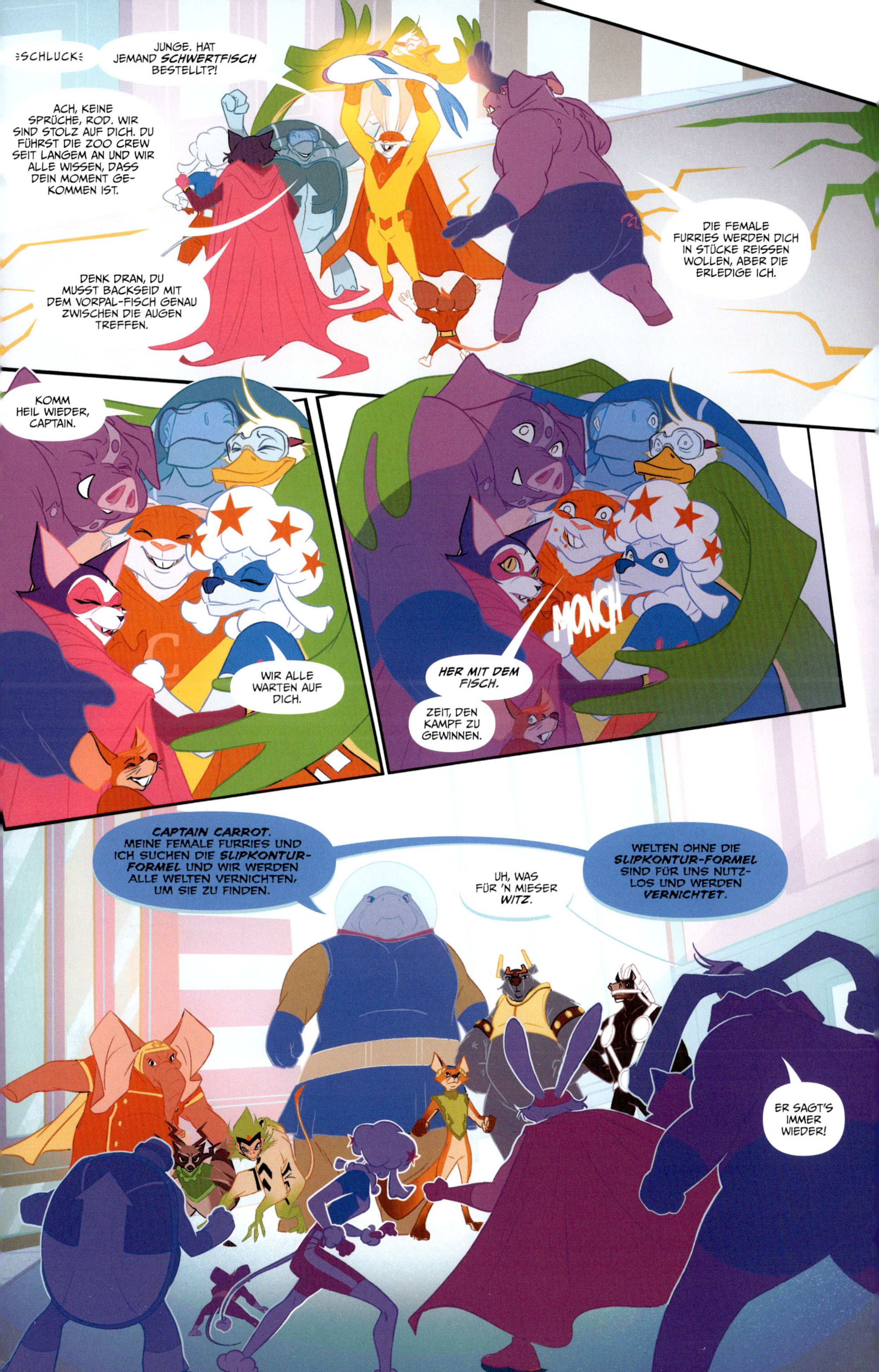

SCHLUCK
JUNGE. HAT JEMAND **SCHWERTFISCH** BESTELLT?!
ACH, KEINE SPRÜCHE, ROD. WIR SIND STOLZ AUF DICH. DU FÜHRST DIE ZOO CREW SEIT LANGEM AN UND WIR ALLE WISSEN, DASS DEIN MOMENT GEKOMMEN IST.
DENK DRAN, DU MUSST BACKSEID MIT DEM VORPAL-FISCH GENAU ZWISCHEN DIE AUGEN TREFFEN.
DIE FEMALE FURRIES WERDEN DICH IN STÜCKE REISSEN WOLLEN, ABER DIE ERLEDIGE ICH.
KOMM HEIL WIEDER, CAPTAIN.
WIR ALLE WARTEN AUF DICH.
MONCH
HER MIT DEM FISCH.
ZEIT, DEN KAMPF ZU GEWINNEN.
CAPTAIN CARROT. MEINE FEMALE FURRIES UND ICH SUCHEN DIE **SLIPKONTUR-FORMEL** UND WIR WERDEN ALLE WELTEN VERNICHTEN, UM SIE ZU FINDEN.
UH, WAS FÜR 'N MIESER **WITZ**.
WELTEN OHNE DIE **SLIPKONTUR-FORMEL** SIND FÜR UNS NUTZLOS UND WERDEN **VERNICHTET**.
ER SAGT'S IMMER WIEDER!

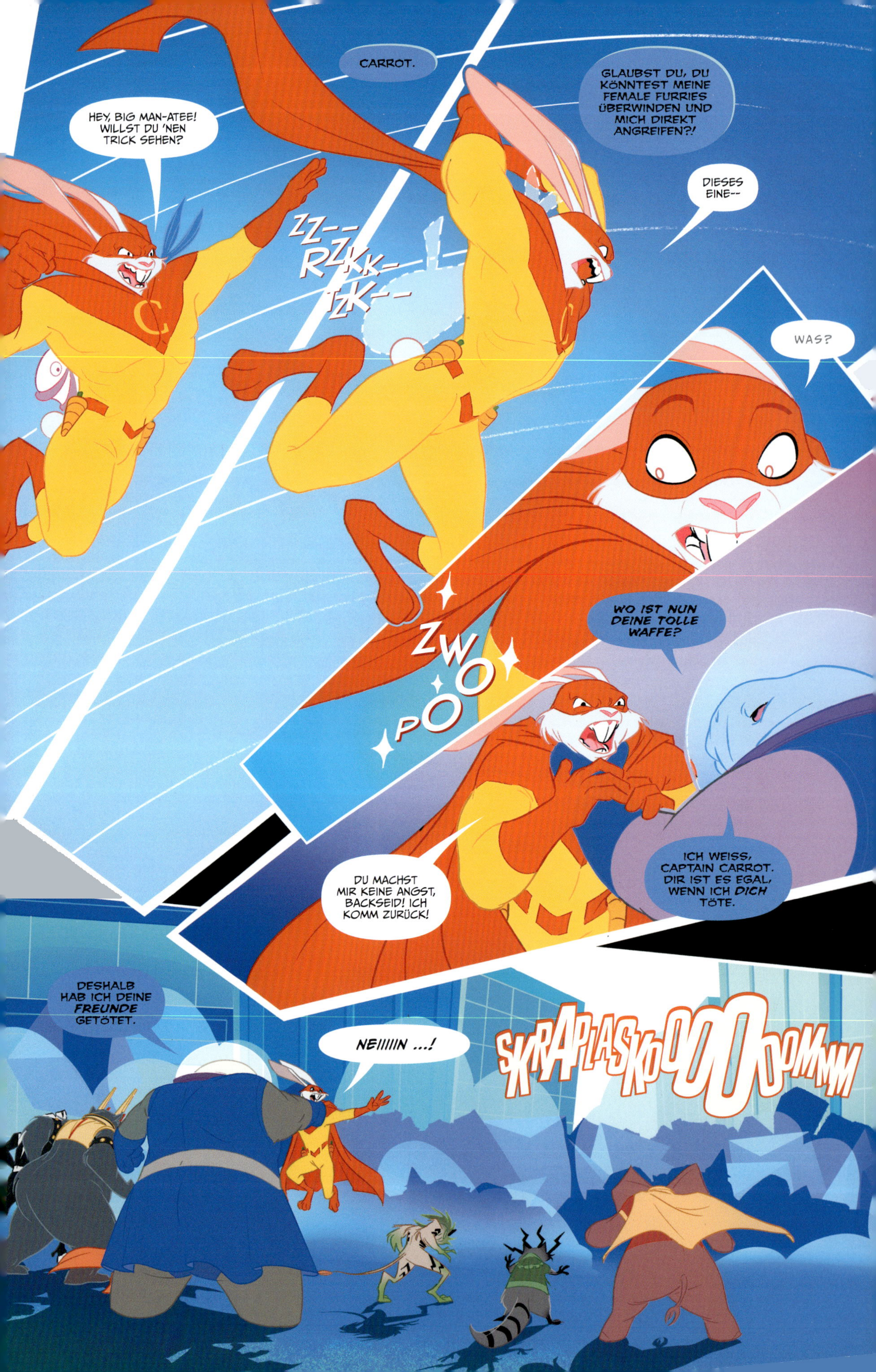
HEY, BIG MAN-ATEE! WILLST DU 'NEN TRICK SEHEN?
CARROT.
GLAUBST DU, DU KÖNNTEST MEINE FEMALE FURRIES ÜBERWINDEN UND MICH DIREKT ANGREIFEN?!
DIESES EINE--
ZZ--RZKK-TZK--
WAS?
ZWOOP
WO IST NUN DEINE TOLLE WAFFE?
DU MACHST MIR KEINE ANGST, BACKSEID! ICH KOMM ZURÜCK!
ICH WEISS, CAPTAIN CARROT. DIR IST ES EGAL, WENN ICH DICH TÖTE.
DESHALB HAB ICH DEINE FREUNDE GETÖTET.
NEIIIIIN ...!
SKRAPLASKOOOOOOOMMM

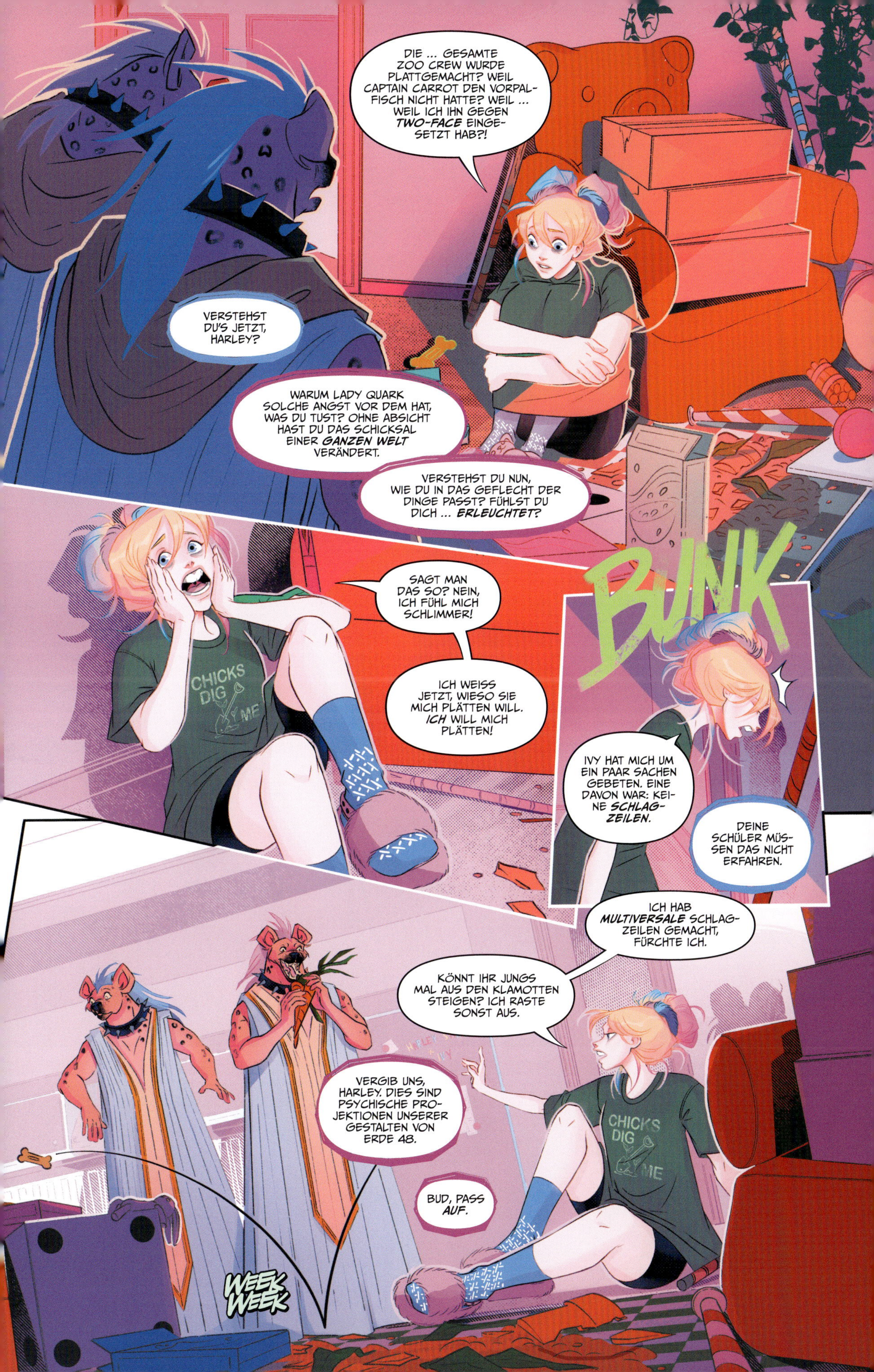
DIE ... GESAMTE ZOO CREW WURDE PLATTGEMACHT? WEIL CAPTAIN CARROT DEN VORPAL-FISCH NICHT HATTE? WEIL ... WEIL ICH IHN GEGEN TWO-FACE EINGE-SETZT HAB?!
VERSTEHST DU'S JETZT, HARLEY?
WARUM LADY QUARK SOLCHE ANGST VOR DEM HAT, WAS DU TUST? OHNE ABSICHT HAST DU DAS SCHICKSAL EINER GANZEN WELT VERÄNDERT.
VERSTEHST DU NUN, WIE DU IN DAS GEFLECHT DER DINGE PASST? FÜHLST DU DICH ... ERLEUCHTET?
SAGT MAN DAS SO? NEIN, ICH FÜHL MICH SCHLIMMER!
ICH WEISS JETZT, WIESO SIE MICH PLÄTTEN WILL. ICH WILL MICH PLÄTTEN!
CHICKS DIG ME
BUNK
IVY HAT MICH UM EIN PAAR SACHEN GEBETEN. EINE DAVON WAR: KEI-NE SCHLAG-ZEILEN.
DEINE SCHÜLER MÜS-SEN DAS NICHT ERFAHREN.
ICH HAB MULTIVERSALE SCHLAG-ZEILEN GEMACHT, FÜRCHTE ICH.
KÖNNT IHR JUNGS MAL AUS DEN KLAMOTTEN STEIGEN? ICH RASTE SONST AUS.
VERGIB UNS, HARLEY. DIES SIND PSYCHISCHE PRO-JEKTIONEN UNSERER GESTALTEN VON ERDE 48.
BUD, PASS AUF.
CHICKS DIG ME
WEEK WEEK

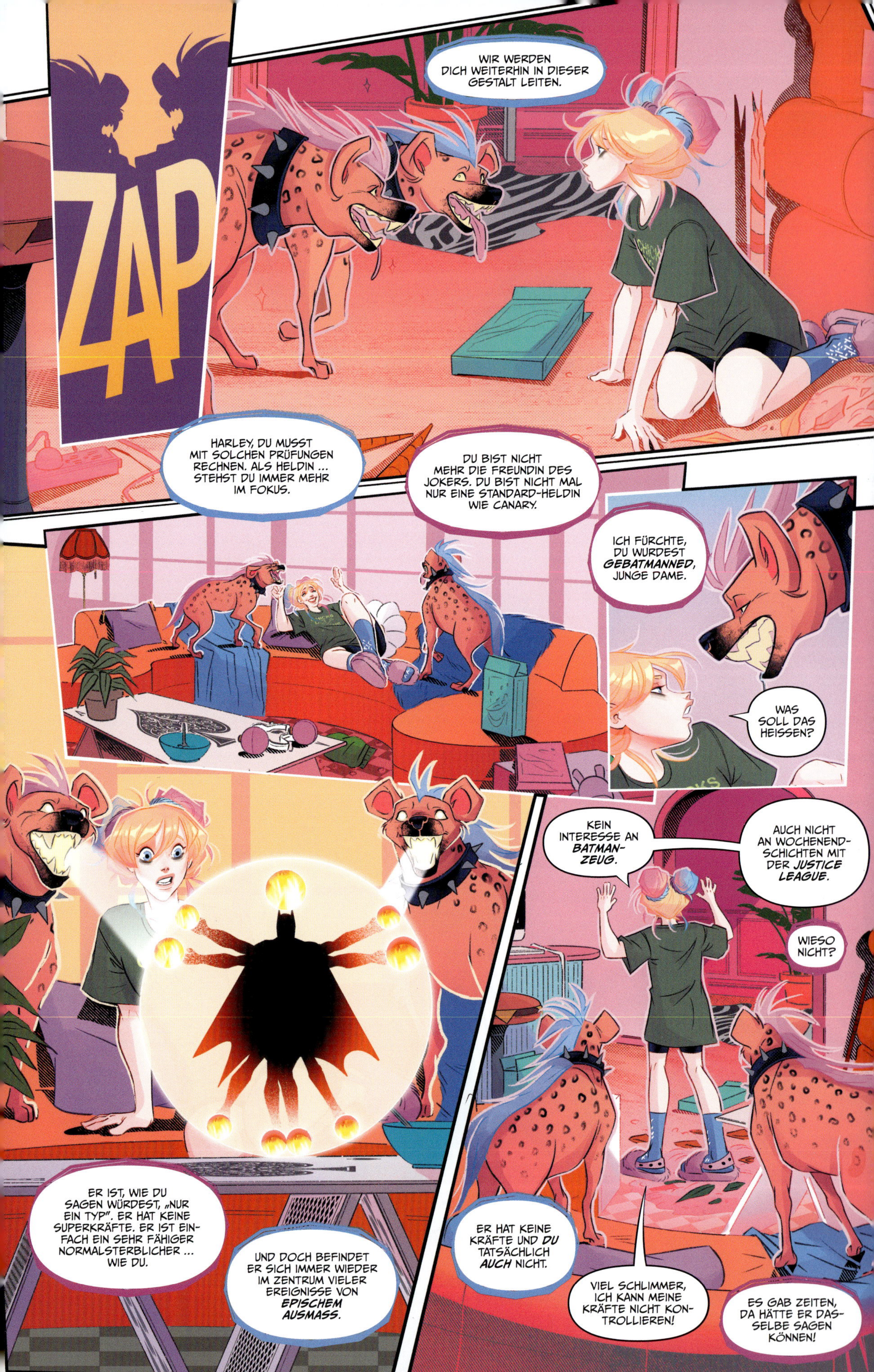
ZAP
WIR WERDEN DICH WEITERHIN IN DIESER GESTALT LEITEN.
HARLEY, DU MUSST MIT SOLCHEN PRÜFUNGEN RECHNEN. ALS HELDIN ... STEHST DU IMMER MEHR IM FOKUS.
DU BIST NICHT MEHR DIE FREUNDIN DES JOKERS. DU BIST NICHT MAL NUR EINE STANDARD-HELDIN WIE CANARY.
ICH FÜRCHTE, DU WURDEST GEBATMANNED, JUNGE DAME.
WAS SOLL DAS HEISSEN?
ER IST, WIE DU SAGEN WÜRDEST, „NUR EIN TYP". ER HAT KEINE SUPERKRÄFTE. ER IST EINFACH EIN SEHR FÄHIGER NORMALSTERBLICHER ... WIE DU.
UND DOCH BEFINDET ER SICH IMMER WIEDER IM ZENTRUM VIELER EREIGNISSE VON EPISCHEM AUSMASS.
KEIN INTERESSE AN BATMAN-ZEUG.
AUCH NICHT AN WOCHENEND-SCHICHTEN MIT DER JUSTICE LEAGUE.
WIESO NICHT?
ER HAT KEINE KRÄFTE UND DU TATSÄCHLICH AUCH NICHT.
VIEL SCHLIMMER, ICH KANN MEINE KRÄFTE NICHT KONTROLLIEREN!
ES GAB ZEITEN, DA HÄTTE ER DASSELBE SAGEN KÖNNEN!

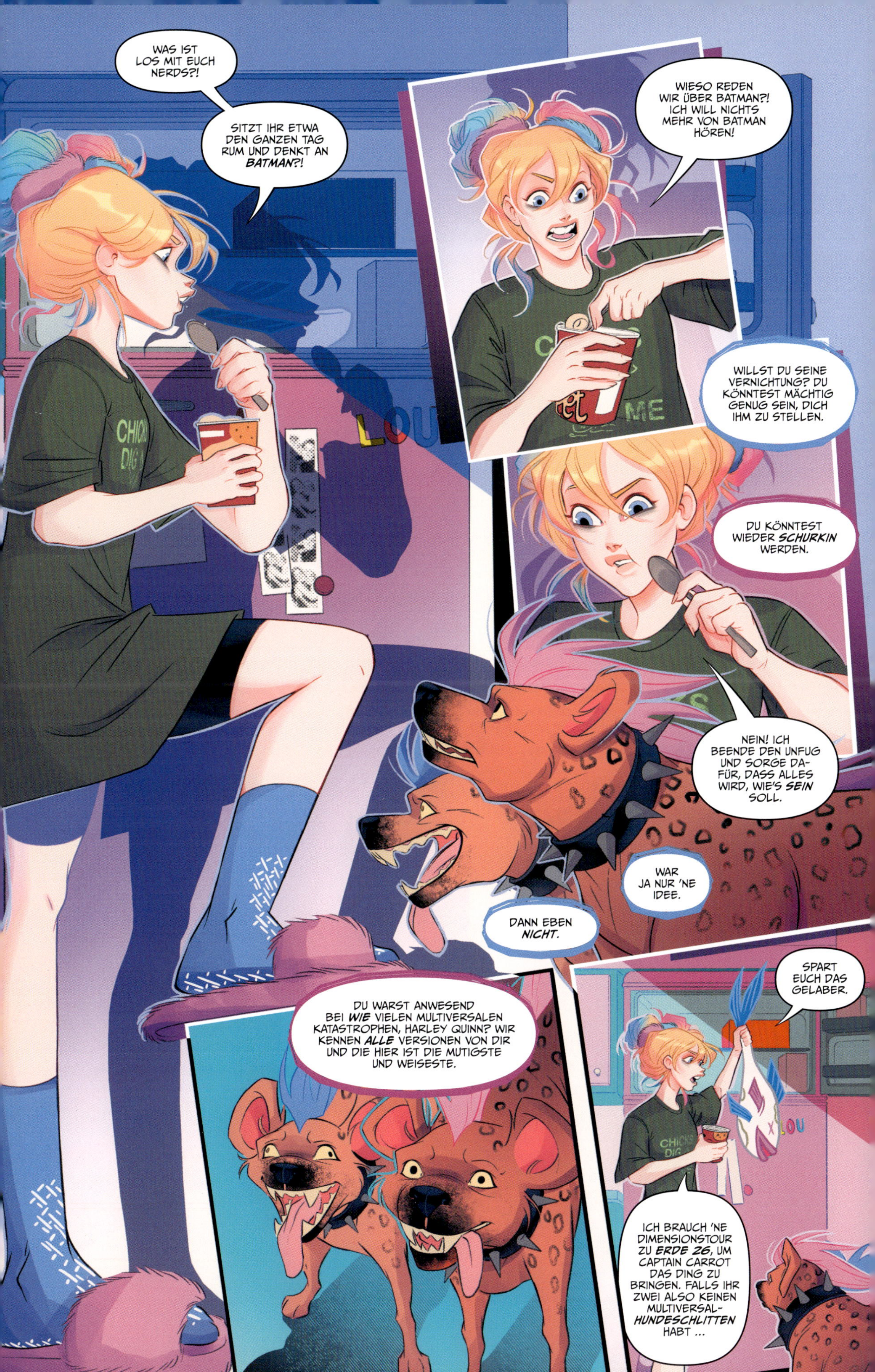
WAS IST LOS MIT EUCH NERDS?!
SITZT IHR ETWA DEN GANZEN TAG RUM UND DENKT AN BATMAN?!
WIESO REDEN WIR ÜBER BATMAN?! ICH WILL NICHTS MEHR VON BATMAN HÖREN!
WILLST DU SEINE VERNICHTUNG? DU KÖNNTEST MÄCHTIG GENUG SEIN, DICH IHM ZU STELLEN.
DU KÖNNTEST WIEDER SCHURKIN WERDEN.
NEIN! ICH BEENDE DEN UNFUG UND SORGE DAFÜR, DASS ALLES WIRD, WIE'S SEIN SOLL.
WAR JA NUR 'NE IDEE.
DANN EBEN NICHT.
DU WARST ANWESEND BEI WIE VIELEN MULTIVERSALEN KATASTROPHEN, HARLEY QUINN? WIR KENNEN ALLE VERSIONEN VON DIR UND DIE HIER IST DIE MUTIGSTE UND WEISESTE.
SPART EUCH DAS GELABER.
ICH BRAUCH 'NE DIMENSIONSTOUR ZU ERDE 26, UM CAPTAIN CARROT DAS DING ZU BRINGEN. FALLS IHR ZWEI ALSO KEINEN MULTIVERSAL-HUNDESCHLITTEN HABT ...

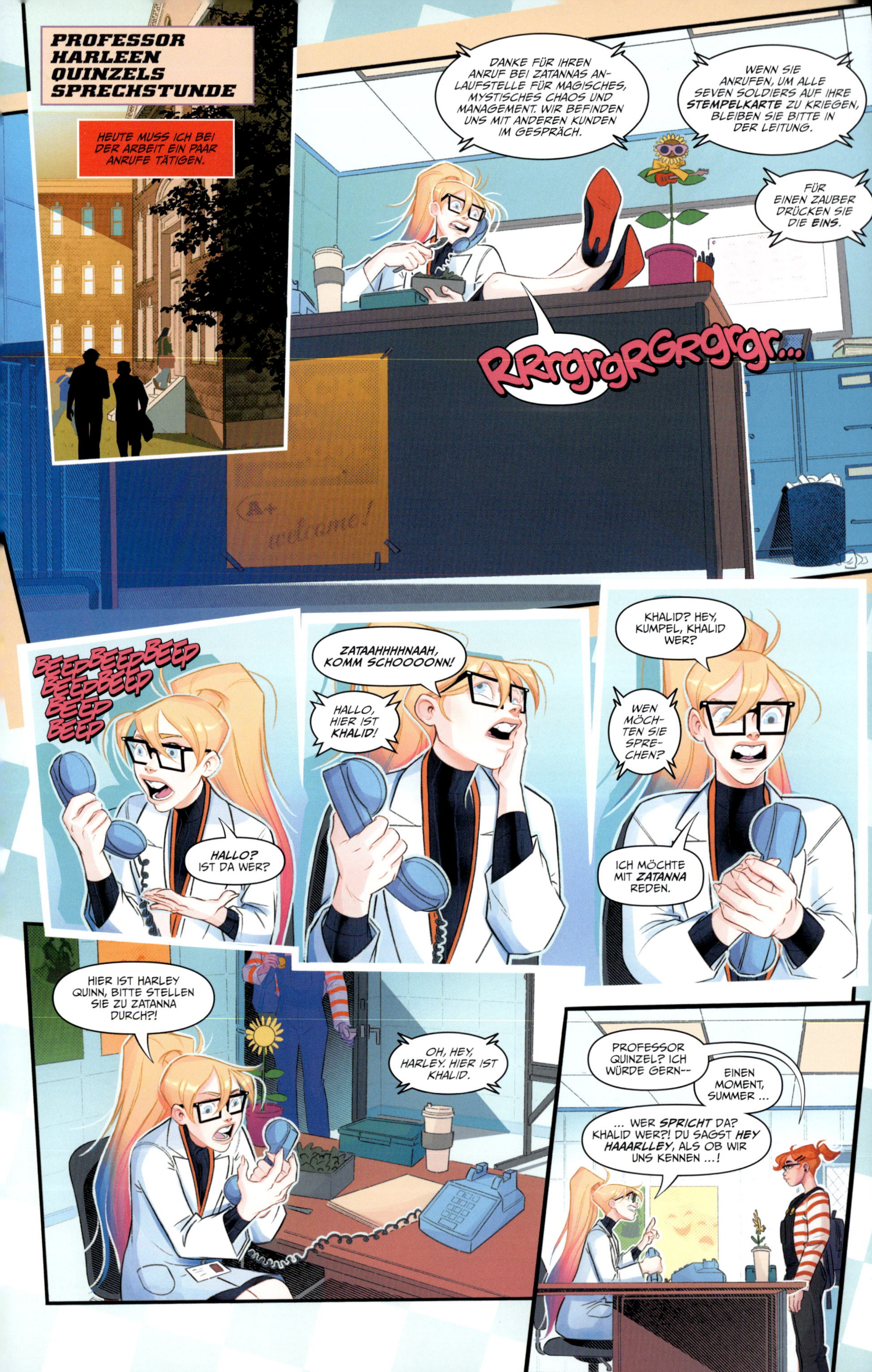
PROFESSOR HARLEEN QUINZELS SPRECHSTUNDE
HEUTE MUSS ICH BEI DER ARBEIT EIN PAAR ANRUFE TÄTIGEN.
DANKE FÜR IHREN ANRUF BEI ZATANNAS ANLAUFSTELLE FÜR MAGISCHES, MYSTISCHES CHAOS UND MANAGEMENT. WIR BEFINDEN UNS MIT ANDEREN KUNDEN IM GESPRÄCH.
WENN SIE ANRUFEN, UM ALLE SEVEN SOLDIERS AUF IHRE STEMPELKARTE ZU KRIEGEN, BLEIBEN SIE BITTE IN DER LEITUNG.
FÜR EINEN ZAUBER DRÜCKEN SIE DIE EINS.
RRRGRGRGRGRGR...
welcome!
BEEPBEEPBEEP BEEPBEEP BEEP BEEP
HALLO? IST DA WER?
ZATAAHHHHNAAH, KOMM SCHOOOONN!
HALLO, HIER IST KHALID!
KHALID? HEY, KUMPEL, KHALID WER?
WEN MÖCHTEN SIE SPRECHEN?
ICH MÖCHTE MIT ZATANNA REDEN.
HIER IST HARLEY QUINN, BITTE STELLEN SIE ZU ZATANNA DURCH?!
OH, HEY, HARLEY. HIER IST KHALID.
PROFESSOR QUINZEL? ICH WÜRDE GERN--
EINEN MOMENT, SUMMER ...
... WER SPRICHT DA? KHALID WER?! DU SAGST HEY HAAARLLEY, ALS OB WIR UNS KENNEN ...!

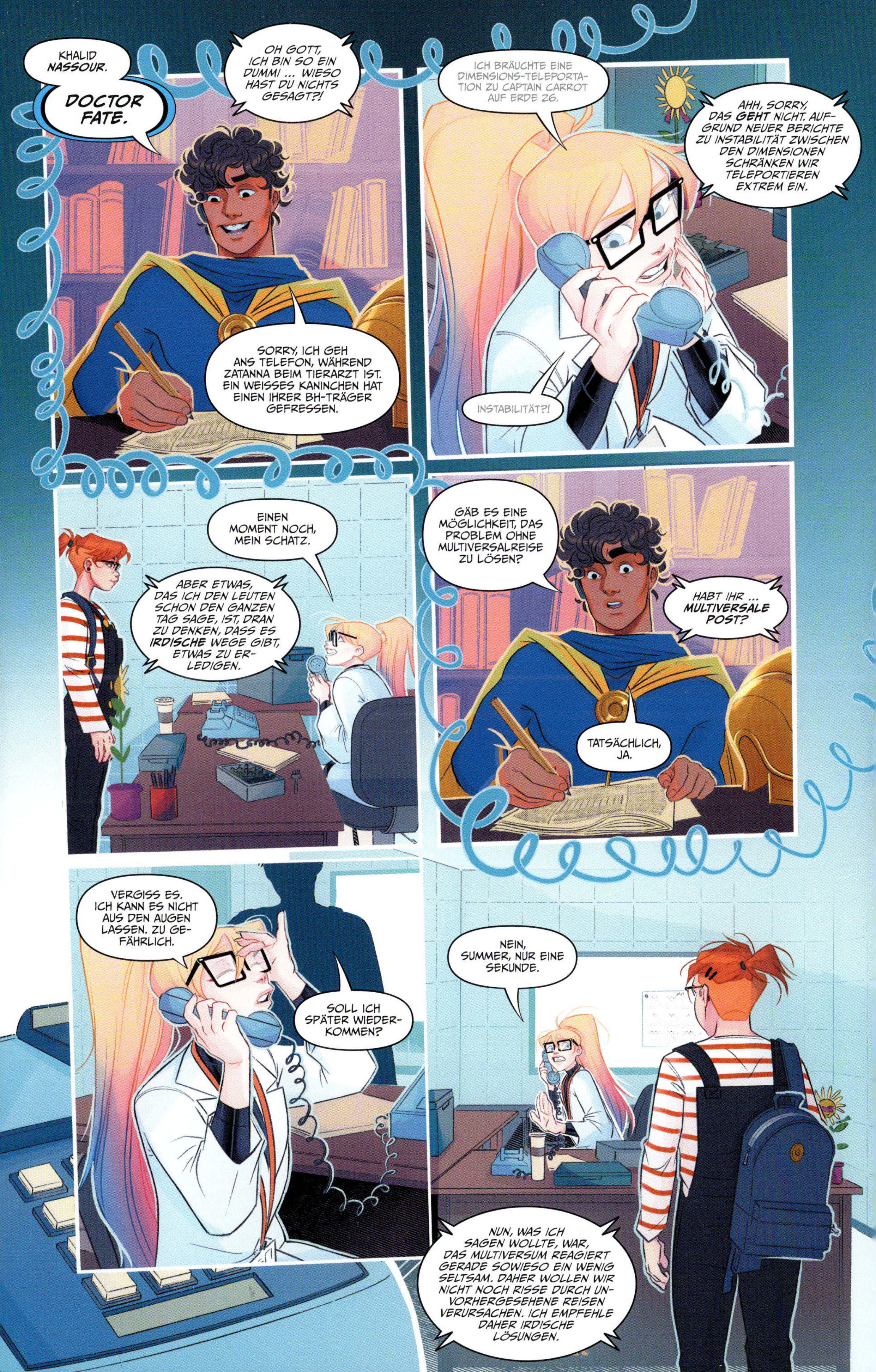
KHALID NASSOUR.
DOCTOR FATE.
OH GOTT, ICH BIN SO EIN DUMMI ... WIESO HAST DU NICHTS GESAGT?!
SORRY, ICH GEH ANS TELEFON, WÄHREND ZATANNA BEIM TIERARZT IST. EIN WEISSES KANINCHEN HAT EINEN IHRER BH-TRÄGER GEFRESSEN.
ICH BRÄUCHTE EINE DIMENSIONS-TELEPORTATION ZU CAPTAIN CARROT AUF ERDE 26.
AHH, SORRY, DAS GEHT NICHT. AUFGRUND NEUER BERICHTE ZU INSTABILITÄT ZWISCHEN DEN DIMENSIONEN SCHRÄNKEN WIR TELEPORTIEREN EXTREM EIN.
INSTABILITÄT?!
EINEN MOMENT NOCH, MEIN SCHATZ.
ABER ETWAS, DAS ICH DEN LEUTEN SCHON DEN GANZEN TAG SAGE, IST, DRAN ZU DENKEN, DASS ES IRDISCHE WEGE GIBT, ETWAS ZU ERLEDIGEN.
GÄB ES EINE MÖGLICHKEIT, DAS PROBLEM OHNE MULTIVERSALREISE ZU LÖSEN?
HABT IHR ... MULTIVERSALE POST?
TATSÄCHLICH, JA.
VERGISS ES. ICH KANN ES NICHT AUS DEN AUGEN LASSEN. ZU GEFÄHRLICH.
SOLL ICH SPÄTER WIEDERKOMMEN?
NEIN, SUMMER, NUR EINE SEKUNDE.
NUN, WAS ICH SAGEN WOLLTE, WAR, DAS MULTIVERSUM REAGIERT GERADE SOWIESO EIN WENIG SELTSAM. DAHER WOLLEN WIR NICHT NOCH RISSE DURCH UNVORHERGESEHENE REISEN VERURSACHEN. ICH EMPFEHLE DAHER IRDISCHE LÖSUNGEN.

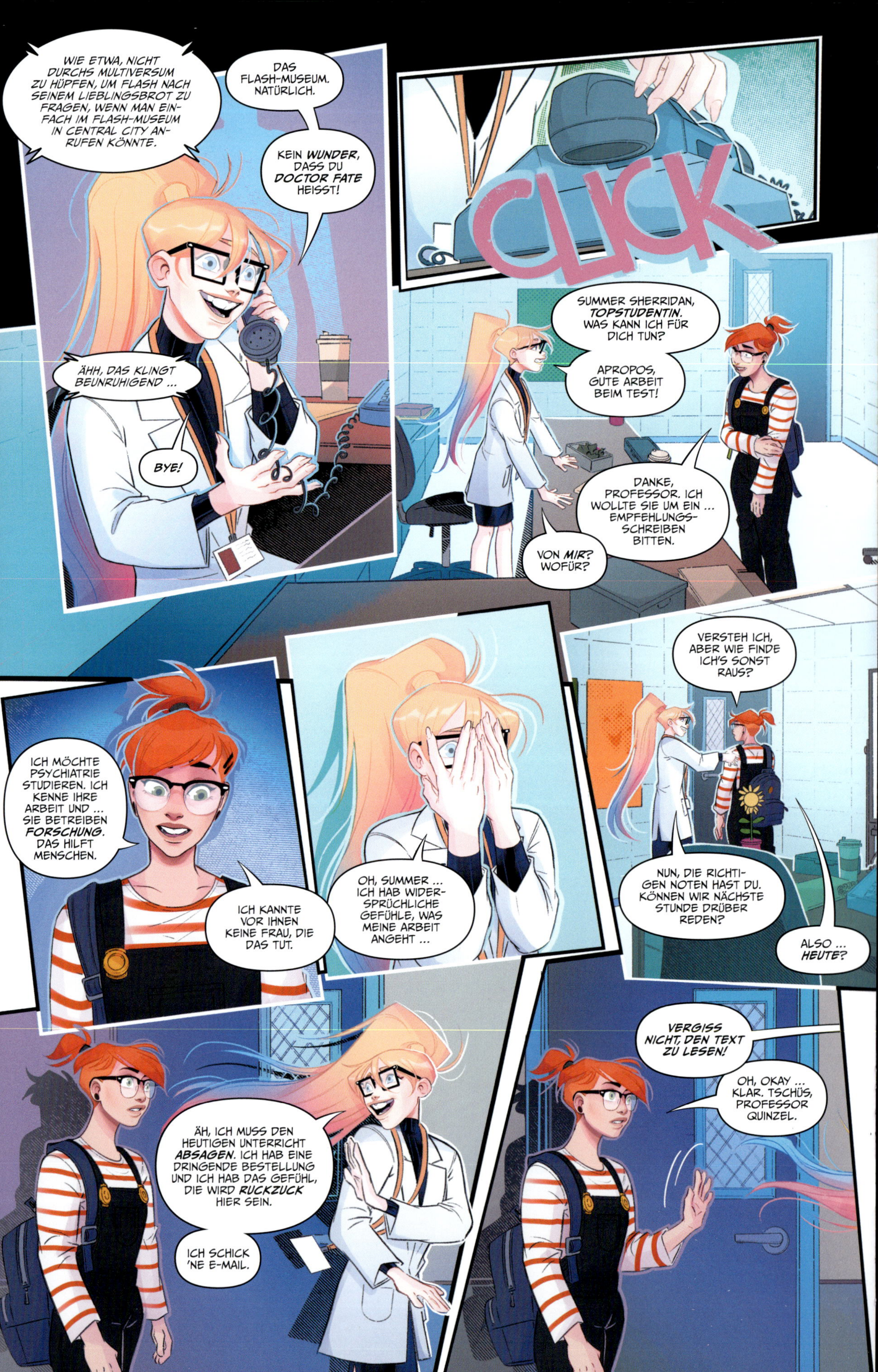

WIE ETWA, NICHT DURCHS MULTIVERSUM ZU HÜPFEN, UM FLASH NACH SEINEM LIEBLINGSBROT ZU FRAGEN, WENN MAN EINFACH IM FLASH-MUSEUM IN CENTRAL CITY ANRUFEN KÖNNTE.
DAS FLASH-MUSEUM. NATÜRLICH.
KEIN WUNDER, DASS DU DOCTOR FATE HEISST!
ÄHH, DAS KLINGT BEUNRUHIGEND …
BYE!
CLICK
SUMMER SHERRIDAN, TOPSTUDENTIN. WAS KANN ICH FÜR DICH TUN?
APROPOS, GUTE ARBEIT BEIM TEST!
DANKE, PROFESSOR. ICH WOLLTE SIE UM EIN … EMPFEHLUNGSSCHREIBEN BITTEN.
VON MIR? WOFÜR?
ICH MÖCHTE PSYCHIATRIE STUDIEREN. ICH KENNE IHRE ARBEIT UND … SIE BETREIBEN FORSCHUNG. DAS HILFT MENSCHEN.
ICH KANNTE VOR IHNEN KEINE FRAU, DIE DAS TUT.
OH, SUMMER … ICH HAB WIDERSPRÜCHLICHE GEFÜHLE, WAS MEINE ARBEIT ANGEHT …
VERSTEH ICH, ABER WIE FINDE ICH'S SONST RAUS?
NUN, DIE RICHTIGEN NOTEN HAST DU. KÖNNEN WIR NÄCHSTE STUNDE DRÜBER REDEN?
ALSO … HEUTE?
ÄH, ICH MUSS DEN HEUTIGEN UNTERRICHT ABSAGEN. ICH HAB EINE DRINGENDE BESTELLUNG UND ICH HAB DAS GEFÜHL, DIE WIRD RUCKZUCK HIER SEIN.
ICH SCHICK 'NE E-MAIL.
VERGISS NICHT, DEN TEXT ZU LESEN!
OH, OKAY … KLAR. TSCHÜS, PROFESSOR QUINZEL.

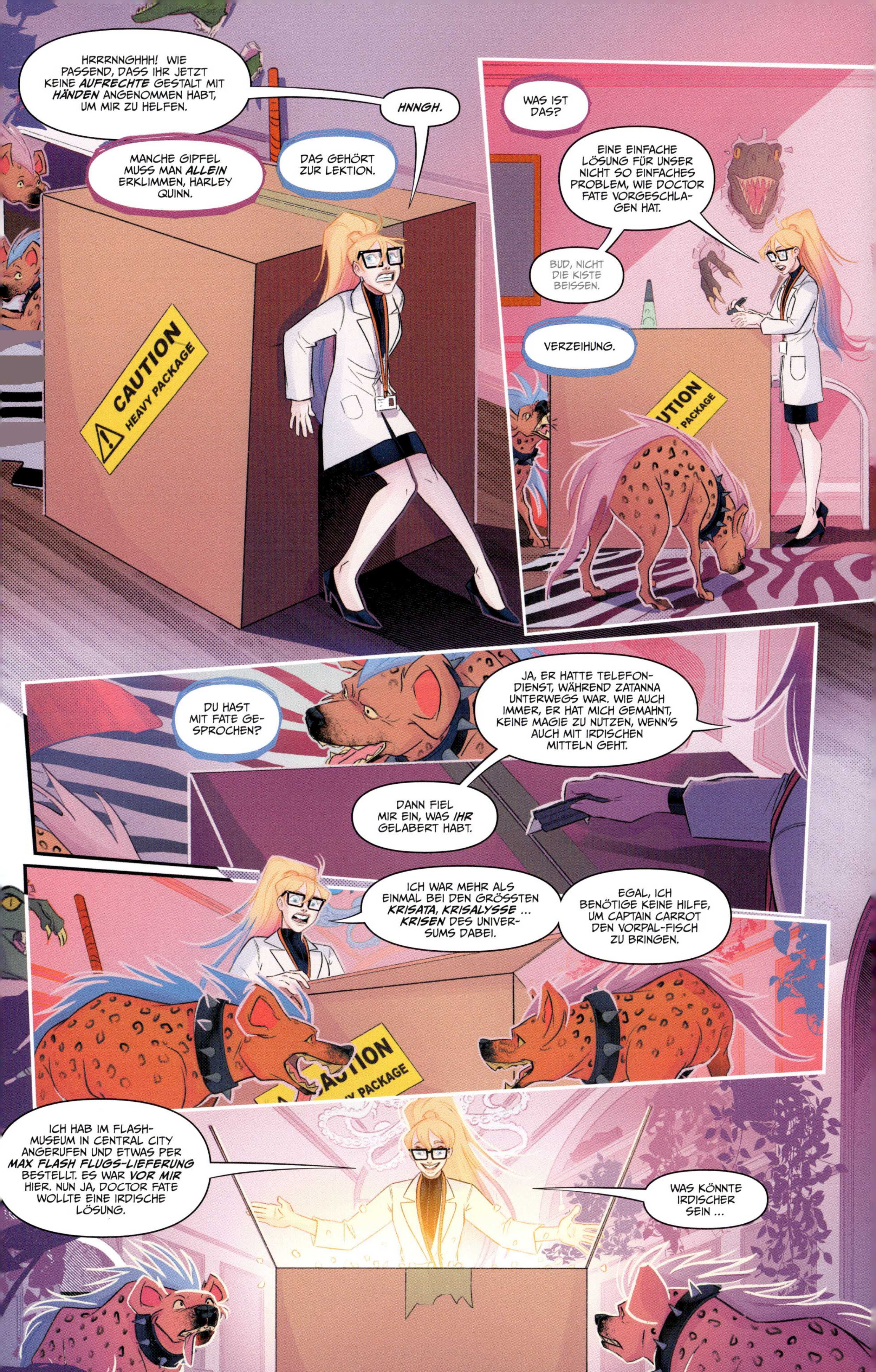
HRRRNNGHHH! WIE PASSEND, DASS IHR JETZT KEINE AUFRECHTE GESTALT MIT HÄNDEN ANGENOMMEN HABT, UM MIR ZU HELFEN.
HNNGH.
MANCHE GIPFEL MUSS MAN ALLEIN ERKLIMMEN, HARLEY QUINN.
DAS GEHÖRT ZUR LEKTION.
CAUTION HEAVY PACKAGE
WAS IST DAS?
EINE EINFACHE LÖSUNG FÜR UNSER NICHT SO EINFACHES PROBLEM, WIE DOCTOR FATE VORGESCHLAGEN HAT.
BUD, NICHT DIE KISTE BEISSEN.
VERZEIHUNG.
DU HAST MIT FATE GESPROCHEN?
JA, ER HATTE TELEFONDIENST, WÄHREND ZATANNA UNTERWEGS WAR. WIE AUCH IMMER, ER HAT MICH GEMAHNT, KEINE MAGIE ZU NUTZEN, WENN'S AUCH MIT IRDISCHEN MITTELN GEHT.
DANN FIEL MIR EIN, WAS IHR GELABERT HABT.
ICH WAR MEHR ALS EINMAL BEI DEN GRÖSSTEN KRISATA, KRISALYSSE ... KRISEN DES UNIVERSUMS DABEI.
EGAL, ICH BENÖTIGE KEINE HILFE, UM CAPTAIN CARROT DEN VORPAL-FISCH ZU BRINGEN.
ICH HAB IM FLASH-MUSEUM IN CENTRAL CITY ANGERUFEN UND ETWAS PER MAX FLASH FLUGS-LIEFERUNG BESTELLT. ES WAR VOR MIR HIER. NUN JA, DOCTOR FATE WOLLTE EINE IRDISCHE LÖSUNG.
WAS KÖNNTE IRDISCHER SEIN ...

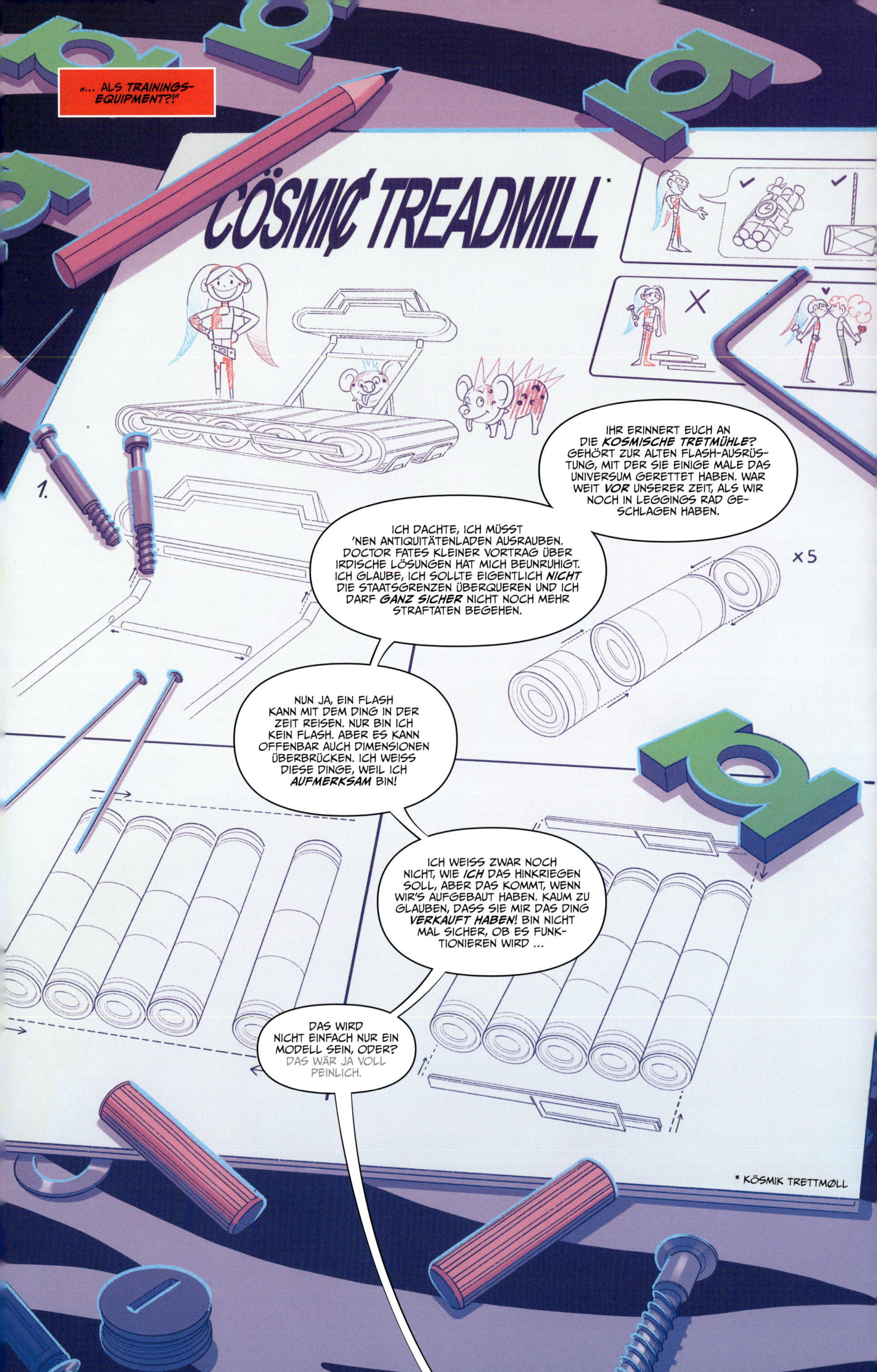
"... ALS TRAININGS-EQUIPMENT?!"
CÖSMIÇ TREADMILL*
1.
x5
IHR ERINNERT EUCH AN DIE KOSMISCHE TRETMÜHLE? GEHÖRT ZUR ALTEN FLASH-AUSRÜSTUNG, MIT DER SIE EINIGE MALE DAS UNIVERSUM GERETTET HABEN. WAR WEIT VOR UNSERER ZEIT, ALS WIR NOCH IN LEGGINGS RAD GESCHLAGEN HABEN.
ICH DACHTE, ICH MÜSST 'NEN ANTIQUITÄTENLADEN AUSRAUBEN. DOCTOR FATES KLEINER VORTRAG ÜBER IRDISCHE LÖSUNGEN HAT MICH BEUNRUHIGT. ICH GLAUBE, ICH SOLLTE EIGENTLICH NICHT DIE STAATSGRENZEN ÜBERQUEREN UND ICH DARF GANZ SICHER NICHT NOCH MEHR STRAFTATEN BEGEHEN.
NUN JA, EIN FLASH KANN MIT DEM DING IN DER ZEIT REISEN. NUR BIN ICH KEIN FLASH. ABER ES KANN OFFENBAR AUCH DIMENSIONEN ÜBERBRÜCKEN. ICH WEISS DIESE DINGE, WEIL ICH AUFMERKSAM BIN!
ICH WEISS ZWAR NOCH NICHT, WIE ICH DAS HINKRIEGEN SOLL, ABER DAS KOMMT, WENN WIR'S AUFGEBAUT HABEN. KAUM ZU GLAUBEN, DASS SIE MIR DAS DING VERKAUFT HABEN! BIN NICHT MAL SICHER, OB ES FUNKTIONIEREN WIRD ...
DAS WIRD NICHT EINFACH NUR EIN MODELL SEIN, ODER? DAS WÄR JA VOLL PEINLICH.
* KÖSMIK TRETTMØLL

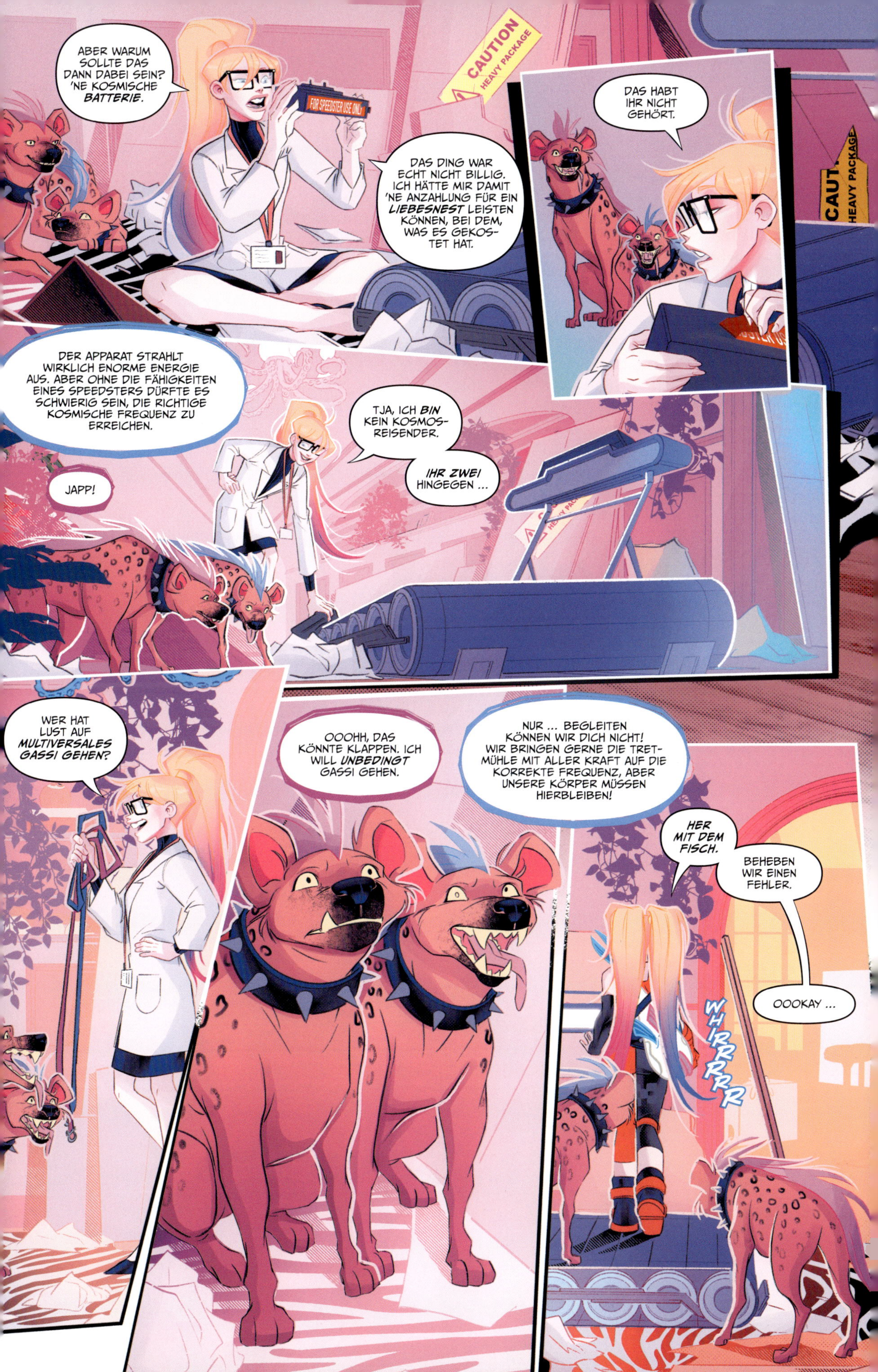
ABER WARUM SOLLTE DAS DANN DABEI SEIN? 'NE KOSMISCHE *BATTERIE*.
FOR SPEEDSTER USE ONLY
CAUTION HEAVY PACKAGE
DAS DING WAR ECHT NICHT BILLIG. ICH HÄTTE MIR DAMIT 'NE ANZAHLUNG FÜR EIN *LIEBESNEST* LEISTEN KÖNNEN, BEI DEM, WAS ES GEKOSTET HAT.
DAS HABT IHR NICHT GEHÖRT.
DER APPARAT STRAHLT WIRKLICH ENORME ENERGIE AUS. ABER OHNE DIE FÄHIGKEITEN EINES SPEEDSTERS DÜRFTE ES SCHWIERIG SEIN, DIE RICHTIGE KOSMISCHE FREQUENZ ZU ERREICHEN.
TJA, ICH *BIN* KEIN KOSMOS-REISENDER.
IHR ZWEI HINGEGEN ...
JAPP!
WER HAT LUST AUF *MULTIVERSALES GASSI GEHEN?*
OOOHH, DAS KÖNNTE KLAPPEN. ICH WILL *UNBEDINGT* GASSI GEHEN.
NUR ... BEGLEITEN KÖNNEN WIR DICH NICHT! WIR BRINGEN GERNE DIE TRET-MÜHLE MIT ALLER KRAFT AUF DIE KORREKTE FREQUENZ, ABER UNSERE KÖRPER MÜSSEN HIERBLEIBEN!
HER MIT DEM FISCH.
BEHEBEN WIR EINEN FEHLER.
OOOKAY ...
WHIRRRR

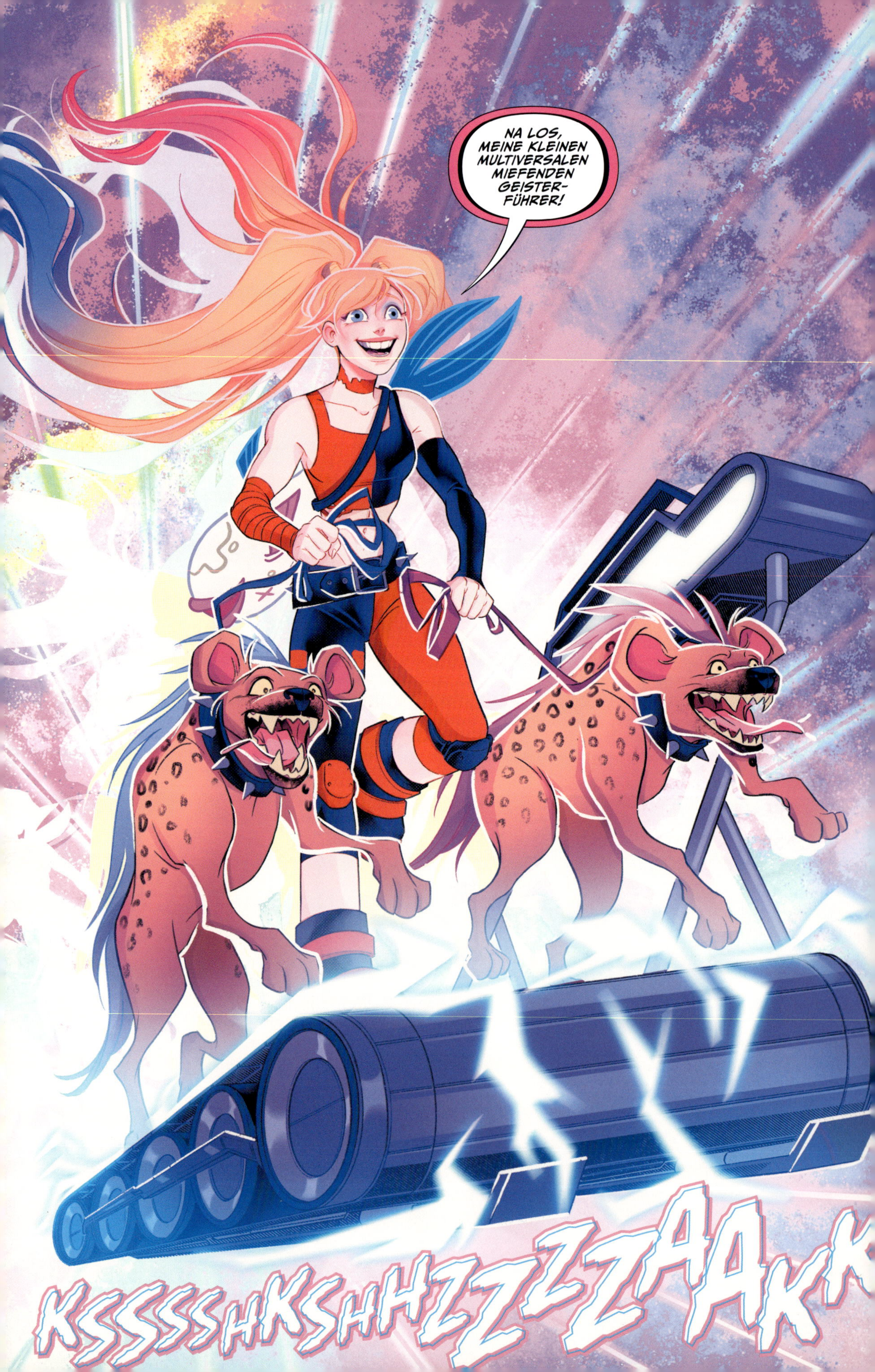
NA LOS, MEINE KLEINEN MULTIVERSALEN MIEFENDEN GEISTER-FÜHRER!
KSSSSSHKSHHZZZZAAKK

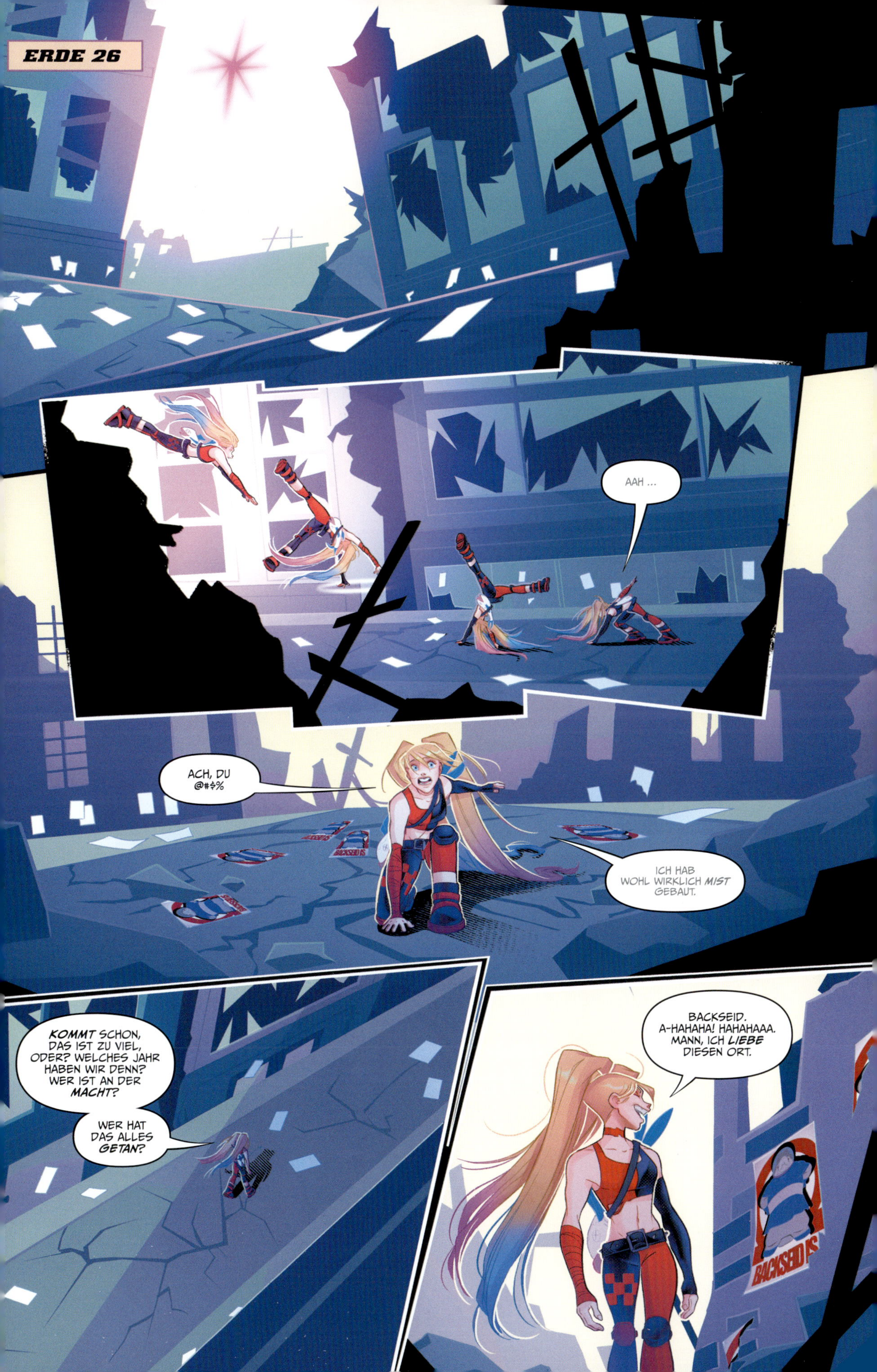
ERDE 26
AAH ...
ACH, DU @#$%
ICH HAB WOHL WIRKLICH MIST GEBAUT.
KOMMT SCHON, DAS IST ZU VIEL, ODER? WELCHES JAHR HABEN WIR DENN? WER IST AN DER MACHT?
WER HAT DAS ALLES GETAN?
BACKSEID. A-HAHAHA! HAHAHAAA. MANN, ICH LIEBE DIESEN ORT.
BACKSEID IS

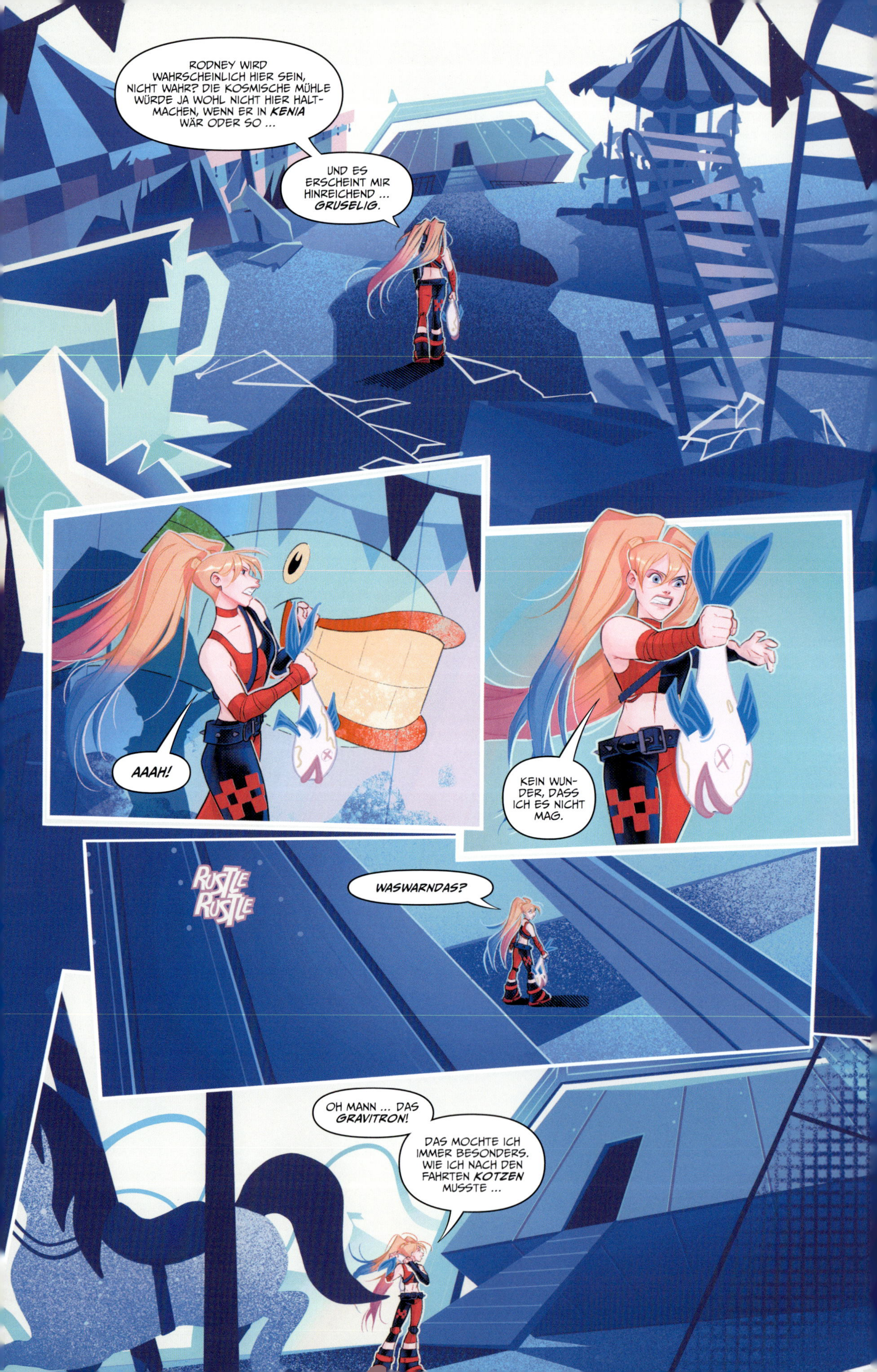
RODNEY WIRD WAHRSCHEINLICH HIER SEIN, NICHT WAHR? DIE KOSMISCHE MÜHLE WÜRDE JA WOHL NICHT HIER HALT-MACHEN, WENN ER IN *KENIA* WÄR ODER SO ...
UND ES ERSCHEINT MIR HINREICHEND ... *GRUSELIG*.
AAAH!
KEIN WUN-DER, DASS ICH ES NICHT MAG.
RUSTLE RUSTLE
WASWARNDAS?
OH MANN ... DAS *GRAVITRON*!
DAS MOCHTE ICH IMMER BESONDERS. WIE ICH NACH DEN FAHRTEN *KOTZEN* MUSSTE ...

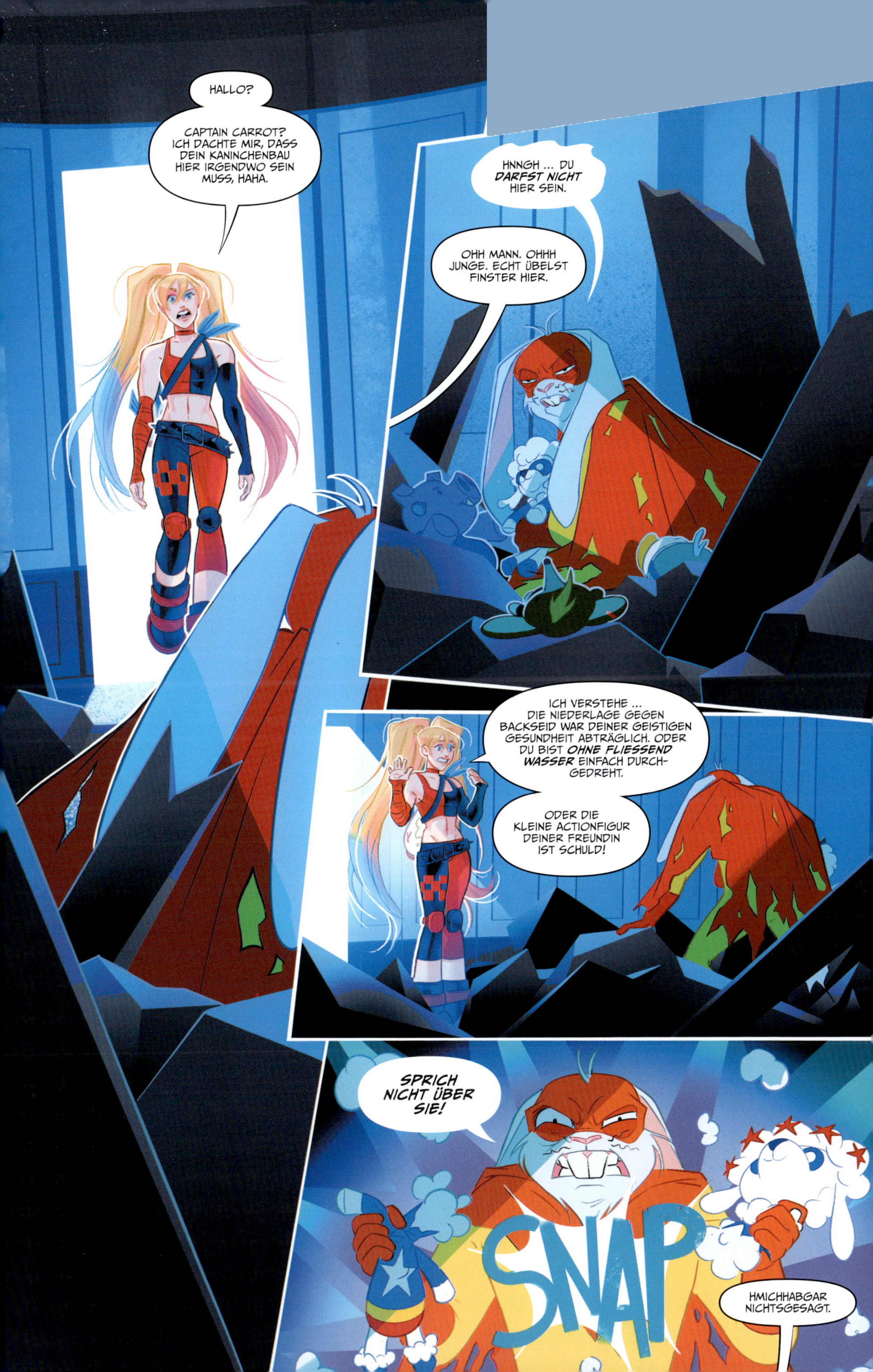
HALLO?
CAPTAIN CARROT? ICH DACHTE MIR, DASS DEIN KANINCHENBAU HIER IRGENDWO SEIN MUSS, HAHA.
HNNGH ... DU DARFST NICHT HIER SEIN.
OHH MANN. OHHH JUNGE. ECHT ÜBELST FINSTER HIER.
ICH VERSTEHE ... DIE NIEDERLAGE GEGEN BACKSEID WAR DEINER GEISTIGEN GESUNDHEIT ABTRÄGLICH. ODER DU BIST OHNE FLIESSEND WASSER EINFACH DURCH-GEDREHT.
ODER DIE KLEINE ACTIONFIGUR DEINER FREUNDIN IST SCHULD!
SPRICH NICHT ÜBER SIE!
SNAP
HMICHHABGAR NICHTSGESAGT.

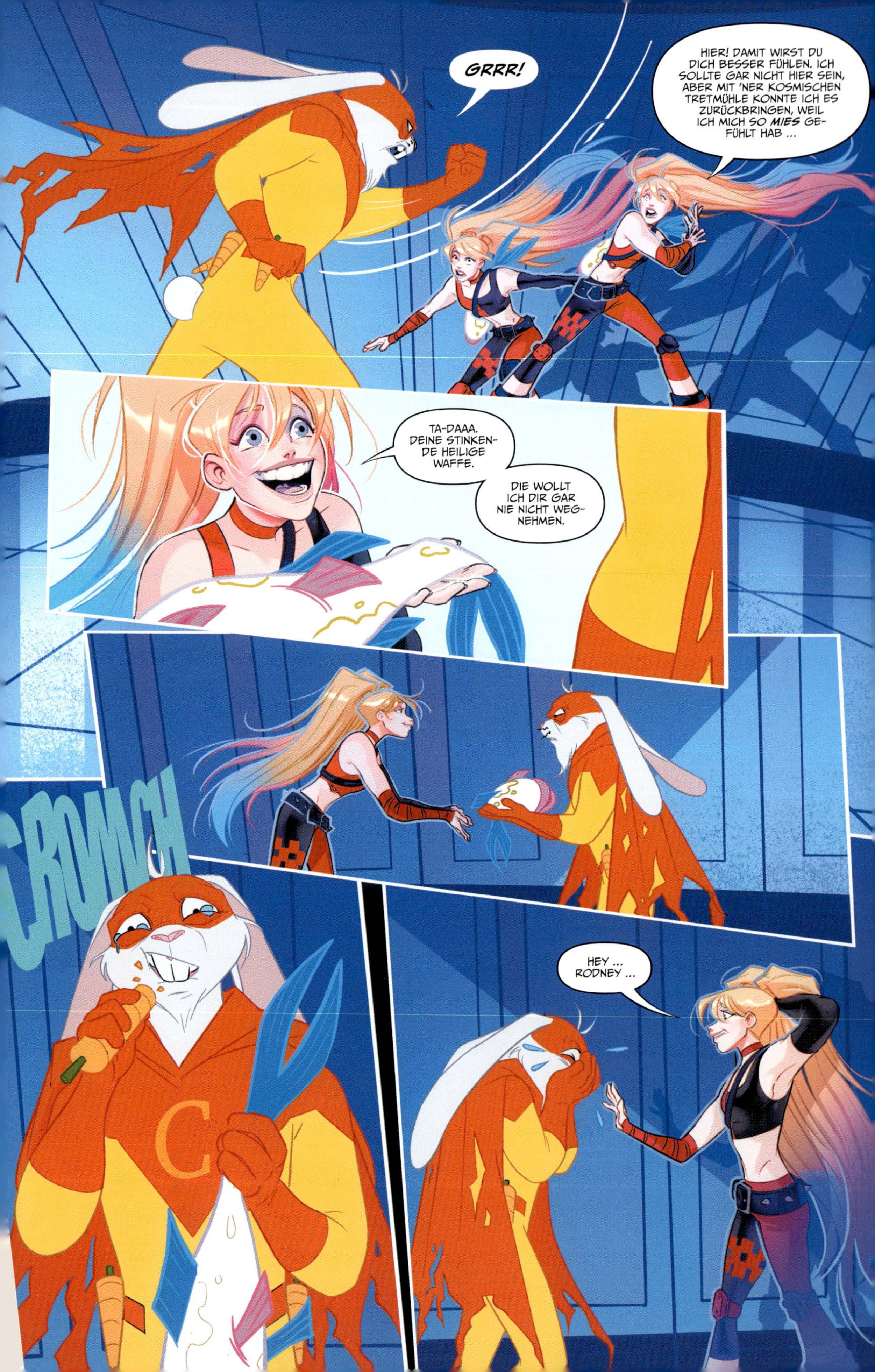
GRRR!
HIER! DAMIT WIRST DU DICH BESSER FÜHLEN. ICH SOLLTE GAR NICHT HIER SEIN, ABER MIT 'NER KOSMISCHEN TRETMÜHLE KONNTE ICH ES ZURÜCKBRINGEN, WEIL ICH MICH SO *MIES* GEFÜHLT HAB ...
TA-DAAA. DEINE STINKENDE HEILIGE WAFFE.
DIE WOLLT ICH DIR GAR NIE NICHT WEGNEHMEN.
CRONCH
HEY ... RODNEY ...

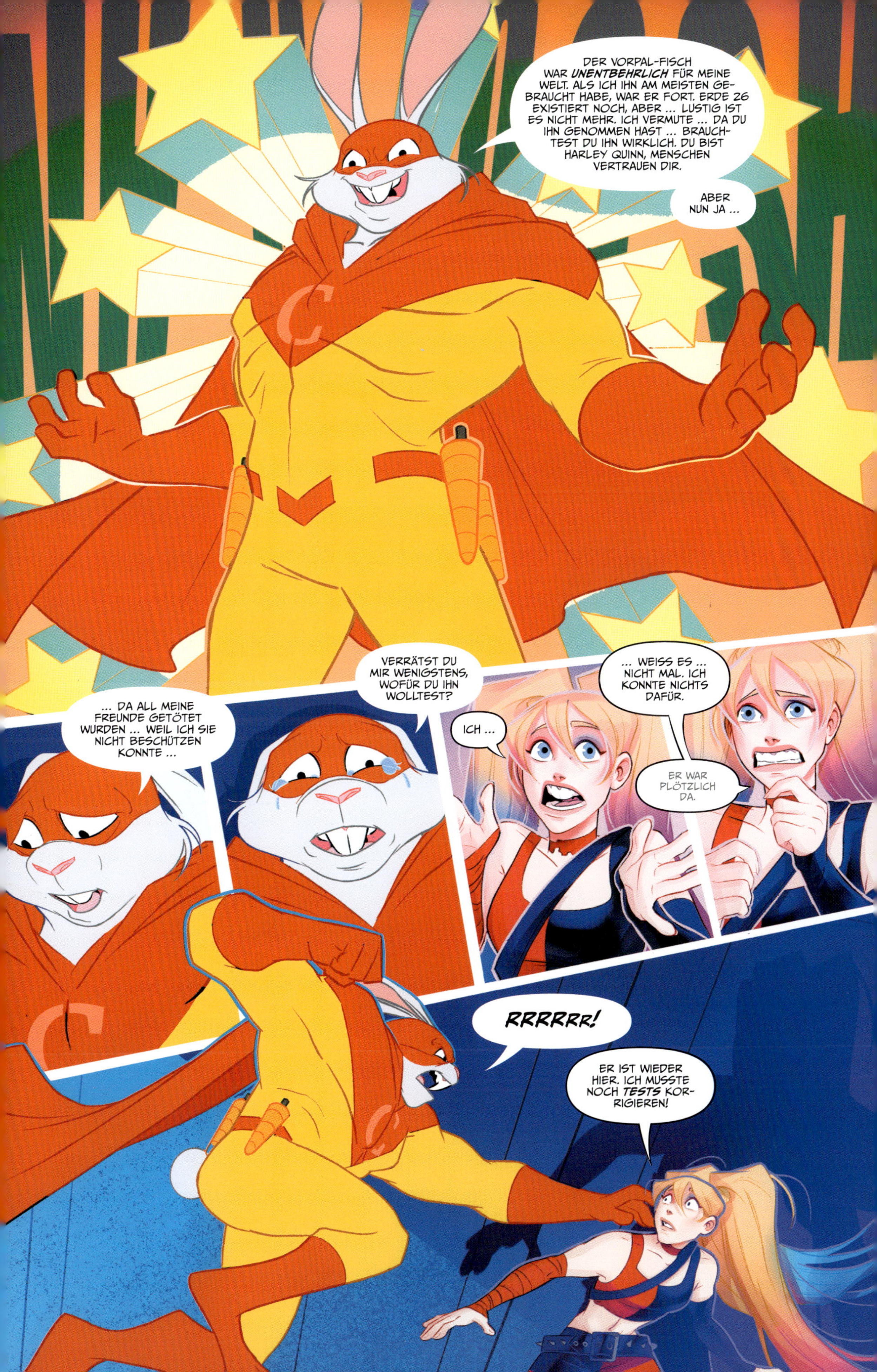
DER VORPAL-FISCH WAR *UNENTBEHRLICH* FÜR MEINE WELT. ALS ICH IHN AM MEISTEN GEBRAUCHT HABE, WAR ER FORT. ERDE 26 EXISTIERT NOCH, ABER ... LUSTIG IST ES NICHT MEHR. ICH VERMUTE ... DA DU IHN GENOMMEN HAST ... BRAUCHTEST DU IHN WIRKLICH. DU BIST HARLEY QUINN, MENSCHEN VERTRAUEN DIR.
ABER NUN JA ...
... DA ALL MEINE FREUNDE GETÖTET WURDEN ... WEIL ICH SIE NICHT BESCHÜTZEN KONNTE ...
VERRÄTST DU MIR WENIGSTENS, WOFÜR DU IHN WOLLTEST?
ICH ...
... WEISS ES ... NICHT MAL. ICH KONNTE NICHTS DAFÜR.
ER WAR PLÖTZLICH DA.
RRRRRR!
ER IST WIEDER HIER. ICH MUSSTE NOCH *TESTS* KORRIGIEREN!

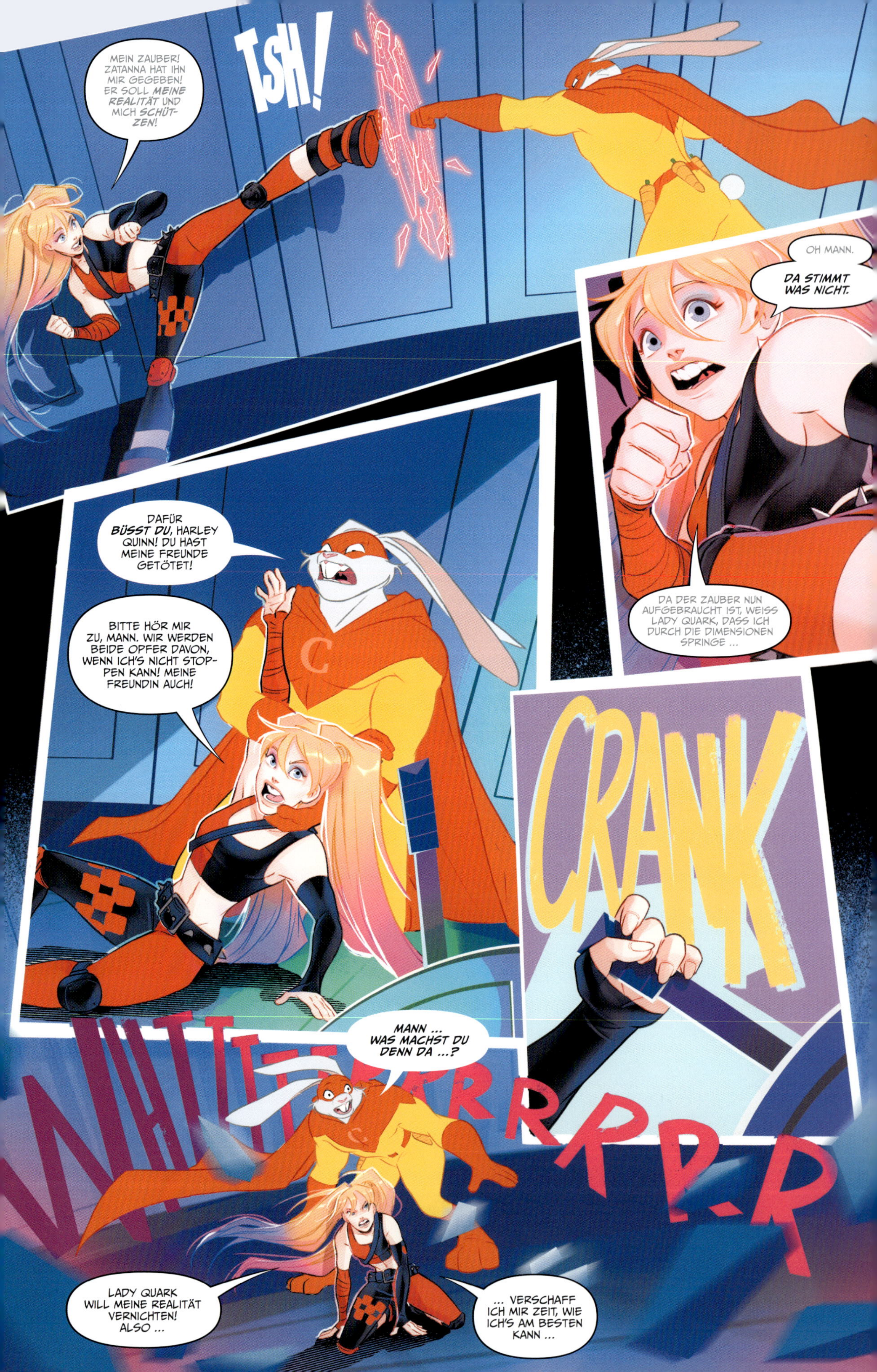
MEIN ZAUBER! ZATANNA HAT IHN MIR GEGEBEN! ER SOLL MEINE REALITÄT UND MICH SCHÜTZEN!
TSH!
OH MANN.
DA STIMMT WAS NICHT.
DA DER ZAUBER NUN AUFGEBRAUCHT IST, WEISS LADY QUARK, DASS ICH DURCH DIE DIMENSIONEN SPRINGE ...
DAFÜR BÜSST DU, HARLEY QUINN! DU HAST MEINE FREUNDE GETÖTET!
BITTE HÖR MIR ZU, MANN. WIR WERDEN BEIDE OPFER DAVON, WENN ICH'S NICHT STOPPEN KANN! MEINE FREUNDIN AUCH!
CRANK
MANN ... WAS MACHST DU DENN DA ...?
LADY QUARK WILL MEINE REALITÄT VERNICHTEN! ALSO ...
... VERSCHAFF ICH MIR ZEIT, WIE ICH'S AM BESTEN KANN ...

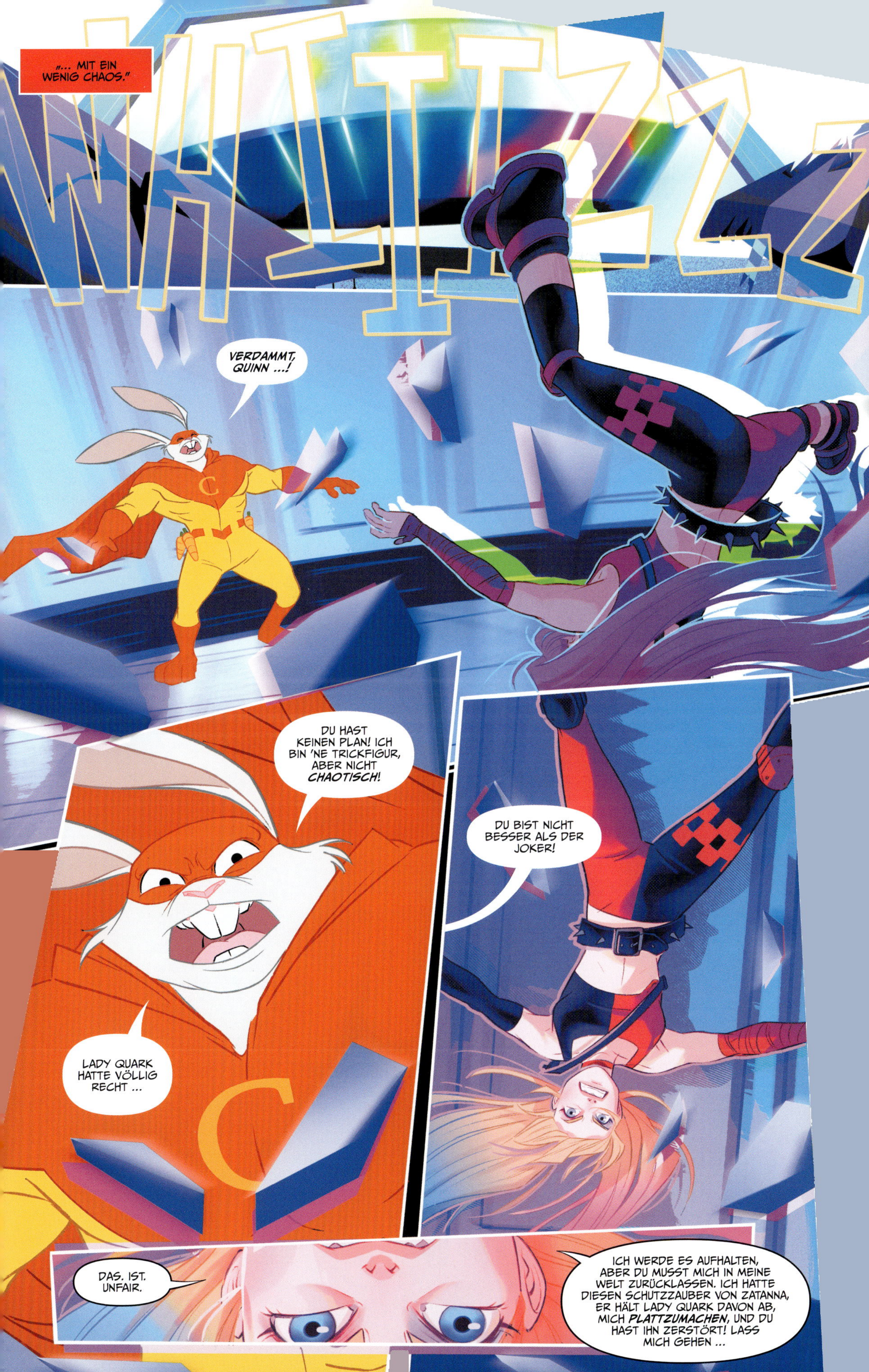
„... MIT EIN WENIG CHAOS."
WHIIZZZ
VERDAMMT, QUINN ...!
DU HAST KEINEN PLAN! ICH BIN 'NE TRICKFIGUR, ABER NICHT CHAOTISCH!
LADY QUARK HATTE VÖLLIG RECHT ...
DU BIST NICHT BESSER ALS DER JOKER!
DAS. IST. UNFAIR.
ICH WERDE ES AUFHALTEN, ABER DU MUSST MICH IN MEINE WELT ZURÜCKLASSEN. ICH HATTE DIESEN SCHUTZZAUBER VON ZATANNA, ER HÄLT LADY QUARK DAVON AB, MICH PLATTZUMACHEN, UND DU HAST IHN ZERSTÖRT! LASS MICH GEHEN ...

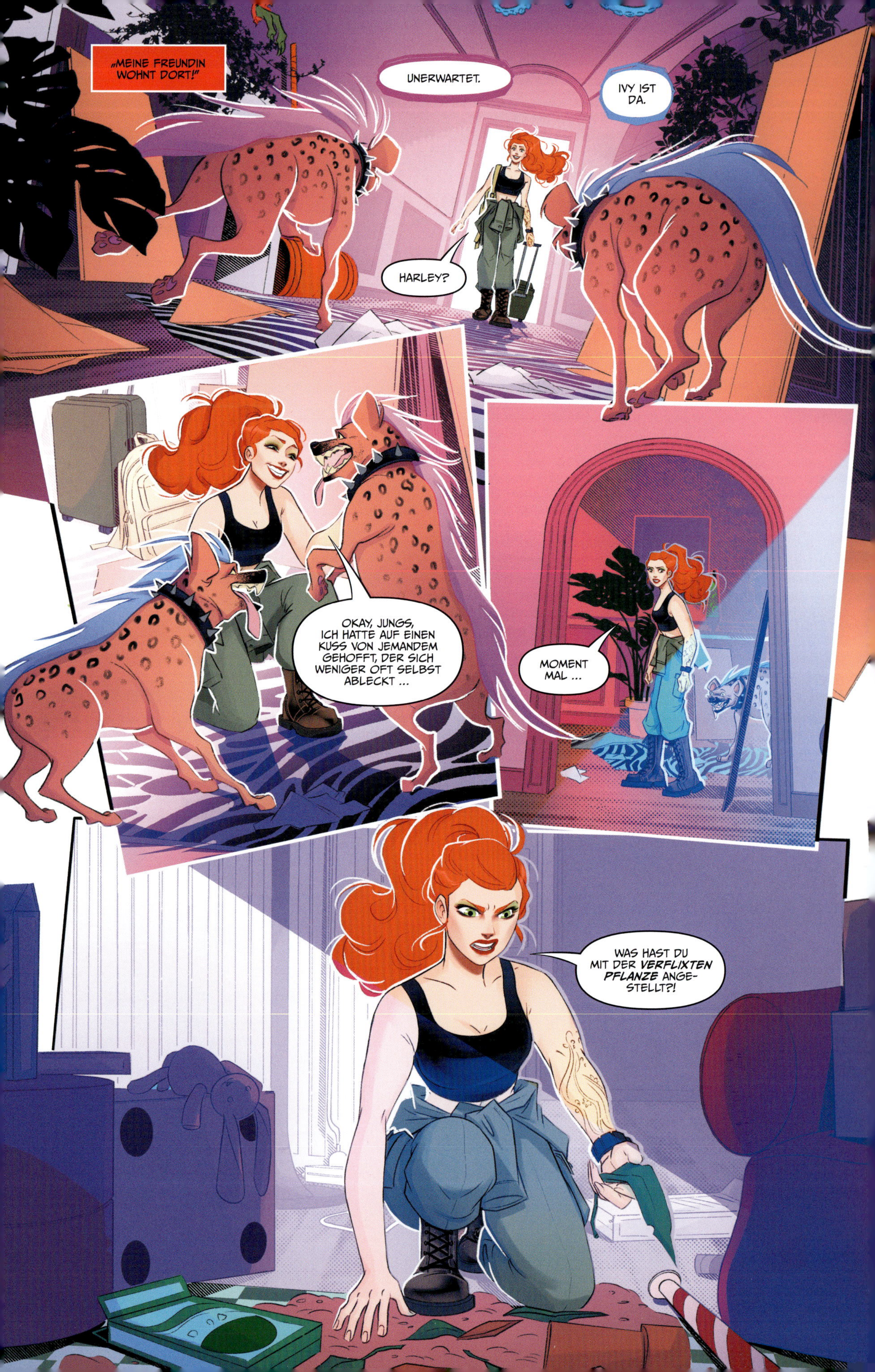
„MEINE FREUNDIN WOHNT DORT!"
UNERWARTET.
IVY IST DA.
HARLEY?
OKAY, JUNGS, ICH HATTE AUF EINEN KUSS VON JEMANDEM GEHOFFT, DER SICH WENIGER OFT SELBST ABLECKT ...
MOMENT MAL ...
WAS HAST DU MIT DER *VERFLIXTEN PFLANZE* ANGE-STELLT?!

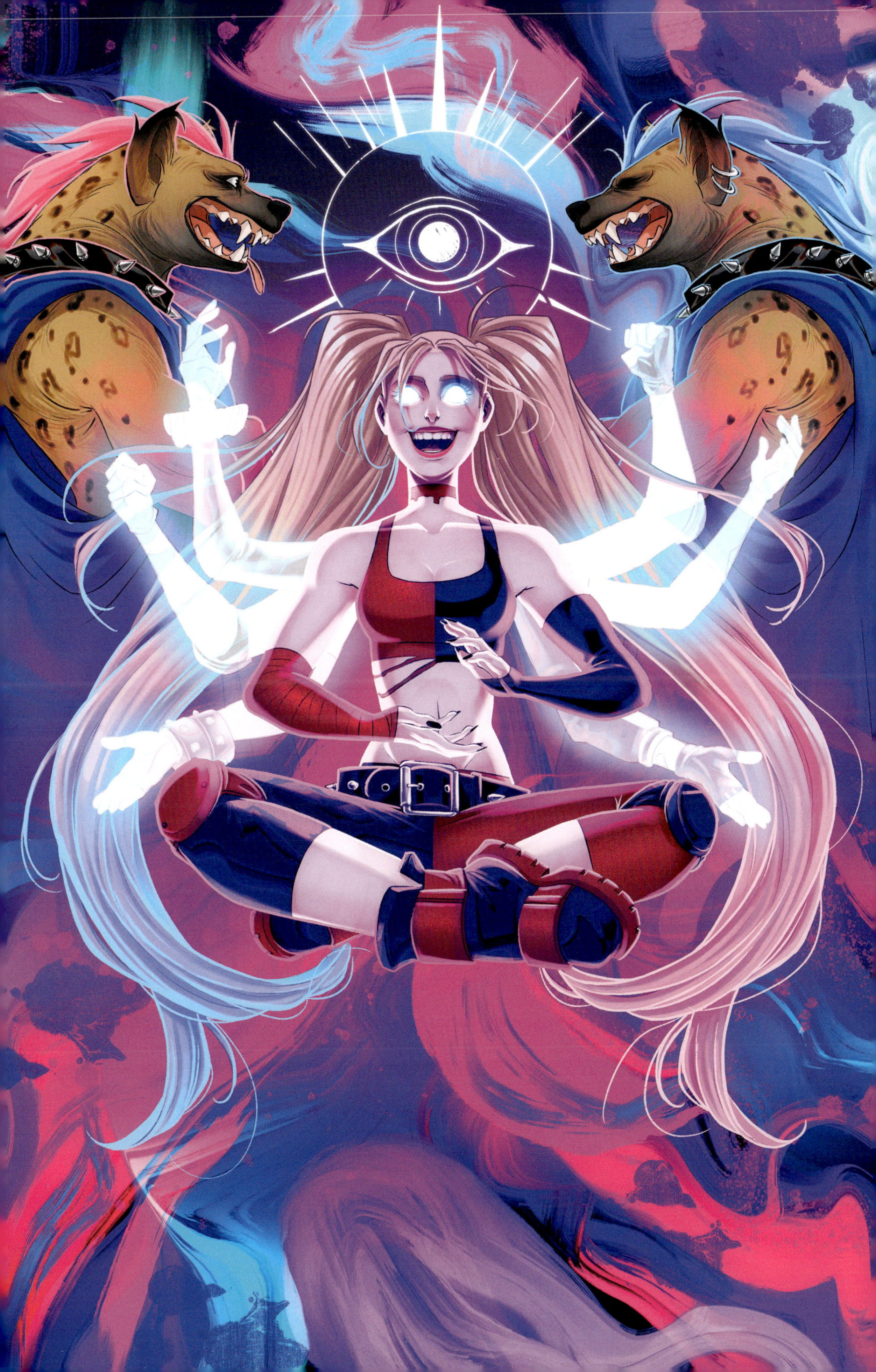

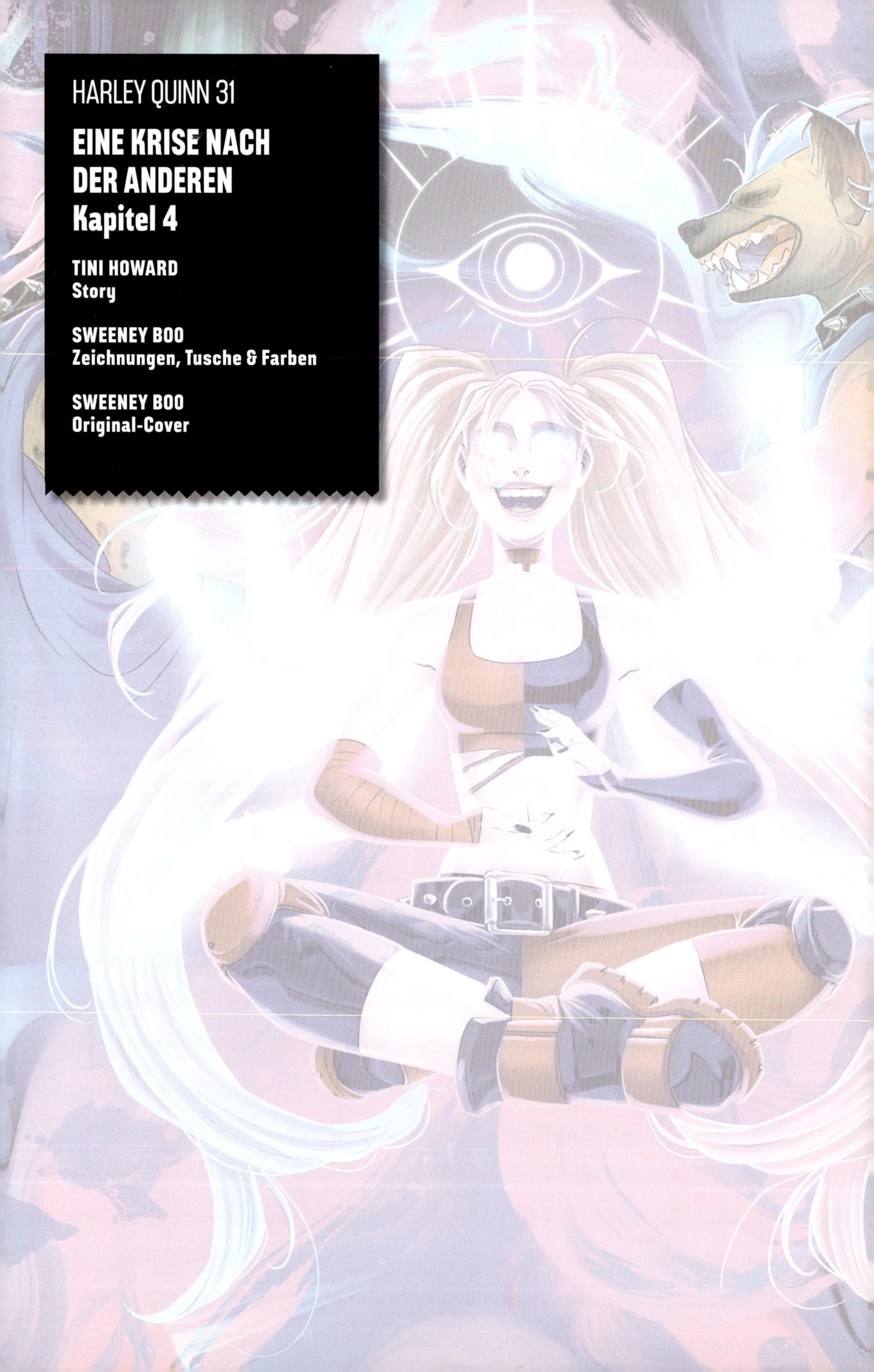

HARLEY QUINN 31

EINE KRISE NACH DER ANDEREN Kapitel 4

TINI HOWARD
Story

SWEENEY BOO
Zeichnungen, Tusche & Farben

SWEENEY BOO
Original-Cover

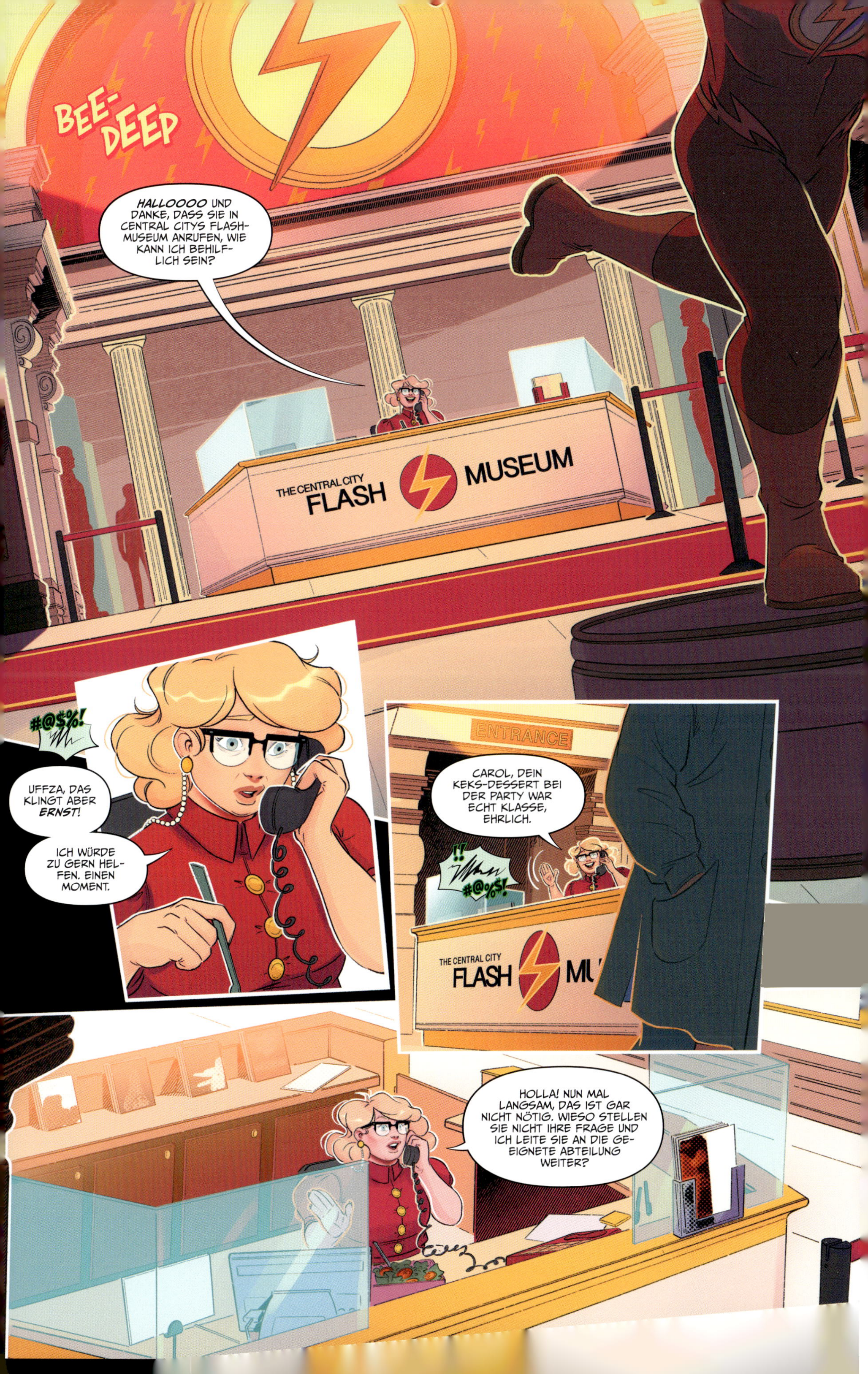
BEE-DEEP
HALLOOOO UND DANKE, DASS SIE IN CENTRAL CITYS FLASH-MUSEUM ANRUFEN, WIE KANN ICH BEHILF-LICH SEIN?
THE CENTRAL CITY FLASH MUSEUM
#@$%!
UFFZA, DAS KLINGT ABER ERNST!
ICH WÜRDE ZU GERN HEL-FEN. EINEN MOMENT.
ENTRANCE
CAROL, DEIN KEKS-DESSERT BEI DER PARTY WAR ECHT KLASSE, EHRLICH.
!!
#@%$!
THE CENTRAL CITY FLASH MU
HOLLA! NUN MAL LANGSAM, DAS IST GAR NICHT NÖTIG. WIESO STELLEN SIE NICHT IHRE FRAGE UND ICH LEITE SIE AN DIE GE-EIGNETE ABTEILUNG WEITER?

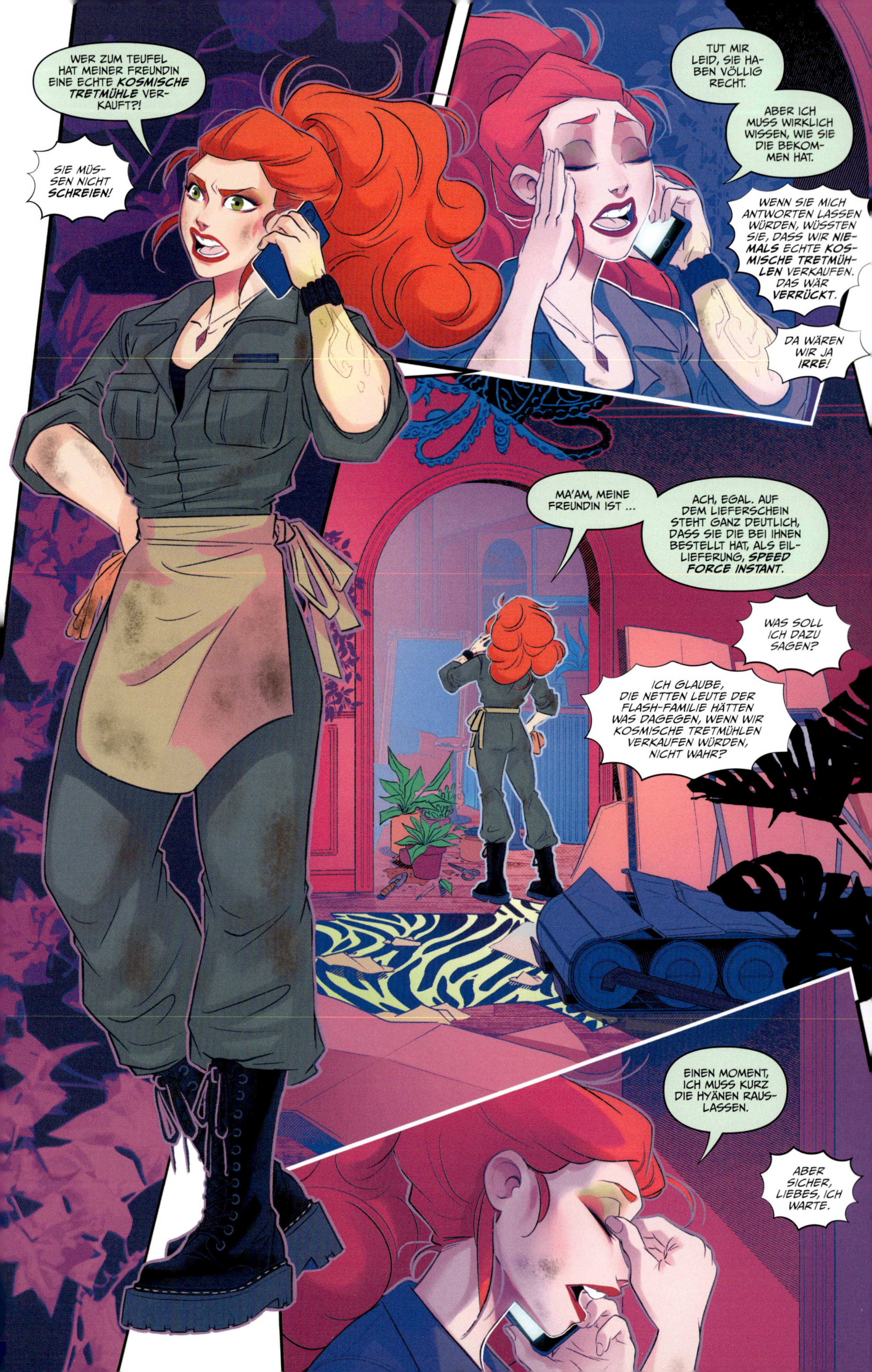
WER ZUM TEUFEL HAT MEINER FREUNDIN EINE ECHTE KOSMISCHE TRETMÜHLE VERKAUFT?!
SIE MÜSSEN NICHT SCHREIEN!
TUT MIR LEID, SIE HABEN VÖLLIG RECHT.
ABER ICH MUSS WIRKLICH WISSEN, WIE SIE DIE BEKOMMEN HAT.
WENN SIE MICH ANTWORTEN LASSEN WÜRDEN, WÜSSTEN SIE, DASS WIR NIEMALS ECHTE KOSMISCHE TRETMÜHLEN VERKAUFEN. DAS WÄR VERRÜCKT.
DA WÄREN WIR JA IRRE!
MA'AM, MEINE FREUNDIN IST ...
ACH, EGAL. AUF DEM LIEFERSCHEIN STEHT GANZ DEUTLICH, DASS SIE DIE BEI IHNEN BESTELLT HAT, ALS EILLIEFERUNG, SPEED FORCE INSTANT.
WAS SOLL ICH DAZU SAGEN?
ICH GLAUBE, DIE NETTEN LEUTE DER FLASH-FAMILIE HÄTTEN WAS DAGEGEN, WENN WIR KOSMISCHE TRETMÜHLEN VERKAUFEN WÜRDEN, NICHT WAHR?
EINEN MOMENT, ICH MUSS KURZ DIE HYÄNEN RAUSLASSEN.
ABER SICHER, LIEBES, ICH WARTE.

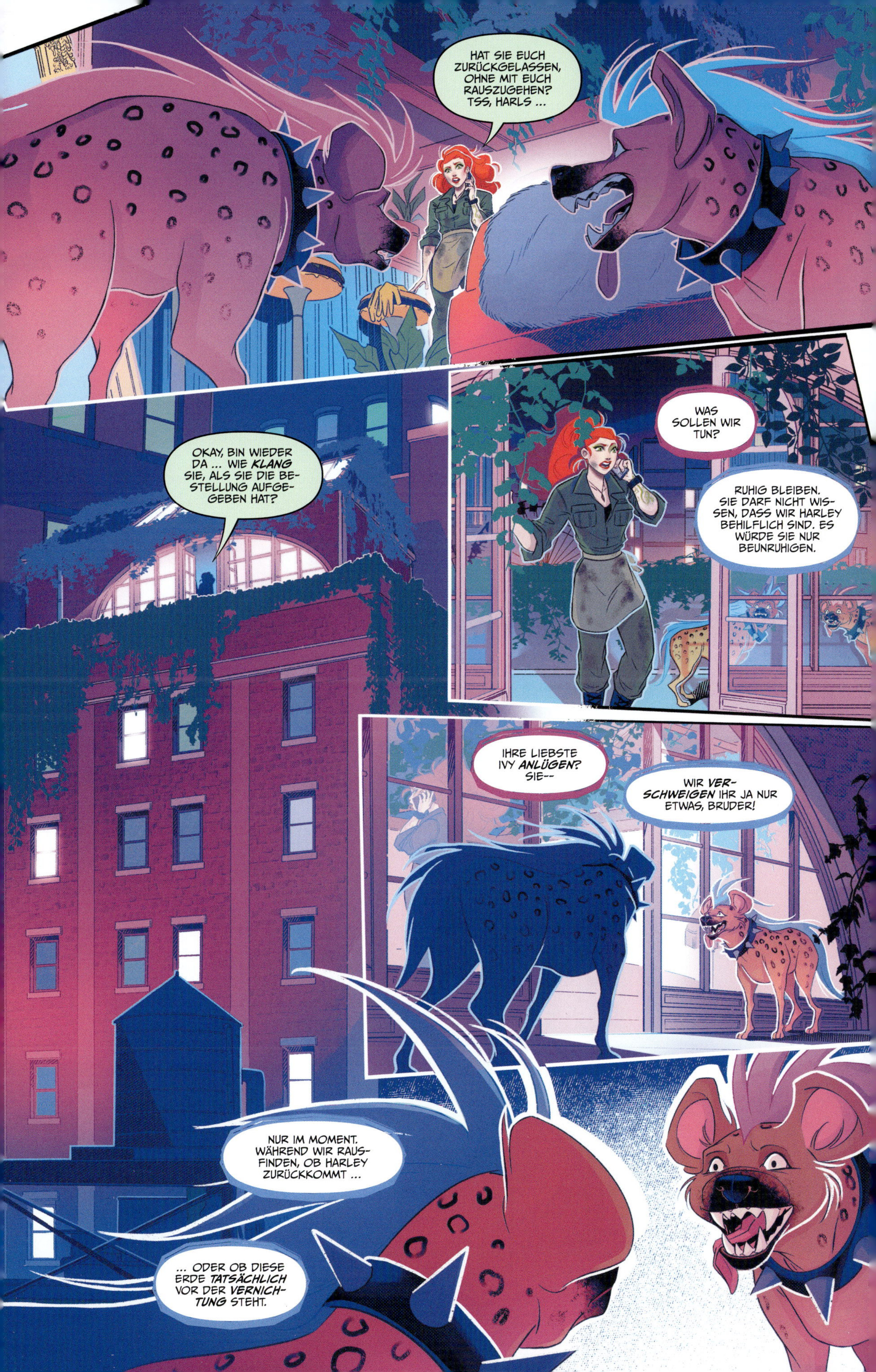
HAT SIE EUCH ZURÜCKGELASSEN, OHNE MIT EUCH RAUSZUGEHEN? TSS, HARLS ...
OKAY, BIN WIEDER DA ... WIE *KLANG* SIE, ALS SIE DIE BESTELLUNG AUFGEGEBEN HAT?
WAS SOLLEN WIR TUN?
RUHIG BLEIBEN. SIE DARF NICHT WISSEN, DASS WIR HARLEY BEHILFLICH SIND. ES WÜRDE SIE NUR BEUNRUHIGEN.
IHRE LIEBSTE IVY *ANLÜGEN?* SIE--
WIR *VERSCHWEIGEN* IHR JA NUR ETWAS, BRUDER!
NUR IM MOMENT. WÄHREND WIR RAUSFINDEN, OB HARLEY ZURÜCKKOMMT ...
... ODER OB DIESE ERDE *TATSÄCHLICH* VOR DER *VERNICHTUNG* STEHT.

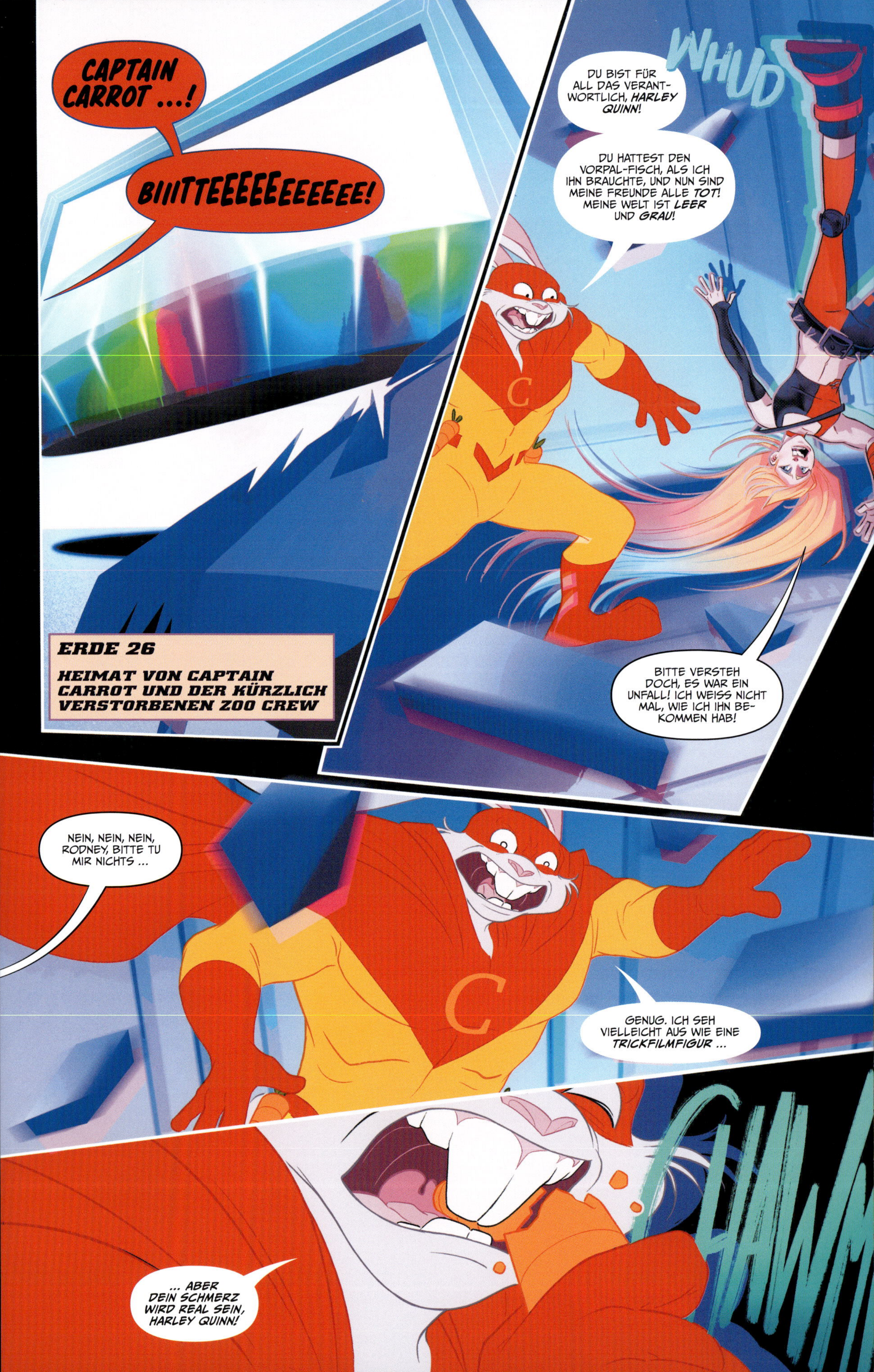
CAPTAIN CARROT ...!
BIIITTEEEEEEEEEEE!
ERDE 26
HEIMAT VON CAPTAIN CARROT UND DER KÜRZLICH VERSTORBENEN ZOO CREW
WHUD
DU BIST FÜR ALL DAS VERANTWORTLICH, HARLEY QUINN!
DU HATTEST DEN VORPAL-FISCH, ALS ICH IHN BRAUCHTE, UND NUN SIND MEINE FREUNDE ALLE TOT! MEINE WELT IST LEER UND GRAU!
BITTE VERSTEH DOCH, ES WAR EIN UNFALL! ICH WEISS NICHT MAL, WIE ICH IHN BEKOMMEN HAB!
NEIN, NEIN, NEIN, RODNEY, BITTE TU MIR NICHTS ...
GENUG. ICH SEH VIELLEICHT AUS WIE EINE TRICKFILMFIGUR ...
... ABER DEIN SCHMERZ WIRD REAL SEIN, HARLEY QUINN!

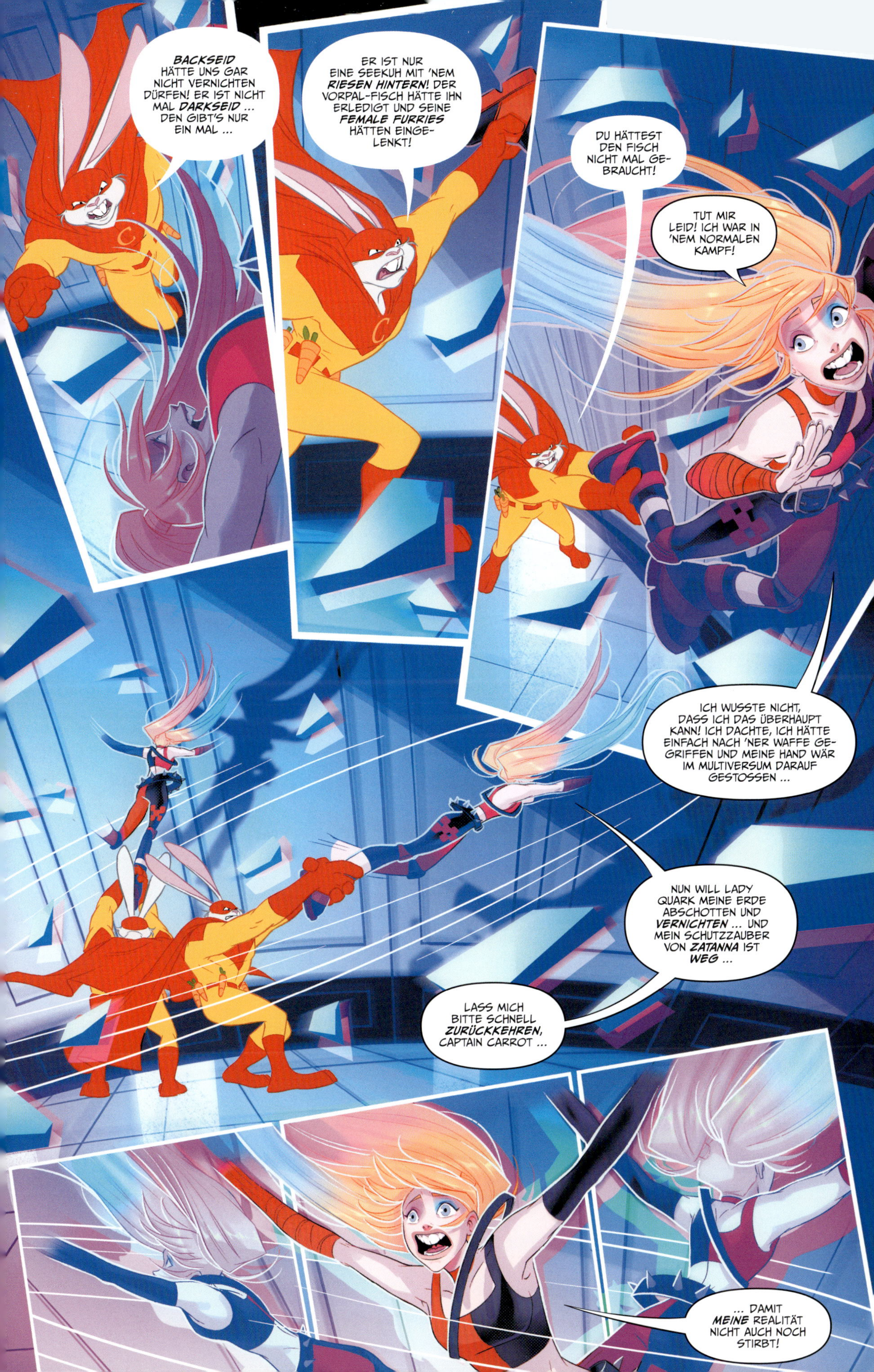
BACKSEID HÄTTE UNS GAR NICHT VERNICHTEN DÜRFEN! ER IST NICHT MAL DARKSEID ... DEN GIBT'S NUR EIN MAL ...
ER IST NUR EINE SEEKUH MIT 'NEM RIESEN HINTERN! DER VORPAL-FISCH HÄTTE IHN ERLEDIGT UND SEINE FEMALE FURRIES HÄTTEN EINGE-LENKT!
DU HÄTTEST DEN FISCH NICHT MAL GE-BRAUCHT!
TUT MIR LEID! ICH WAR IN 'NEM NORMALEN KAMPF!
ICH WUSSTE NICHT, DASS ICH DAS ÜBERHAUPT KANN! ICH DACHTE, ICH HÄTTE EINFACH NACH 'NER WAFFE GE-GRIFFEN UND MEINE HAND WÄR IM MULTIVERSUM DARAUF GESTOSSEN ...
NUN WILL LADY QUARK MEINE ERDE ABSCHOTTEN UND VERNICHTEN ... UND MEIN SCHUTZZAUBER VON ZATANNA IST WEG ...
LASS MICH BITTE SCHNELL ZURÜCKKEHREN, CAPTAIN CARROT ...
... DAMIT MEINE REALITÄT NICHT AUCH NOCH STIRBT!

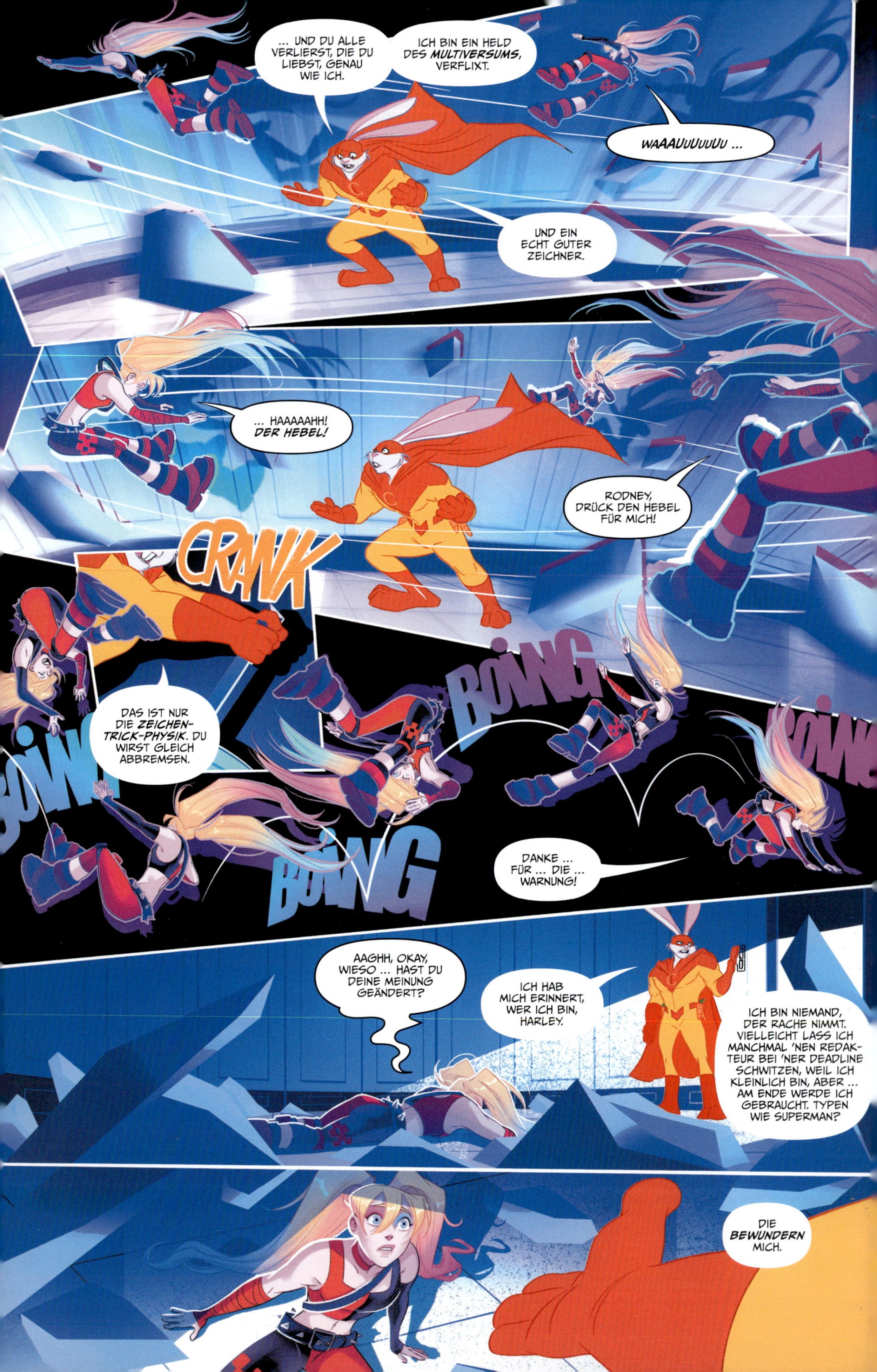
... UND DU ALLE VERLIERST, DIE DU LIEBST, GENAU WIE ICH.
ICH BIN EIN HELD DES MULTIVERSUMS, VERFLIXT.
WAAAUUUUUU ...
UND EIN ECHT GUTER ZEICHNER.
... HAAAAAHH! DER HEBEL!
RODNEY, DRÜCK DEN HEBEL FÜR MICH!
CRANK
DAS IST NUR DIE ZEICHEN-TRICK-PHYSIK. DU WIRST GLEICH ABBREMSEN.
BOING
BOING
BOING
BOING
DANKE ... FÜR ... DIE ... WARNUNG!
AAGHH, OKAY, WIESO ... HAST DU DEINE MEINUNG GEÄNDERT?
ICH HAB MICH ERINNERT, WER ICH BIN, HARLEY.
ICH BIN NIEMAND, DER RACHE NIMMT. VIELLEICHT LASS ICH MANCHMAL 'NEN REDAKTEUR BEI 'NER DEADLINE SCHWITZEN, WEIL ICH KLEINLICH BIN, ABER ... AM ENDE WERDE ICH GEBRAUCHT. TYPEN WIE SUPERMAN?
DIE BEWUNDERN MICH.

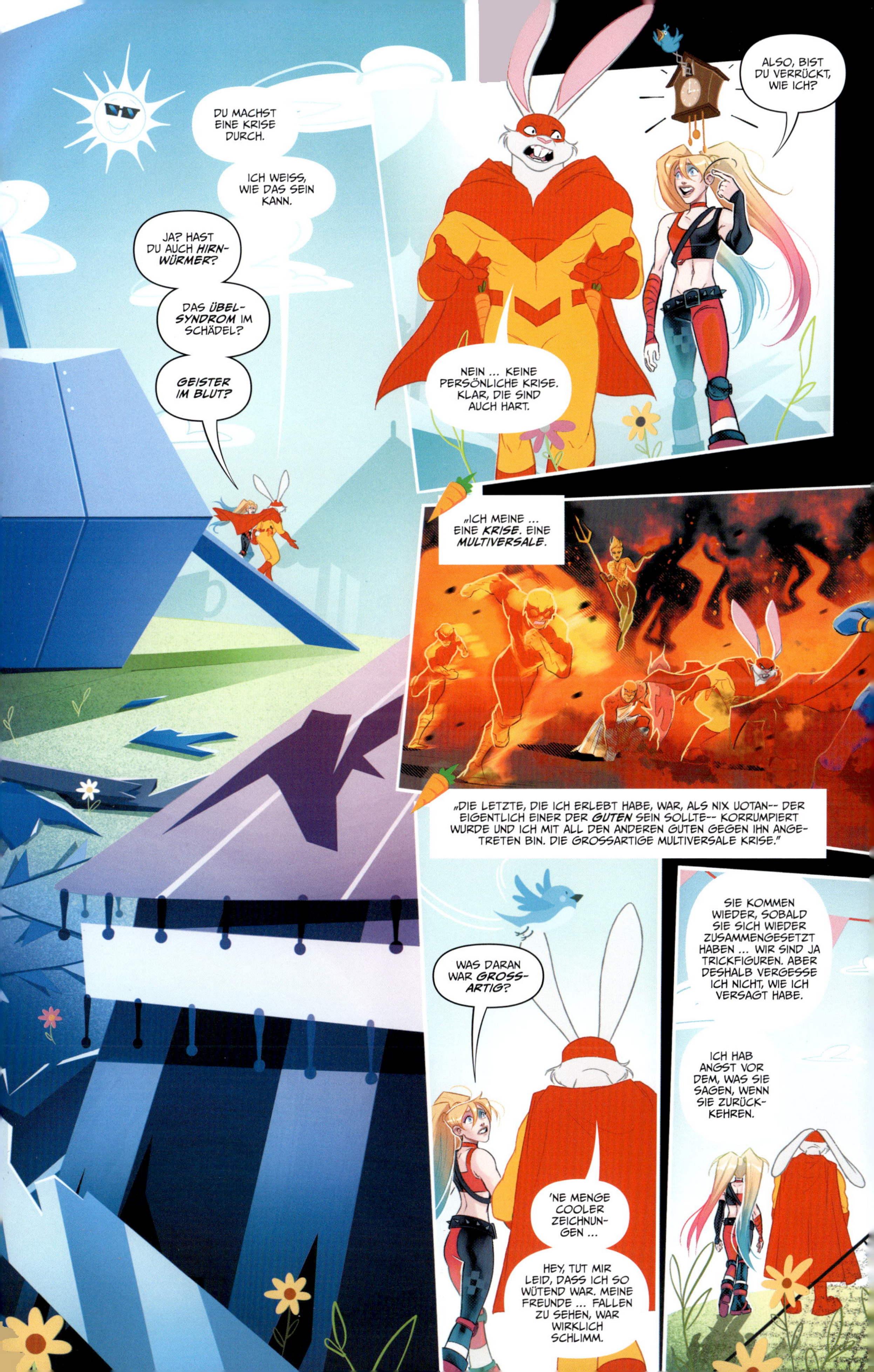
DU MACHST EINE KRISE DURCH.
ICH WEISS, WIE DAS SEIN KANN.
JA? HAST DU AUCH HIRNWÜRMER?
DAS ÜBELSYNDROM IM SCHÄDEL?
GEISTER IM BLUT?
ALSO, BIST DU VERRÜCKT, WIE ICH?
NEIN ... KEINE PERSÖNLICHE KRISE. KLAR, DIE SIND AUCH HART.
„ICH MEINE ... EINE KRISE. EINE MULTIVERSALE.
„DIE LETZTE, DIE ICH ERLEBT HABE, WAR, ALS NIX UOTAN-- DER EIGENTLICH EINER DER GUTEN SEIN SOLLTE-- KORRUMPIERT WURDE UND ICH MIT ALL DEN ANDEREN GUTEN GEGEN IHN ANGETRETEN BIN. DIE GROSSARTIGE MULTIVERSALE KRISE."
WAS DARAN WAR GROSSARTIG?
'NE MENGE COOLER ZEICHNUNGEN ...
HEY, TUT MIR LEID, DASS ICH SO WÜTEND WAR. MEINE FREUNDE ... FALLEN ZU SEHEN, WAR WIRKLICH SCHLIMM.
SIE KOMMEN WIEDER, SOBALD SIE SICH WIEDER ZUSAMMENGESETZT HABEN ... WIR SIND JA TRICKFIGUREN. ABER DESHALB VERGESSE ICH NICHT, WIE ICH VERSAGT HABE.
ICH HAB ANGST VOR DEM, WAS SIE SAGEN, WENN SIE ZURÜCKKEHREN.

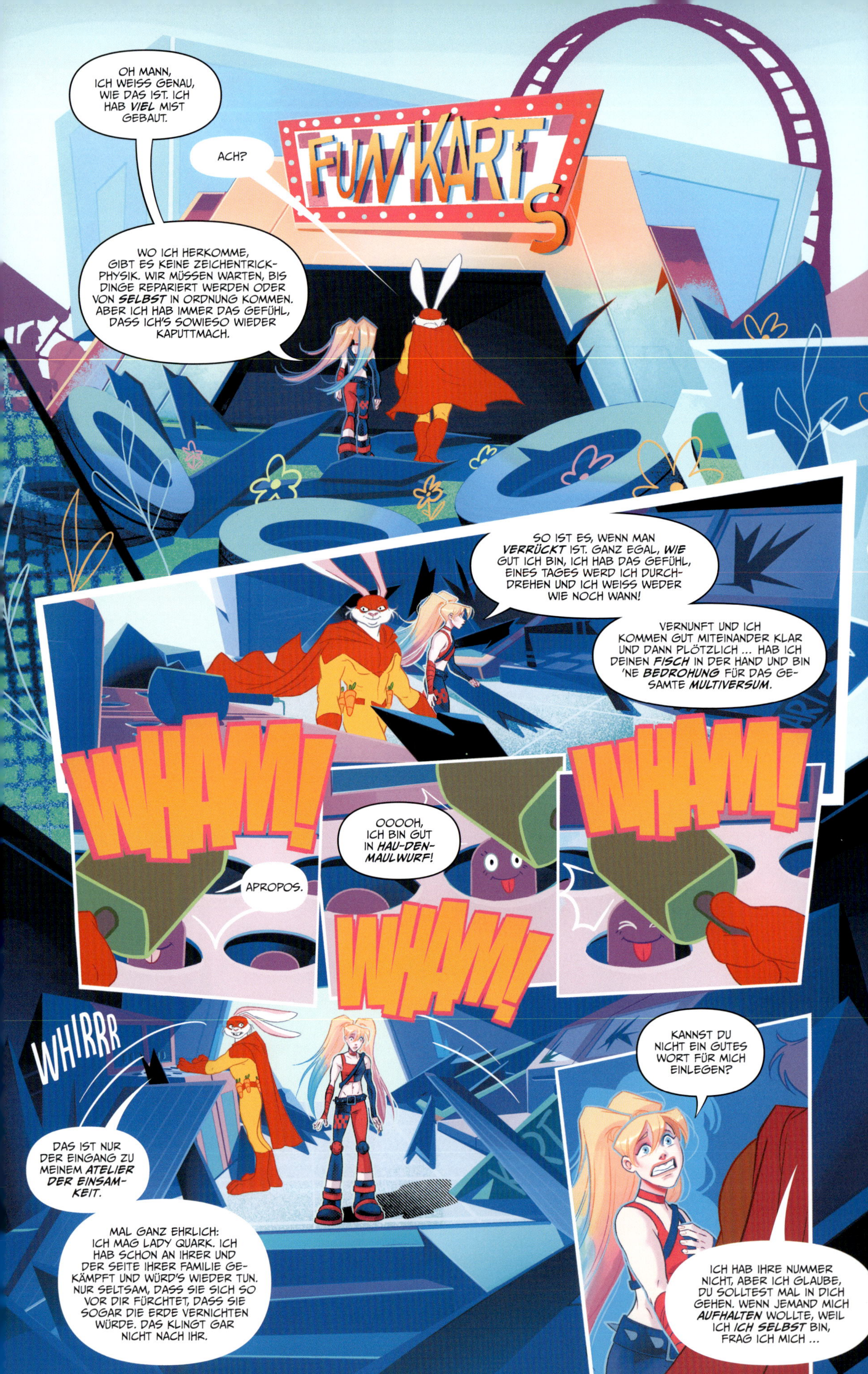
OH MANN, ICH WEISS GENAU, WIE DAS IST. ICH HAB VIEL MIST GEBAUT.
ACH?
FUN KARTS
WO ICH HERKOMME, GIBT ES KEINE ZEICHENTRICK-PHYSIK. WIR MÜSSEN WARTEN, BIS DINGE REPARIERT WERDEN ODER VON SELBST IN ORDNUNG KOMMEN. ABER ICH HAB IMMER DAS GEFÜHL, DASS ICH'S SOWIESO WIEDER KAPUTTMACH.
SO IST ES, WENN MAN VERRÜCKT IST. GANZ EGAL, WIE GUT ICH BIN, ICH HAB DAS GEFÜHL, EINES TAGES WERD ICH DURCH-DREHEN UND ICH WEISS WEDER WIE NOCH WANN!
VERNUNFT UND ICH KOMMEN GUT MITEINANDER KLAR UND DANN PLÖTZLICH ... HAB ICH DEINEN FISCH IN DER HAND UND BIN 'NE BEDROHUNG FÜR DAS GE-SAMTE MULTIVERSUM.
WHAM!
APROPOS.
OOOOH, ICH BIN GUT IN HAU-DEN-MAULWURF!
WHAM!
WHAM!
WHIRRR
DAS IST NUR DER EINGANG ZU MEINEM ATELIER DER EINSAM-KEIT.
MAL GANZ EHRLICH: ICH MAG LADY QUARK. ICH HAB SCHON AN IHRER UND DER SEITE IHRER FAMILIE GE-KÄMPFT UND WÜRD'S WIEDER TUN. NUR SELTSAM, DASS SIE SICH SO VOR DIR FÜRCHTET, DASS SIE SOGAR DIE ERDE VERNICHTEN WÜRDE. DAS KLINGT GAR NICHT NACH IHR.
KANNST DU NICHT EIN GUTES WORT FÜR MICH EINLEGEN?
ICH HAB IHRE NUMMER NICHT, ABER ICH GLAUBE, DU SOLLTEST MAL IN DICH GEHEN. WENN JEMAND MICH AUFHALTEN WOLLTE, WEIL ICH ICH SELBST BIN, FRAG ICH MICH ...

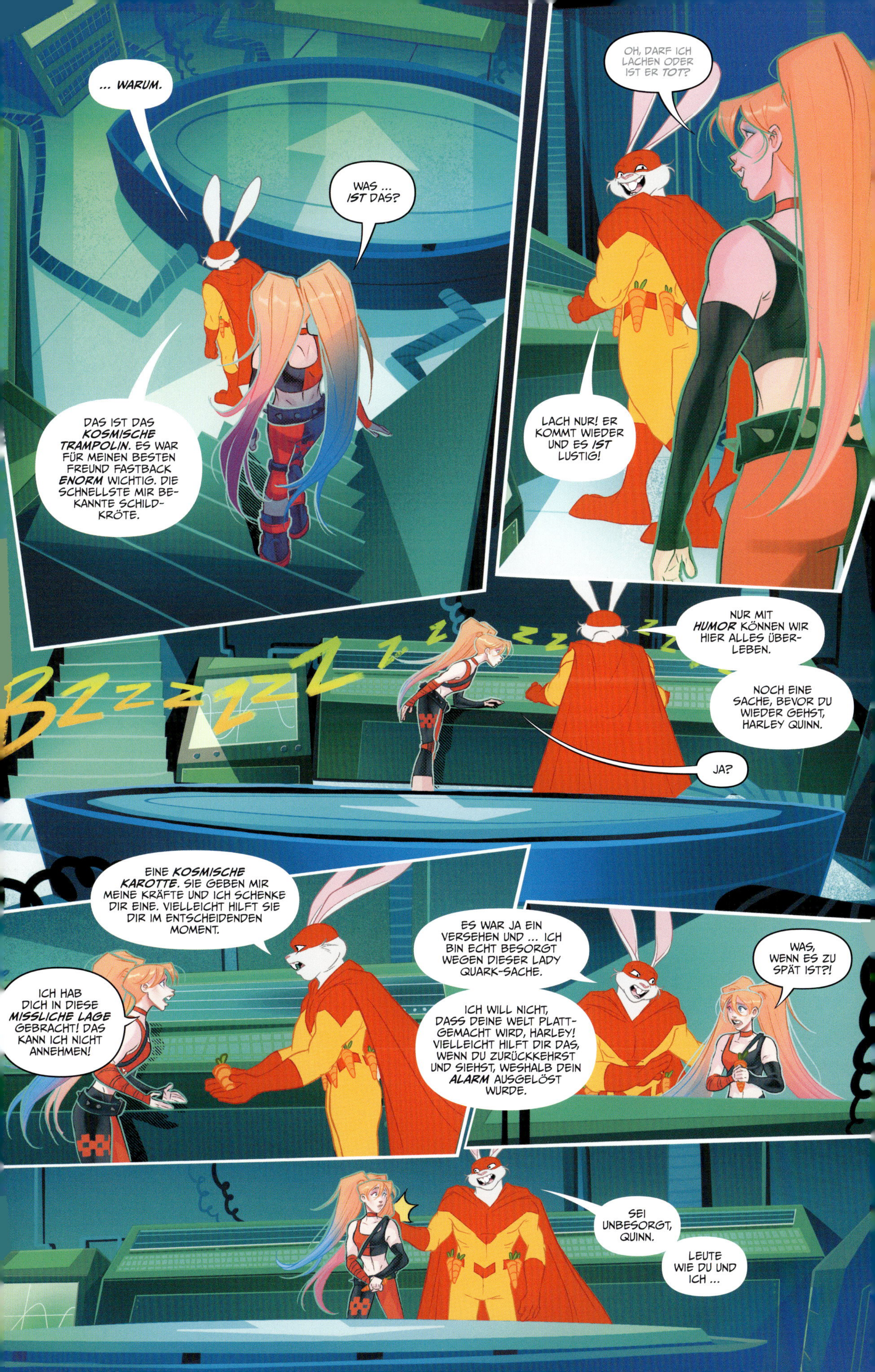
... WARUM.
WAS ... IST DAS?
DAS IST DAS KOSMISCHE TRAMPOLIN. ES WAR FÜR MEINEN BESTEN FREUND FASTBACK ENORM WICHTIG. DIE SCHNELLSTE MIR BEKANNTE SCHILDKRÖTE.
OH, DARF ICH LACHEN ODER IST ER TOT?
LACH NUR! ER KOMMT WIEDER UND ES IST LUSTIG!
BZZZZZZZ
NUR MIT HUMOR KÖNNEN WIR HIER ALLES ÜBERLEBEN.
NOCH EINE SACHE, BEVOR DU WIEDER GEHST, HARLEY QUINN.
JA?
EINE KOSMISCHE KAROTTE. SIE GEBEN MIR MEINE KRÄFTE UND ICH SCHENKE DIR EINE. VIELLEICHT HILFT SIE DIR IM ENTSCHEIDENDEN MOMENT.
ICH HAB DICH IN DIESE MISSLICHE LAGE GEBRACHT! DAS KANN ICH NICHT ANNEHMEN!
ES WAR JA EIN VERSEHEN UND ... ICH BIN ECHT BESORGT WEGEN DIESER LADY QUARK-SACHE.
ICH WILL NICHT, DASS DEINE WELT PLATTGEMACHT WIRD, HARLEY! VIELLEICHT HILFT DIR DAS, WENN DU ZURÜCKKEHRST UND SIEHST, WESHALB DEIN ALARM AUSGELÖST WURDE.
WAS, WENN ES ZU SPÄT IST?!
SEI UNBESORGT, QUINN.
LEUTE WIE DU UND ICH ...

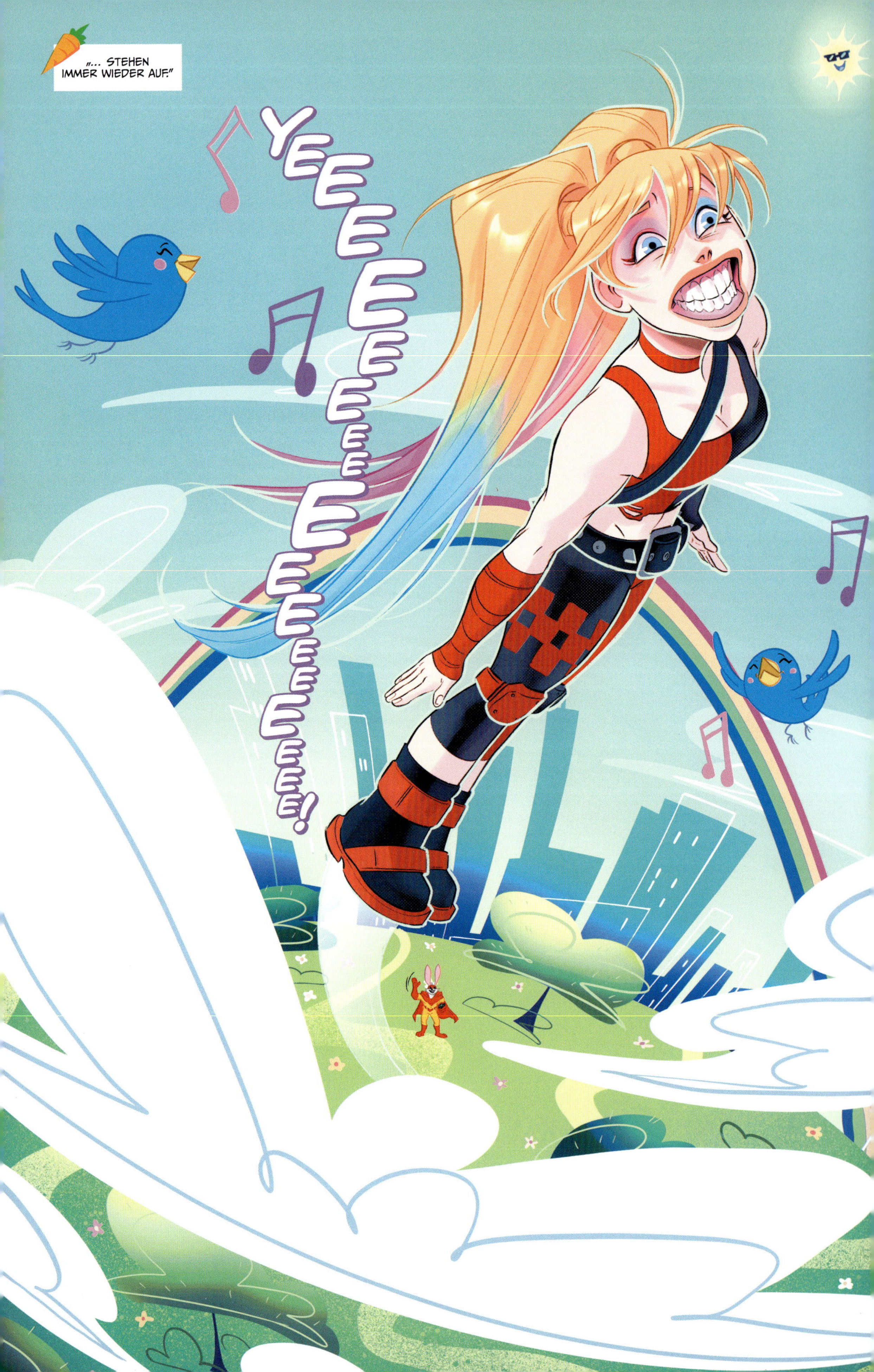
„... STEHEN IMMER WIEDER AUF."
YEEEEEEEEEEEEEEEEEE!

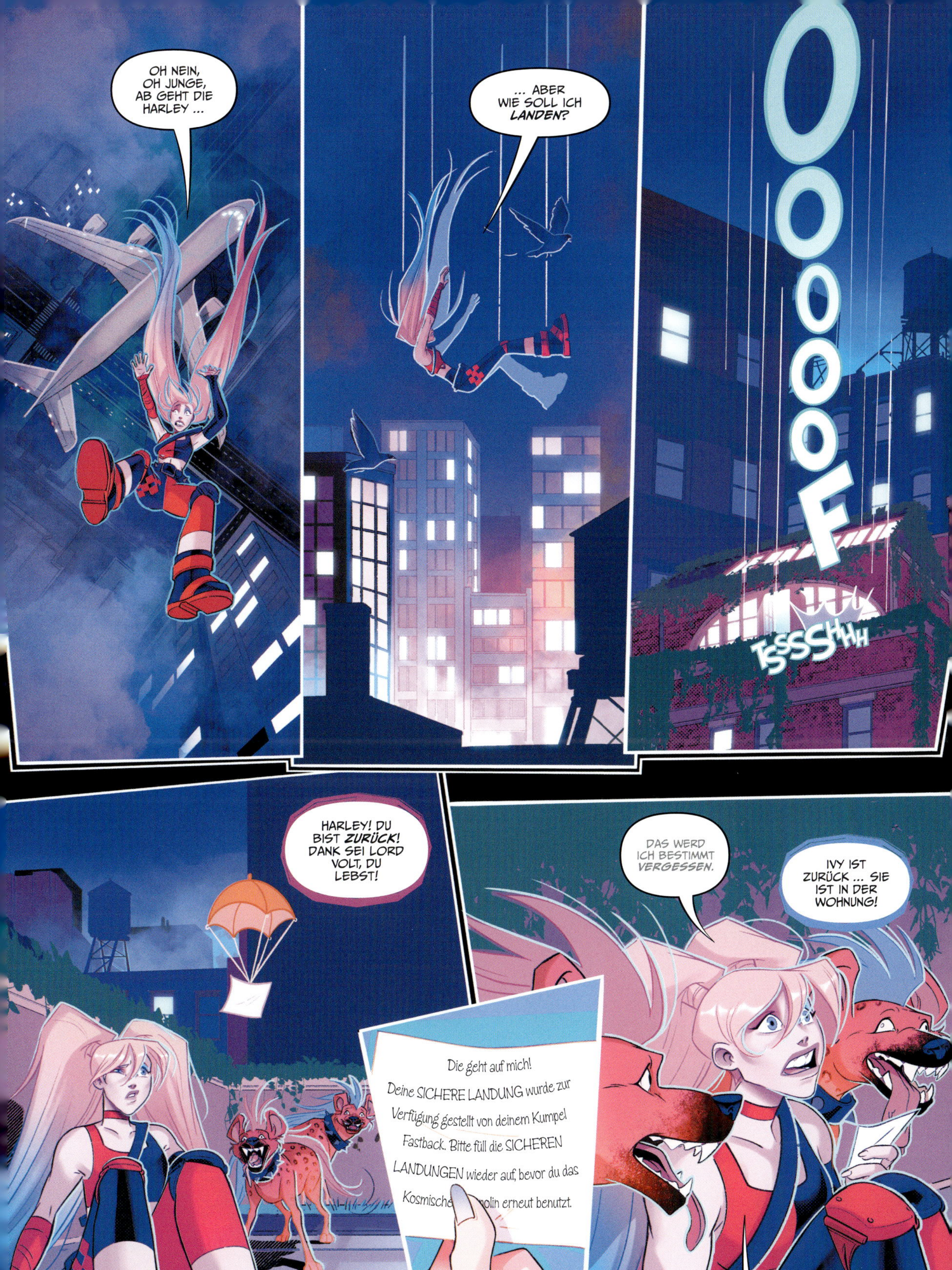

OH NEIN, OH JUNGE, AB GEHT DIE HARLEY ...
... ABER WIE SOLL ICH *LANDEN?*
OOOOOOF
TSSSSHHH
HARLEY! DU BIST *ZURÜCK!* DANK SEI LORD VOLT, DU LEBST!
Die geht auf mich!
Deine SICHERE LANDUNG wurde zur Verfügung gestellt von deinem Kumpel Fastback. Bitte füll die SICHEREN LANDUNGEN wieder auf, bevor du das Kosmische … polin erneut benutzt.
DAS WERD ICH BESTIMMT *VERGESSEN.*
IVY IST ZURÜCK ... SIE IST IN DER WOHNUNG!
OH ... *OH,* $@#% ...

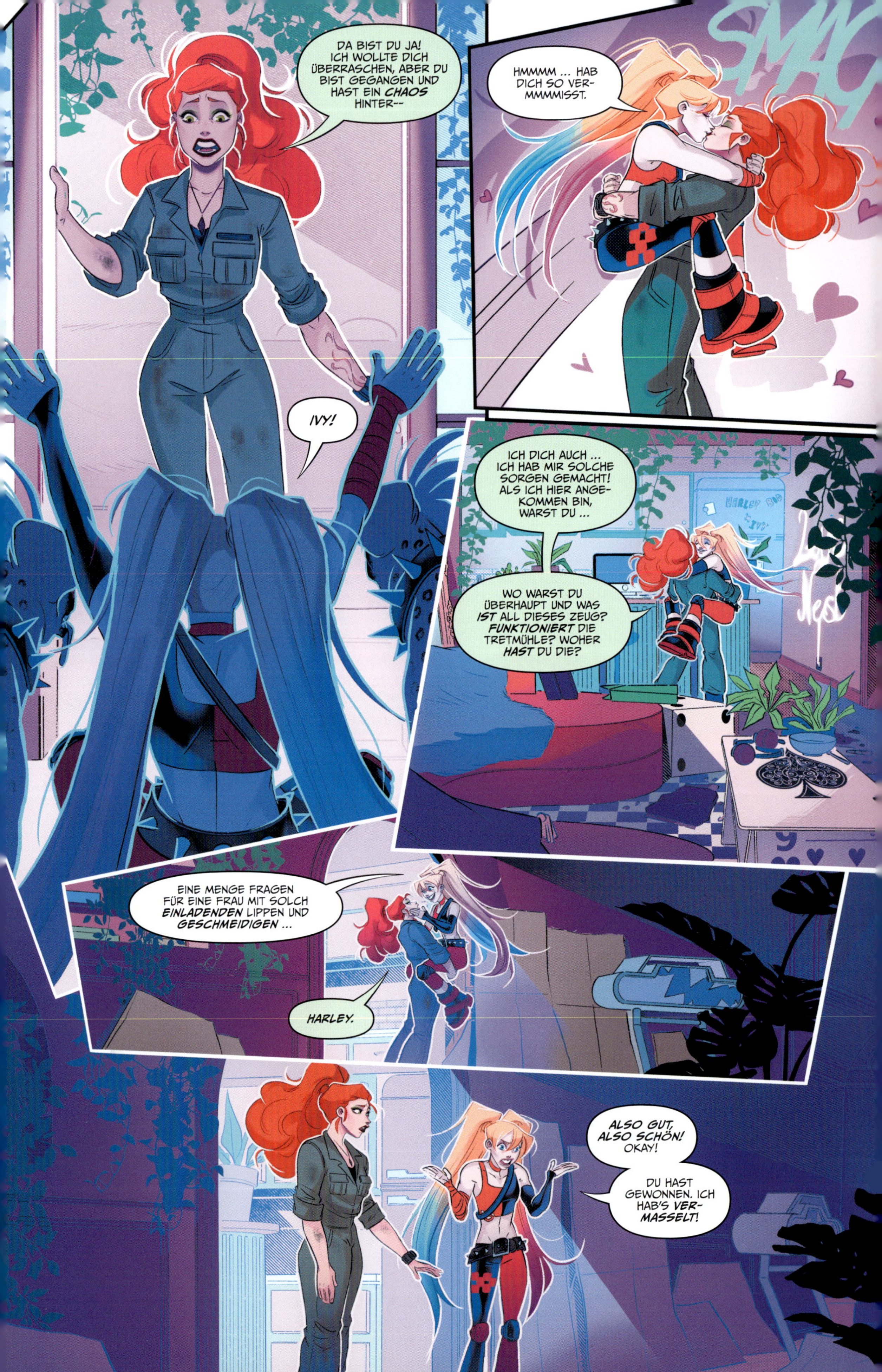
DA BIST DU JA! ICH WOLLTE DICH ÜBERRASCHEN, ABER DU BIST GEGANGEN UND HAST EIN CHAOS HINTER--
HMMMM ... HAB DICH SO VER-MMMMISST.
SMAC
IVY!
ICH DICH AUCH ... ICH HAB MIR SOLCHE SORGEN GEMACHT! ALS ICH HIER ANGE-KOMMEN BIN, WARST DU ...
WO WARST DU ÜBERHAUPT UND WAS IST ALL DIESES ZEUG? FUNKTIONIERT DIE TRETMÜHLE? WOHER HAST DU DIE?
EINE MENGE FRAGEN FÜR EINE FRAU MIT SOLCH EINLADENDEN LIPPEN UND GESCHMEIDIGEN ...
HARLEY.
ALSO GUT, ALSO SCHÖN! OKAY!
DU HAST GEWONNEN. ICH HAB'S VER-MASSELT!

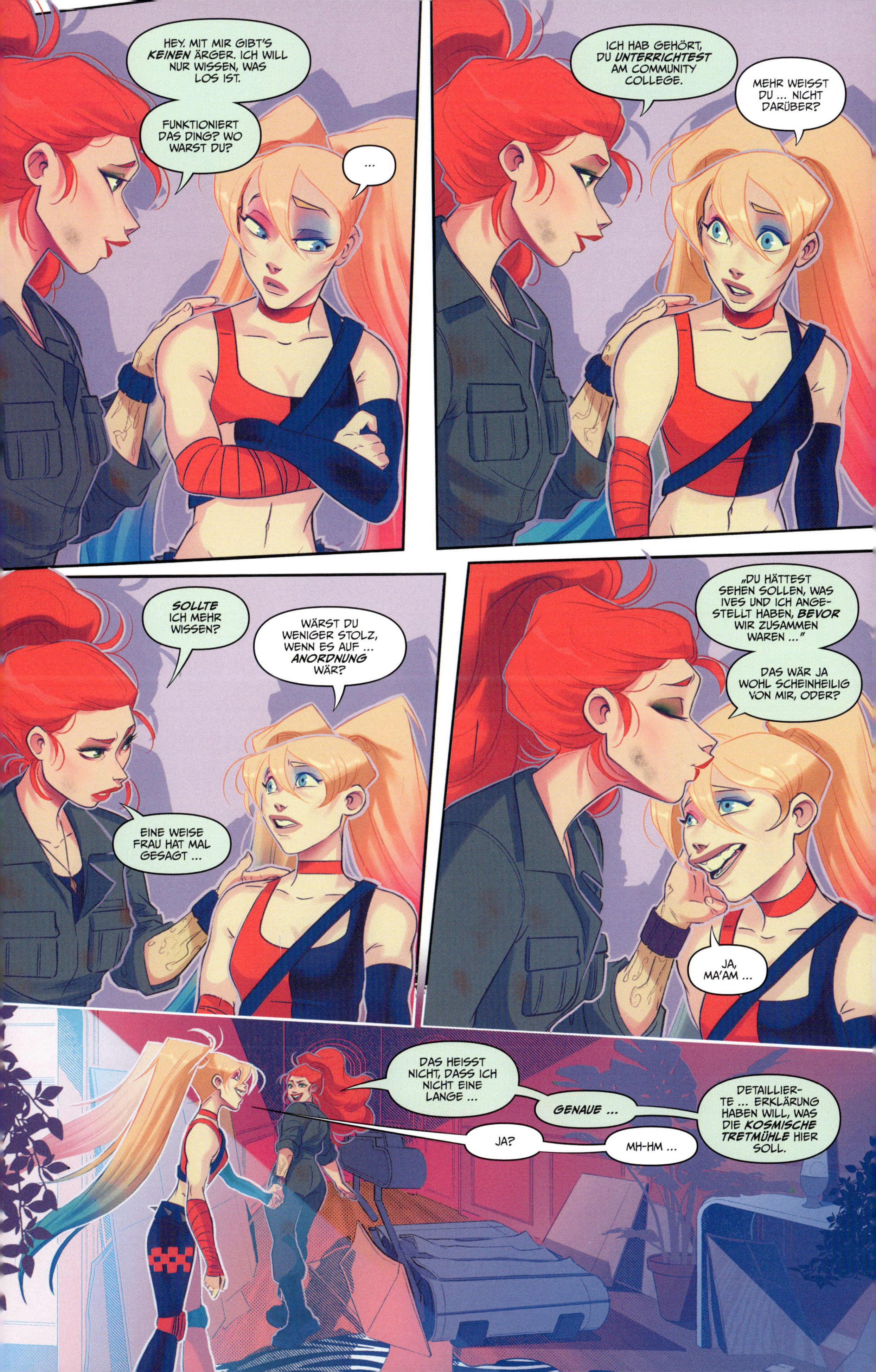
HEY. MIT MIR GIBT'S KEINEN ÄRGER. ICH WILL NUR WISSEN, WAS LOS IST.
FUNKTIONIERT DAS DING? WO WARST DU?
...
ICH HAB GEHÖRT, DU UNTERRICHTEST AM COMMUNITY COLLEGE.
MEHR WEISST DU ... NICHT DARÜBER?
SOLLTE ICH MEHR WISSEN?
WÄRST DU WENIGER STOLZ, WENN ES AUF ... ANORDNUNG WÄR?
EINE WEISE FRAU HAT MAL GESAGT ...
„DU HÄTTEST SEHEN SOLLEN, WAS IVES UND ICH ANGE-STELLT HABEN, BEVOR WIR ZUSAMMEN WAREN ..."
DAS WÄR JA WOHL SCHEINHEILIG VON MIR, ODER?
JA, MA'AM ...
DAS HEISST NICHT, DASS ICH NICHT EINE LANGE ...
JA?
GENAUE ...
MH-HM ...
DETAILLIER-TE ... ERKLÄRUNG HABEN WILL, WAS DIE KOSMISCHE TRETMÜHLE HIER SOLL.

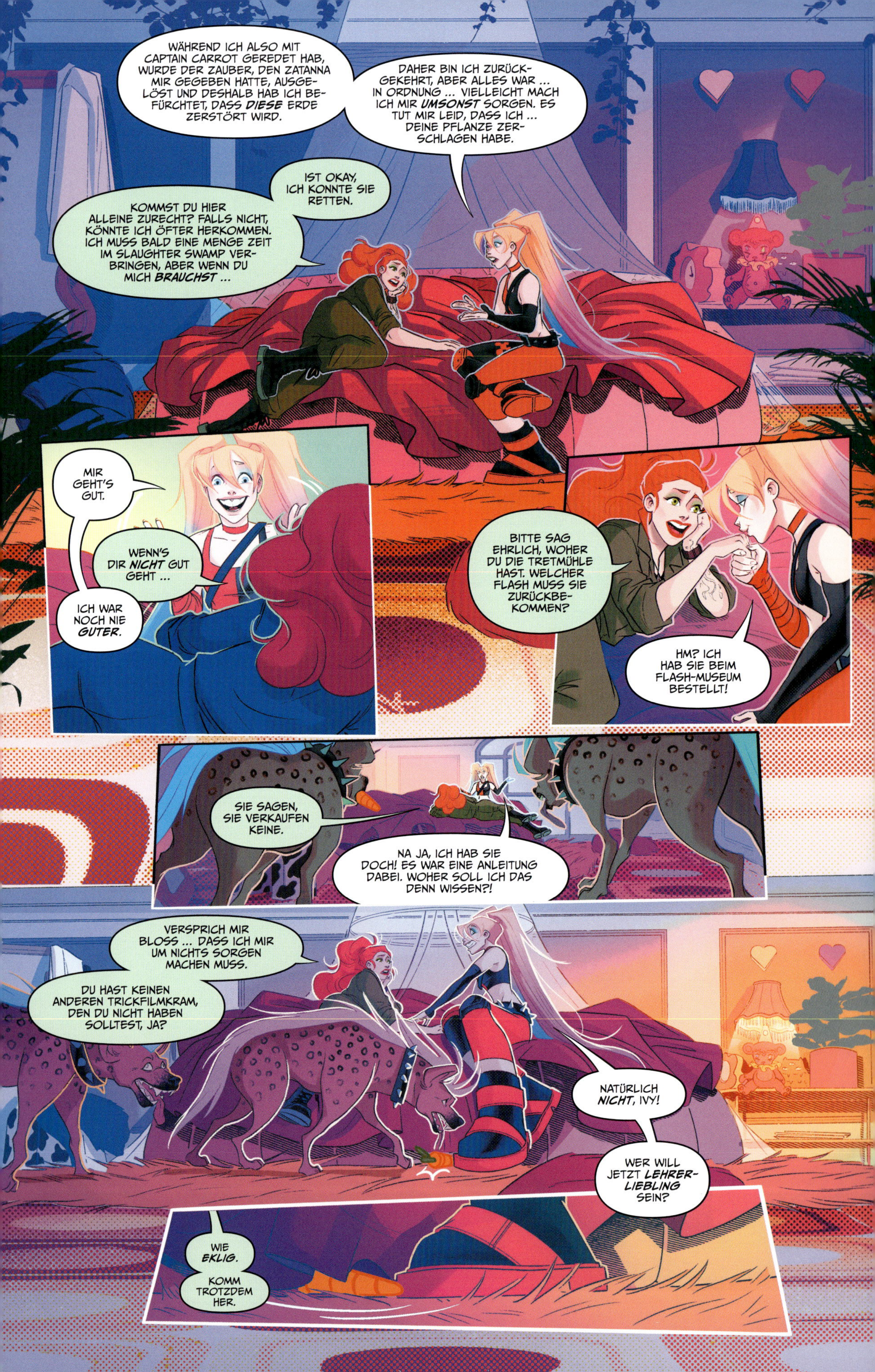
WÄHREND ICH ALSO MIT CAPTAIN CARROT GEREDET HAB, WURDE DER ZAUBER, DEN ZATANNA MIR GEGEBEN HATTE, AUSGELÖST UND DESHALB HAB ICH BEFÜRCHTET, DASS *DIESE* ERDE ZERSTÖRT WIRD.
DAHER BIN ICH ZURÜCKGEKEHRT, ABER ALLES WAR ... IN ORDNUNG ... VIELLEICHT MACH ICH MIR *UMSONST* SORGEN. ES TUT MIR LEID, DASS ICH ... DEINE PFLANZE ZERSCHLAGEN HABE.
IST OKAY, ICH KONNTE SIE RETTEN.
KOMMST DU HIER ALLEINE ZURECHT? FALLS NICHT, KÖNNTE ICH ÖFTER HERKOMMEN. ICH MUSS BALD EINE MENGE ZEIT IM SLAUGHTER SWAMP VERBRINGEN, ABER WENN DU MICH *BRAUCHST* ...
MIR GEHT'S GUT.
WENN'S DIR *NICHT* GUT GEHT ...
ICH WAR NOCH NIE *GUTER*.
BITTE SAG EHRLICH, WOHER DU DIE TRETMÜHLE HAST. WELCHER FLASH MUSS SIE ZURÜCKBEKOMMEN?
HM? ICH HAB SIE BEIM FLASH-MUSEUM BESTELLT!
SIE SAGEN, SIE VERKAUFEN KEINE.
NA JA, ICH HAB SIE DOCH! ES WAR EINE ANLEITUNG DABEI. WOHER SOLL ICH DAS DENN WISSEN?!
VERSPRICH MIR BLOSS ... DASS ICH MIR UM NICHTS SORGEN MACHEN MUSS.
DU HAST KEINEN ANDEREN TRICKFILMKRAM, DEN DU NICHT HABEN SOLLTEST, JA?
NATÜRLICH *NICHT*, IVY!
WER WILL JETZT *LEHRERLIEBLING* SEIN?
WIE *EKLIG*.
KOMM TROTZDEM HER.

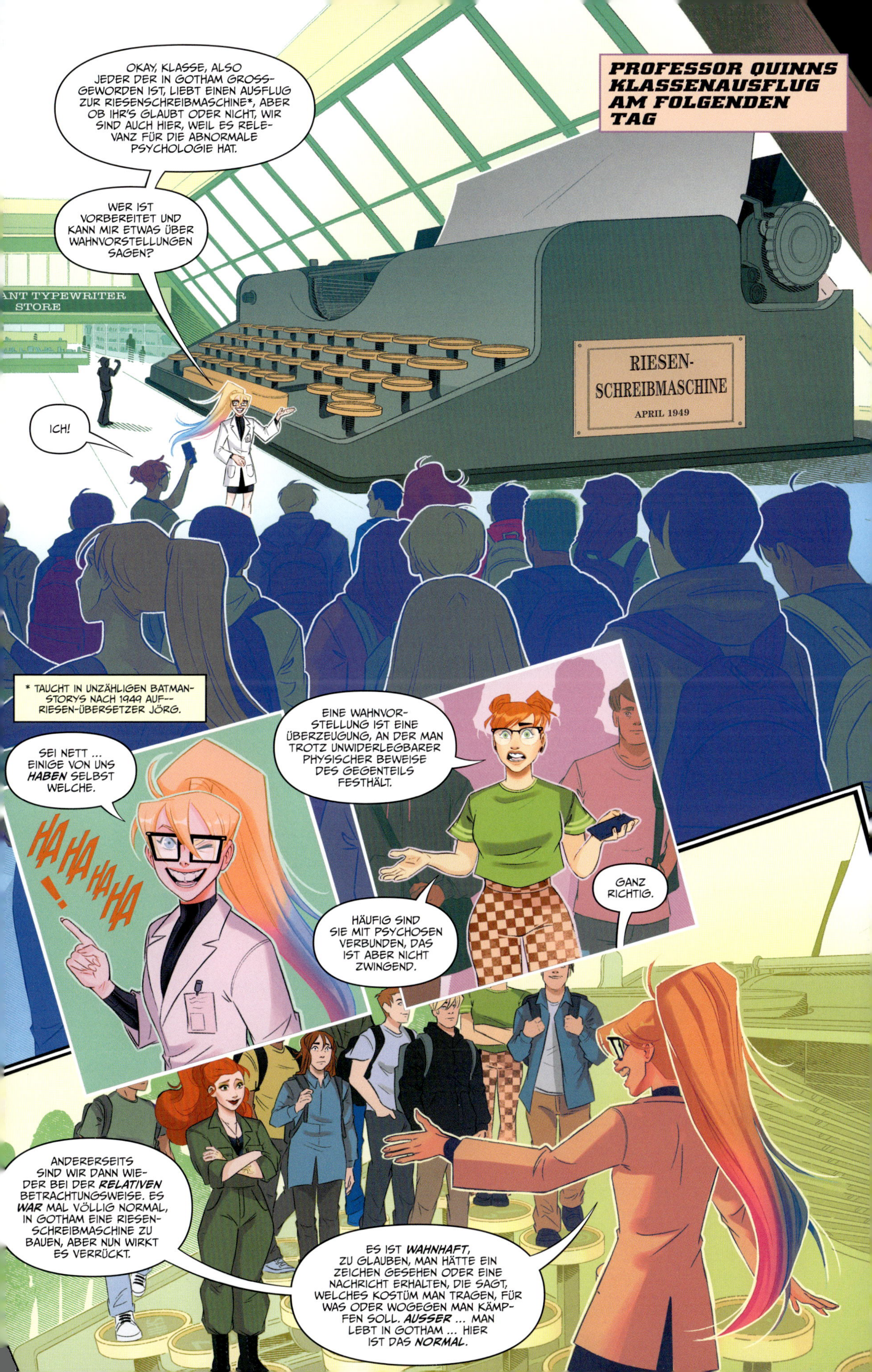

PROFESSOR QUINNS KLASSENAUSFLUG AM FOLGENDEN TAG
OKAY, KLASSE, ALSO JEDER DER IN GOTHAM GROSS-GEWORDEN IST, LIEBT EINEN AUSFLUG ZUR RIESENSCHREIBMASCHINE*, ABER OB IHR'S GLAUBT ODER NICHT, WIR SIND AUCH HIER, WEIL ES RELEVANZ FÜR DIE ABNORMALE PSYCHOLOGIE HAT.
WER IST VORBEREITET UND KANN MIR ETWAS ÜBER WAHNVORSTELLUNGEN SAGEN?
ANT TYPEWRITER STORE
RIESEN-SCHREIBMASCHINE
APRIL 1949
ICH!
* TAUCHT IN UNZÄHLIGEN BATMAN-STORYS NACH 1949 AUF-- RIESEN-ÜBERSETZER JÖRG.
EINE WAHNVORSTELLUNG IST EINE ÜBERZEUGUNG, AN DER MAN TROTZ UNWIDERLEGBARER PHYSISCHER BEWEISE DES GEGENTEILS FESTHÄLT.
SEI NETT ... EINIGE VON UNS HABEN SELBST WELCHE.
HA HA HA HA HA!
HÄUFIG SIND SIE MIT PSYCHOSEN VERBUNDEN, DAS IST ABER NICHT ZWINGEND.
GANZ RICHTIG.
ANDERERSEITS SIND WIR DANN WIEDER BEI DER RELATIVEN BETRACHTUNGSWEISE. ES WAR MAL VÖLLIG NORMAL, IN GOTHAM EINE RIESENSCHREIBMASCHINE ZU BAUEN, ABER NUN WIRKT ES VERRÜCKT.
ES IST WAHNHAFT, ZU GLAUBEN, MAN HÄTTE EIN ZEICHEN GESEHEN ODER EINE NACHRICHT ERHALTEN, DIE SAGT, WELCHES KOSTÜM MAN TRAGEN, FÜR WAS ODER WOGEGEN MAN KÄMPFEN SOLL. AUSSER ... MAN LEBT IN GOTHAM ... HIER IST DAS NORMAL.

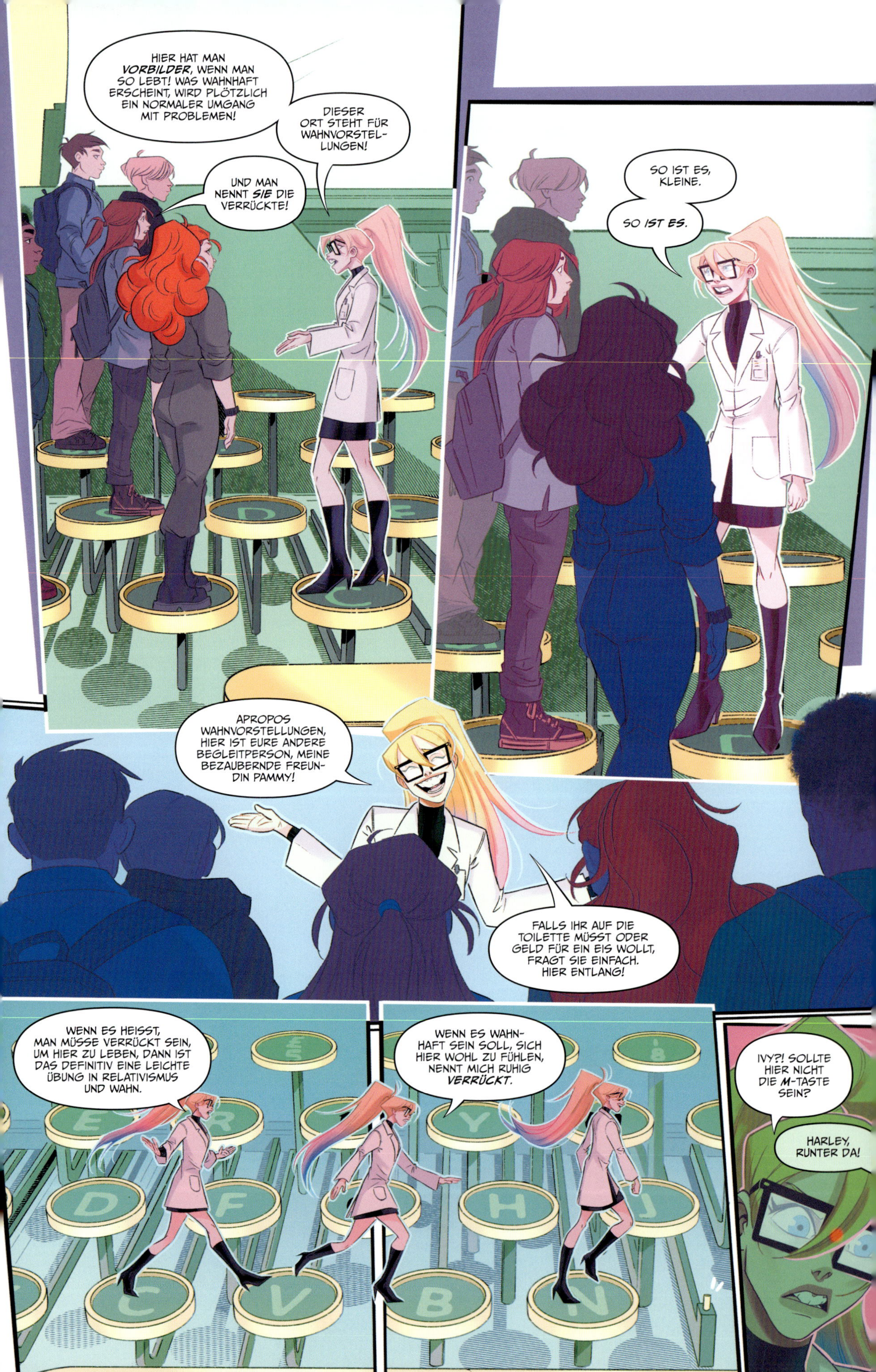
HIER HAT MAN VORBILDER, WENN MAN SO LEBT! WAS WAHNHAFT ERSCHEINT, WIRD PLÖTZLICH EIN NORMALER UMGANG MIT PROBLEMEN!
DIESER ORT STEHT FÜR WAHNVORSTEL-LUNGEN!
UND MAN NENNT SIE DIE VERRÜCKTE!
SO IST ES, KLEINE.
SO IST ES.
APROPOS WAHNVORSTELLUNGEN, HIER IST EURE ANDERE BEGLEITPERSON, MEINE BEZAUBERNDE FREUN-DIN PAMMY!
FALLS IHR AUF DIE TOILETTE MÜSST ODER GELD FÜR EIN EIS WOLLT, FRAGT SIE EINFACH. HIER ENTLANG!
WENN ES HEISST, MAN MÜSSE VERRÜCKT SEIN, UM HIER ZU LEBEN, DANN IST DAS DEFINITIV EINE LEICHTE ÜBUNG IN RELATIVISMUS UND WAHN.
WENN ES WAHN-HAFT SEIN SOLL, SICH HIER WOHL ZU FÜHLEN, NENNT MICH RUHIG VERRÜCKT.
IVY?! SOLLTE HIER NICHT DIE M-TASTE SEIN?
HARLEY, RUNTER DA!

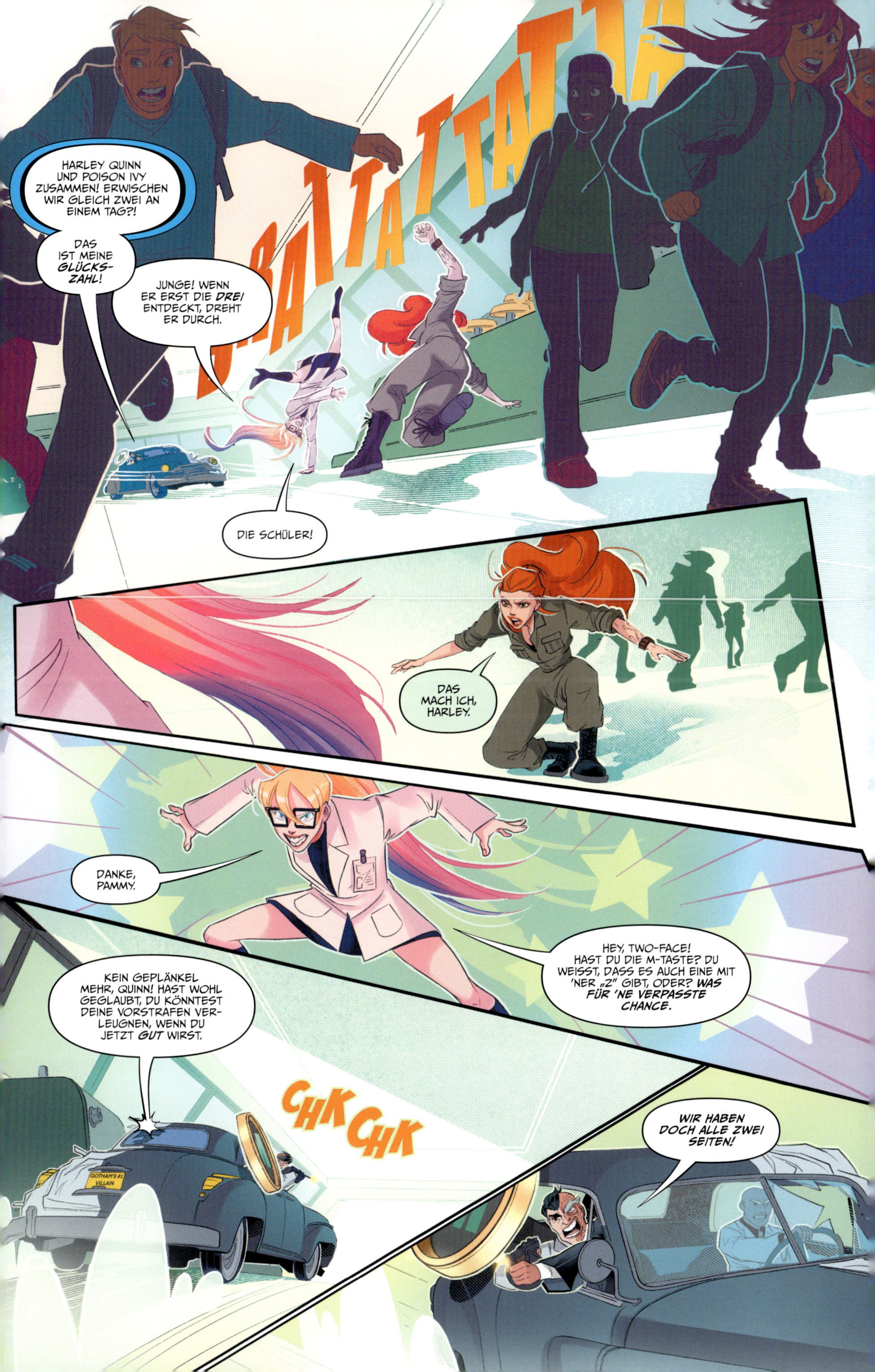

HARLEY QUINN UND POISON IVY ZUSAMMEN! ERWISCHEN WIR GLEICH ZWEI AN EINEM TAG?!
DAS IST MEINE GLÜCKSZAHL!
JUNGE! WENN ER ERST DIE DREI ENTDECKT, DREHT ER DURCH.
DIE SCHÜLER!
DAS MACH ICH, HARLEY.
DANKE, PAMMY.
HEY, TWO-FACE! HAST DU DIE M-TASTE? DU WEISST, DASS ES AUCH EINE MIT 'NER „2" GIBT, ODER? WAS FÜR 'NE VERPASSTE CHANCE.
KEIN GEPLÄNKEL MEHR, QUINN! HAST WOHL GEGLAUBT, DU KÖNNTEST DEINE VORSTRAFEN VERLEUGNEN, WENN DU JETZT GUT WIRST.
CHK CHK
GOTHAM'S #1 VILLAIN
WIR HABEN DOCH ALLE ZWEI SEITEN!

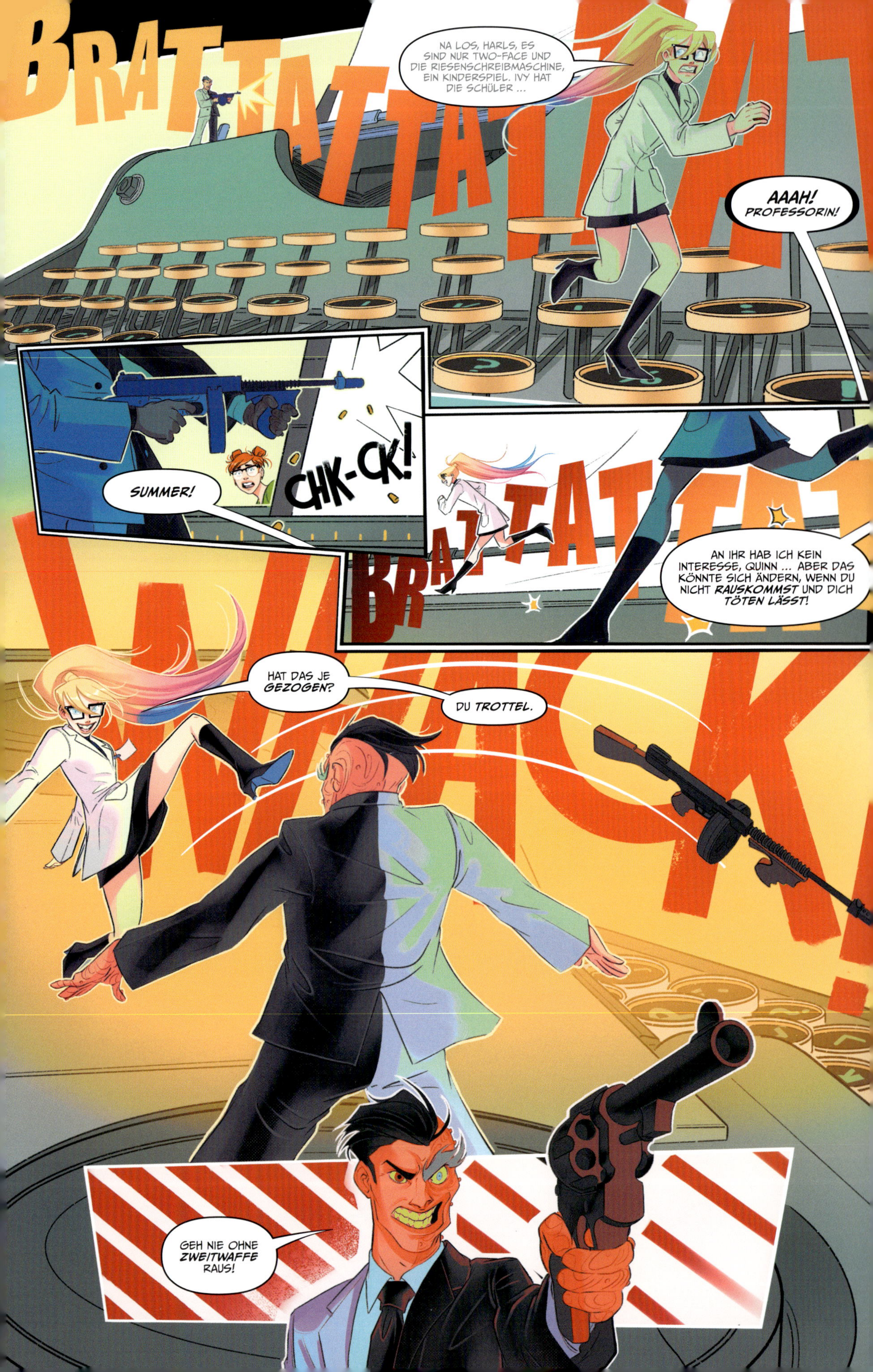
BRATTATTATTAT
NA LOS, HARLS, ES SIND NUR TWO-FACE UND DIE RIESENSCHREIBMASCHINE, EIN KINDERSPIEL. IVY HAT DIE SCHÜLER ...
AAAH! PROFESSORIN!
SUMMER!
CHK-CK!
BRATTAT
AN IHR HAB ICH KEIN INTERESSE, QUINN ... ABER DAS KÖNNTE SICH ÄNDERN, WENN DU NICHT RAUSKOMMST UND DICH TÖTEN LÄSST!
WHACK!
HAT DAS JE GEZOGEN?
DU TROTTEL.
GEH NIE OHNE ZWEITWAFFE RAUS!

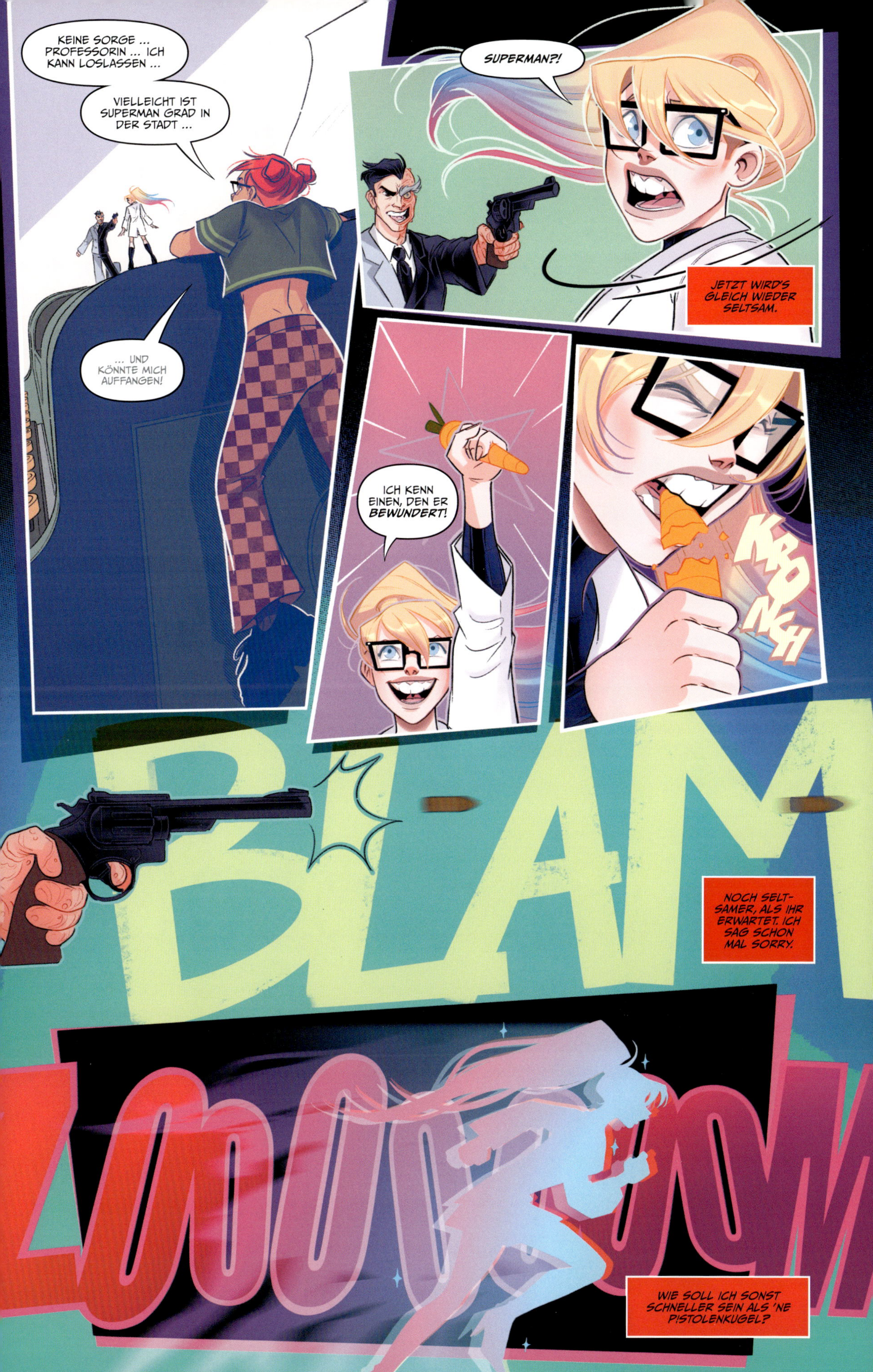
KEINE SORGE ... PROFESSORIN ... ICH KANN LOSLASSEN ...
VIELLEICHT IST SUPERMAN GRAD IN DER STADT ...
... UND KÖNNTE MICH AUFFANGEN!
SUPERMAN?!
JETZT WIRD'S GLEICH WIEDER SELTSAM.
ICH KENN EINEN, DEN ER BEWUNDERT!
KRONCH
BLAM
NOCH SELT-SAMER, ALS IHR ERWARTET. ICH SAG SCHON MAL SORRY.
WIE SOLL ICH SONST SCHNELLER SEIN ALS 'NE PISTOLENKUGEL?

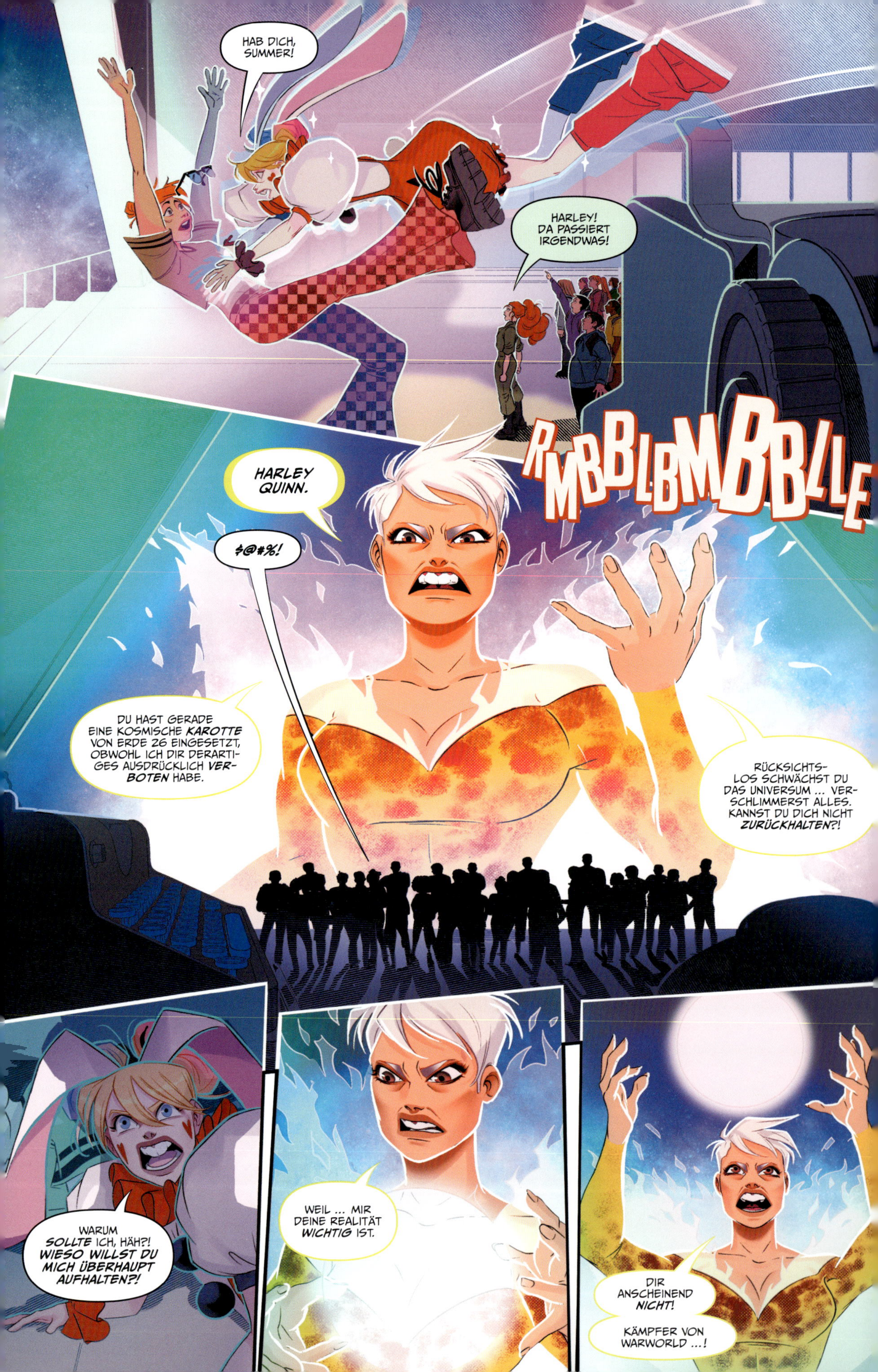
HAB DICH, SUMMER!
HARLEY! DA PASSIERT IRGENDWAS!
RMBBLBMBBLLE
HARLEY QUINN.
$@#%!
DU HAST GERADE EINE KOSMISCHE KAROTTE VON ERDE 26 EINGESETZT, OBWOHL ICH DIR DERARTIGES AUSDRÜCKLICH VERBOTEN HABE.
RÜCKSICHTSLOS SCHWÄCHST DU DAS UNIVERSUM ... VERSCHLIMMERST ALLES. KANNST DU DICH NICHT ZURÜCKHALTEN?!
WARUM SOLLTE ICH, HÄH?! WIESO WILLST DU MICH ÜBERHAUPT AUFHALTEN?!
WEIL ... MIR DEINE REALITÄT WICHTIG IST.
DIR ANSCHEINEND NICHT!
KÄMPFER VON WARWORLD ...!

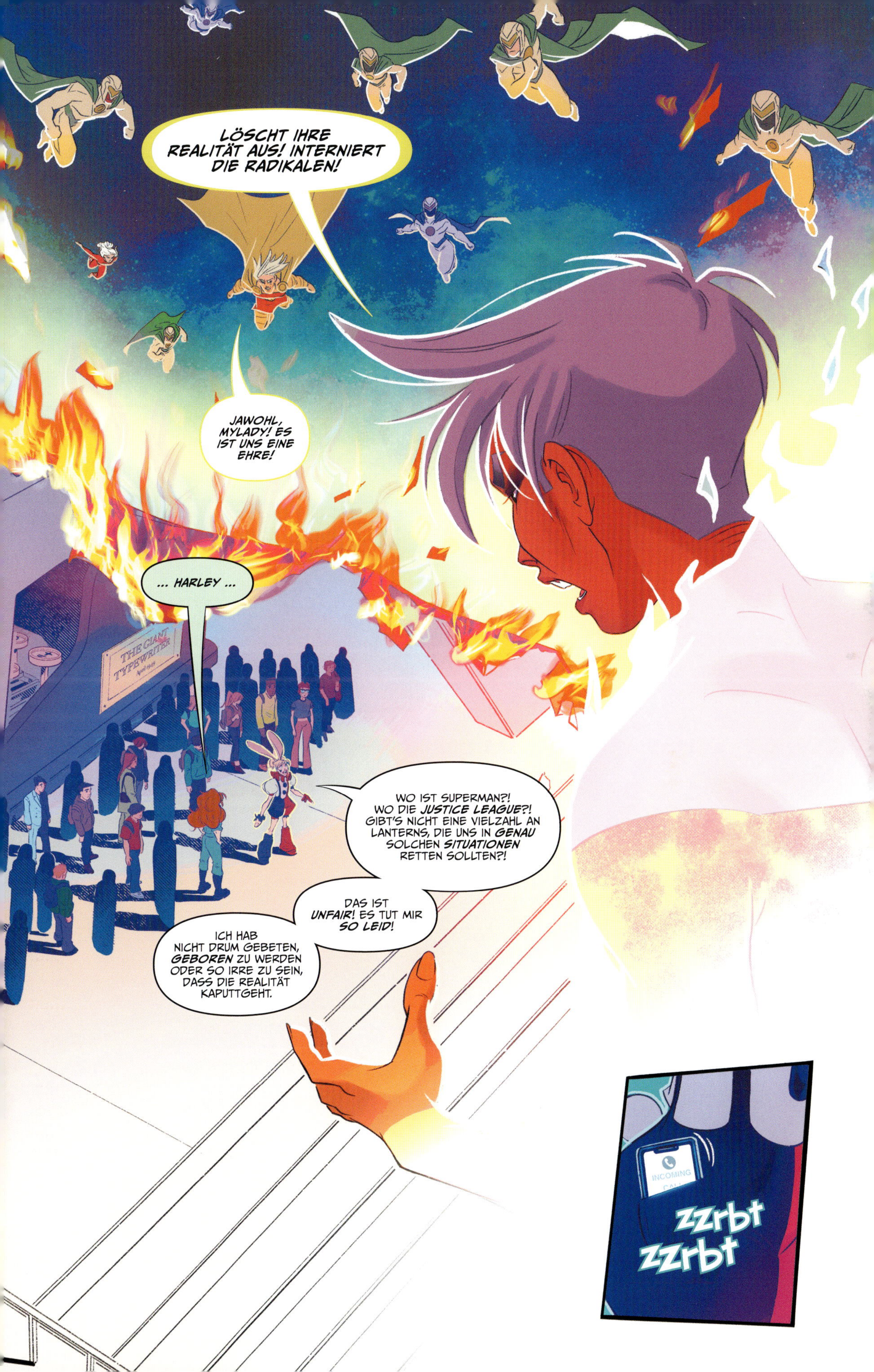
LÖSCHT IHRE REALITÄT AUS! INTERNIERT DIE RADIKALEN!
JAWOHL, MYLADY! ES IST UNS EINE EHRE!
... HARLEY ...
THE GIANT TYPEWRITER
WO IST SUPERMAN?! WO DIE *JUSTICE LEAGUE*?! GIBT'S NICHT EINE VIELZAHL AN LANTERNS, DIE UNS IN *GENAU* SOLCHEN *SITUATIONEN* RETTEN SOLLTEN?!
DAS IST *UNFAIR!* ES TUT MIR *SO LEID!*
ICH HAB NICHT DRUM GEBETEN, *GEBOREN* ZU WERDEN ODER SO IRRE ZU SEIN, DASS DIE REALITÄT KAPUTTGEHT.
INCOMING
ZZRBT ZZRBT

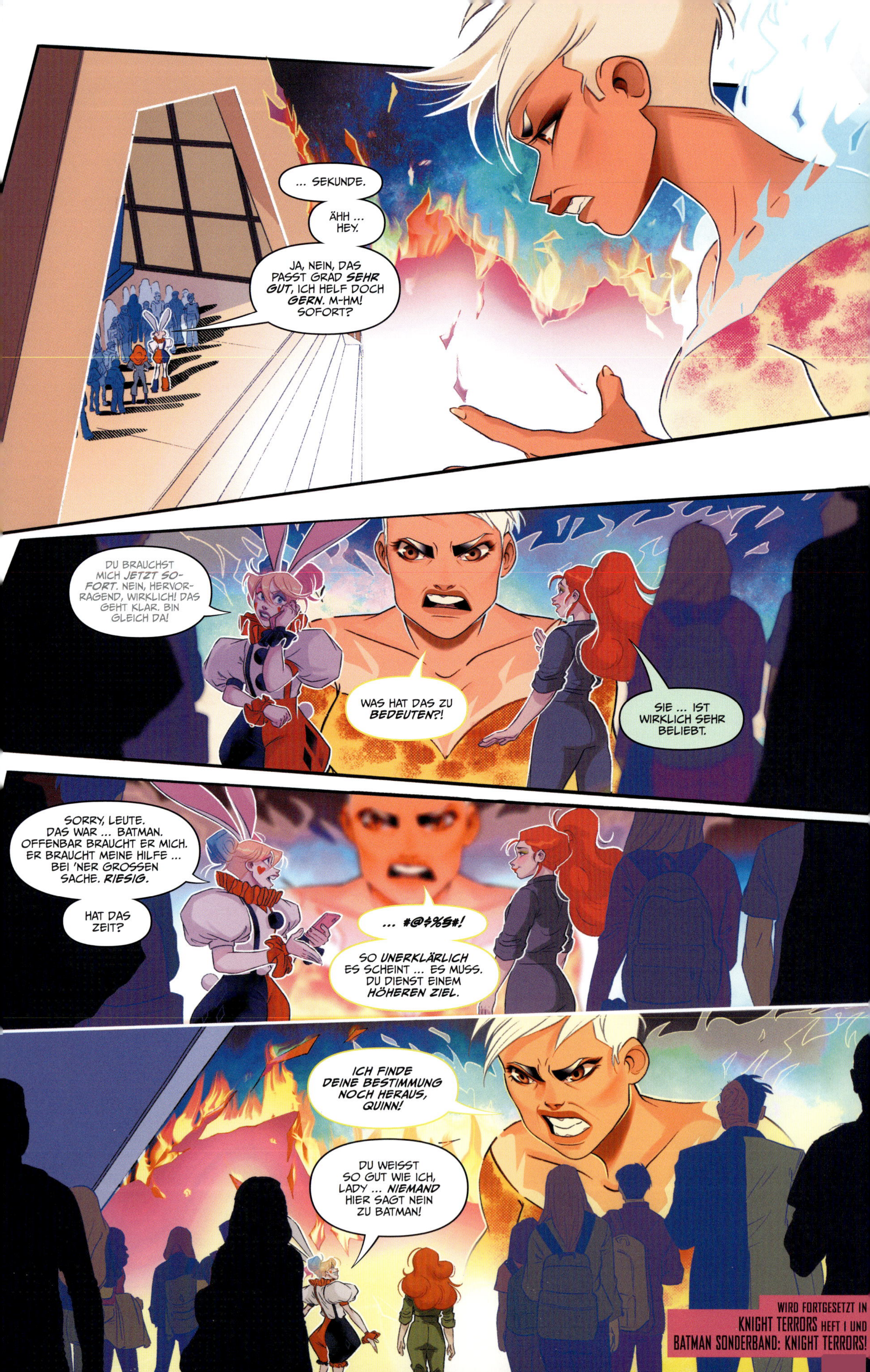
... SEKUNDE.
ÄHH ... HEY.
JA, NEIN, DAS PASST GRAD SEHR GUT, ICH HELF DOCH GERN. M-HM! SOFORT?
DU BRAUCHST MICH JETZT SOFORT. NEIN, HERVORRAGEND, WIRKLICH! DAS GEHT KLAR. BIN GLEICH DA!
WAS HAT DAS ZU BEDEUTEN?!
SIE ... IST WIRKLICH SEHR BELIEBT.
SORRY, LEUTE. DAS WAR ... BATMAN. OFFENBAR BRAUCHT ER MICH. ER BRAUCHT MEINE HILFE ... BEI 'NER GROSSEN SACHE. RIESIG.
HAT DAS ZEIT?
... #@$%$#!
SO UNERKLÄRLICH ES SCHEINT ... ES MUSS. DU DIENST EINEM HÖHEREN ZIEL.
ICH FINDE DEINE BESTIMMUNG NOCH HERAUS, QUINN!
DU WEISST SO GUT WIE ICH, LADY ... NIEMAND HIER SAGT NEIN ZU BATMAN!
WIRD FORTGESETZT IN KNIGHT TERRORS HEFT 1 UND BATMAN SONDERBAND: KNIGHT TERRORS!

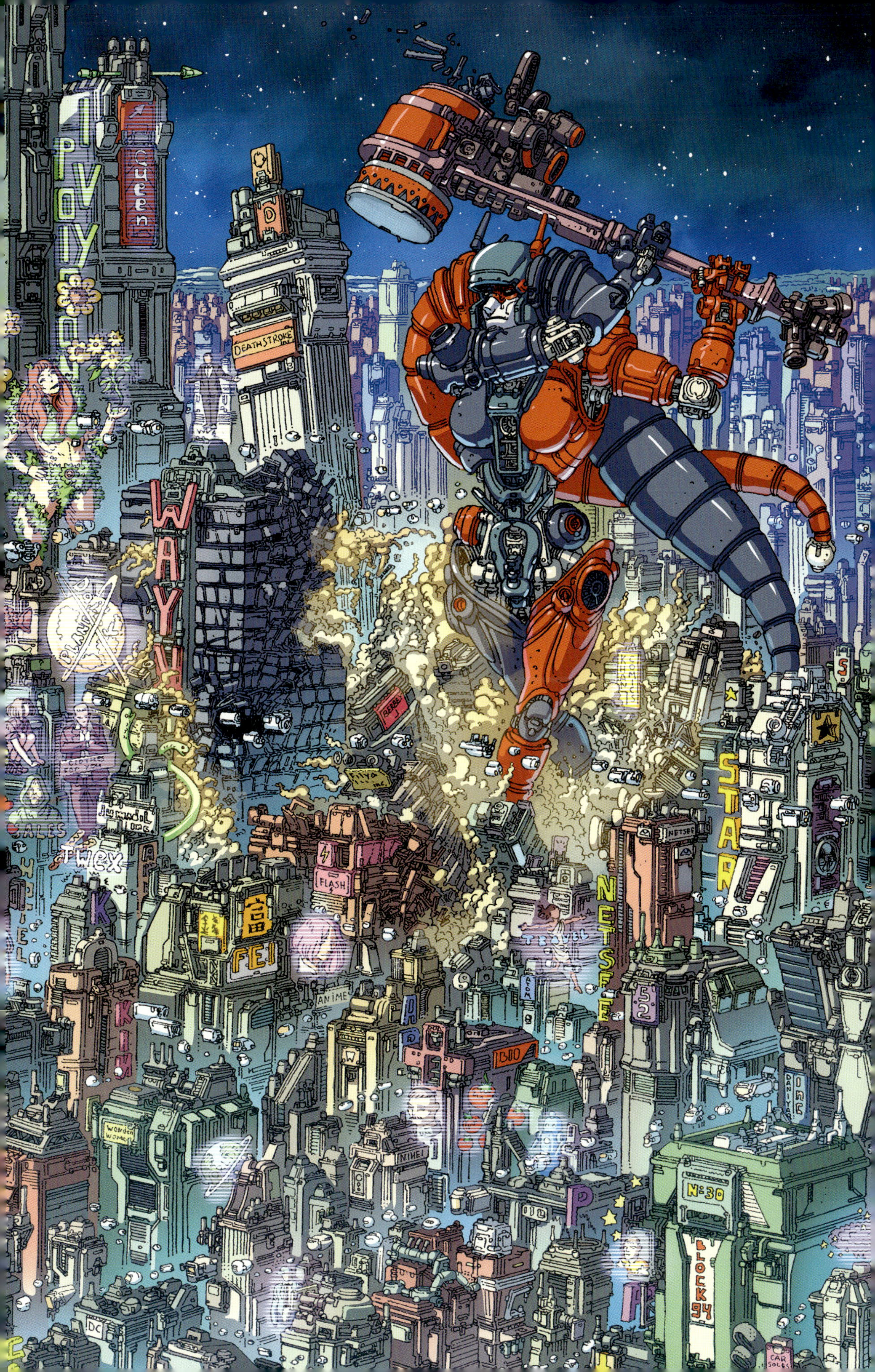

queen
DEATHSTROKE
STAR
FLASH
FEI
ANIME
BIO
52
N:30
BLOCK 94

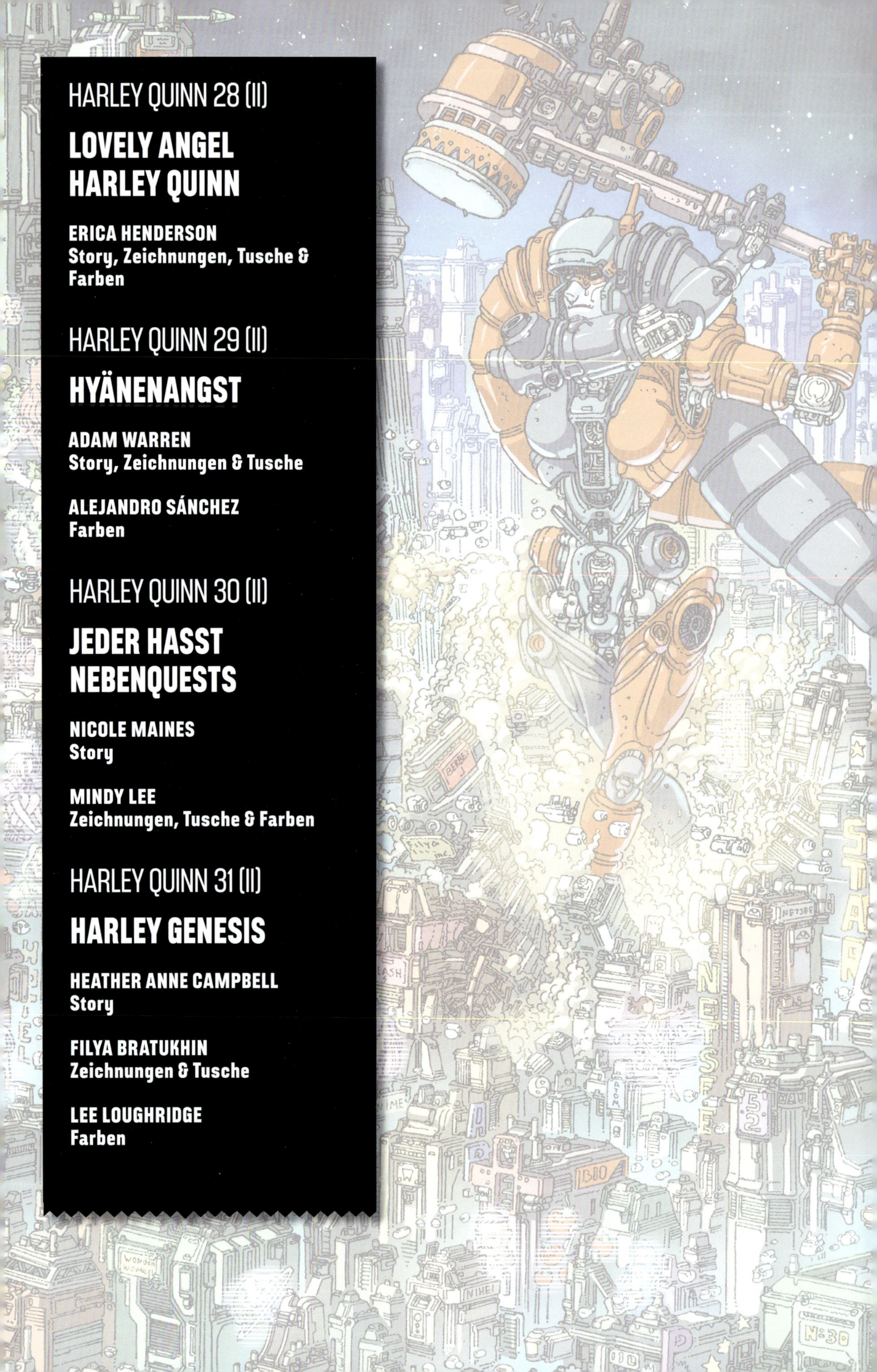

HARLEY QUINN 28 (II)

LOVELY ANGEL HARLEY QUINN

ERICA HENDERSON
Story, Zeichnungen, Tusche & Farben

HARLEY QUINN 29 (II)

HYÄNENANGST

ADAM WARREN
Story, Zeichnungen & Tusche

ALEJANDRO SÁNCHEZ
Farben

HARLEY QUINN 30 (II)

JEDER HASST NEBENQUESTS

NICOLE MAINES
Story

MINDY LEE
Zeichnungen, Tusche & Farben

HARLEY QUINN 31 (II)

HARLEY GENESIS

HEATHER ANNE CAMPBELL
Story

FILYA BRATUKHIN
Zeichnungen & Tusche

LEE LOUGHRIDGE
Farben

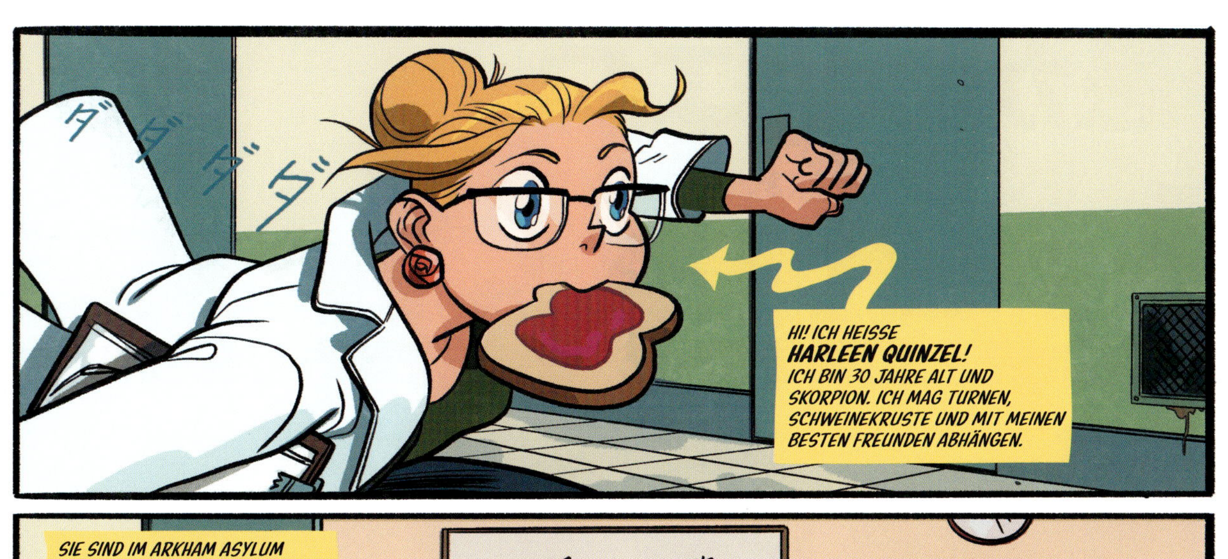
HI! ICH HEISSE
HARLEEN QUINZEL!
ICH BIN 30 JAHRE ALT UND SKORPION. ICH MAG TURNEN, SCHWEINEKRUSTE UND MIT MEINEN BESTEN FREUNDEN ABHÄNGEN.

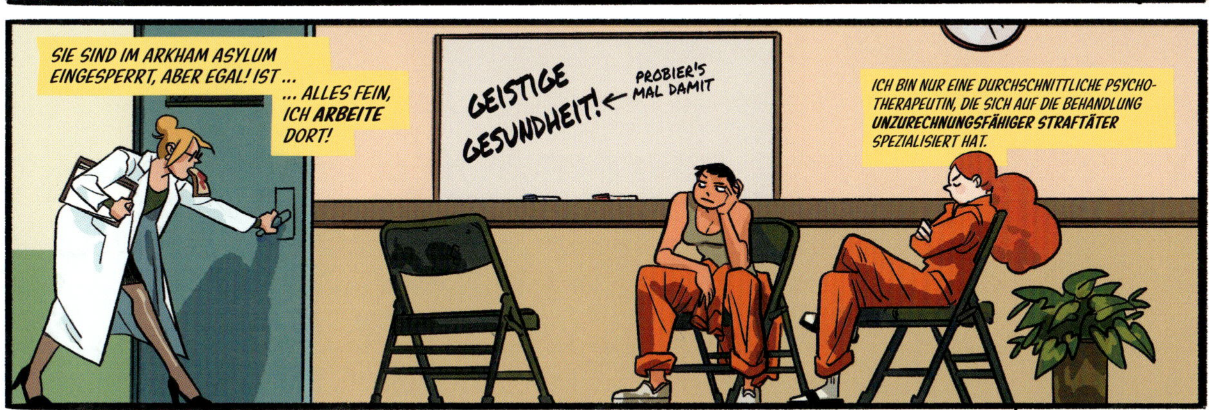
SIE SIND IM ARKHAM ASYLUM EINGESPERRT, ABER EGAL! IST ...
... ALLES FEIN, ICH ARBEITE DORT!
GEISTIGE GESUNDHEIT!
PROBIER'S MAL DAMIT
ICH BIN NUR EINE DURCHSCHNITTLICHE PSYCHOTHERAPEUTIN, DIE SICH AUF DIE BEHANDLUNG UNZURECHNUNGSFÄHIGER STRAFTÄTER SPEZIALISIERT HAT.

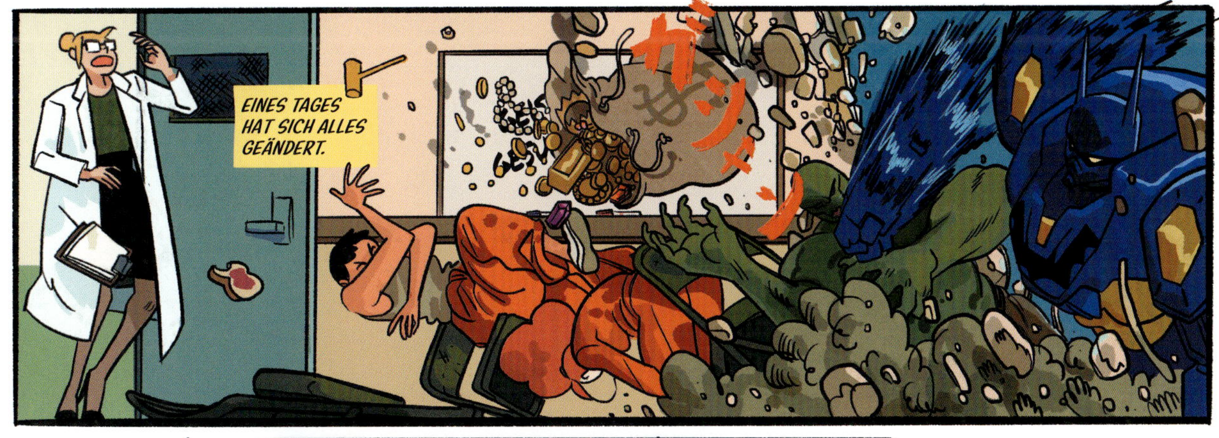
EINES TAGES HAT SICH ALLES GEÄNDERT.

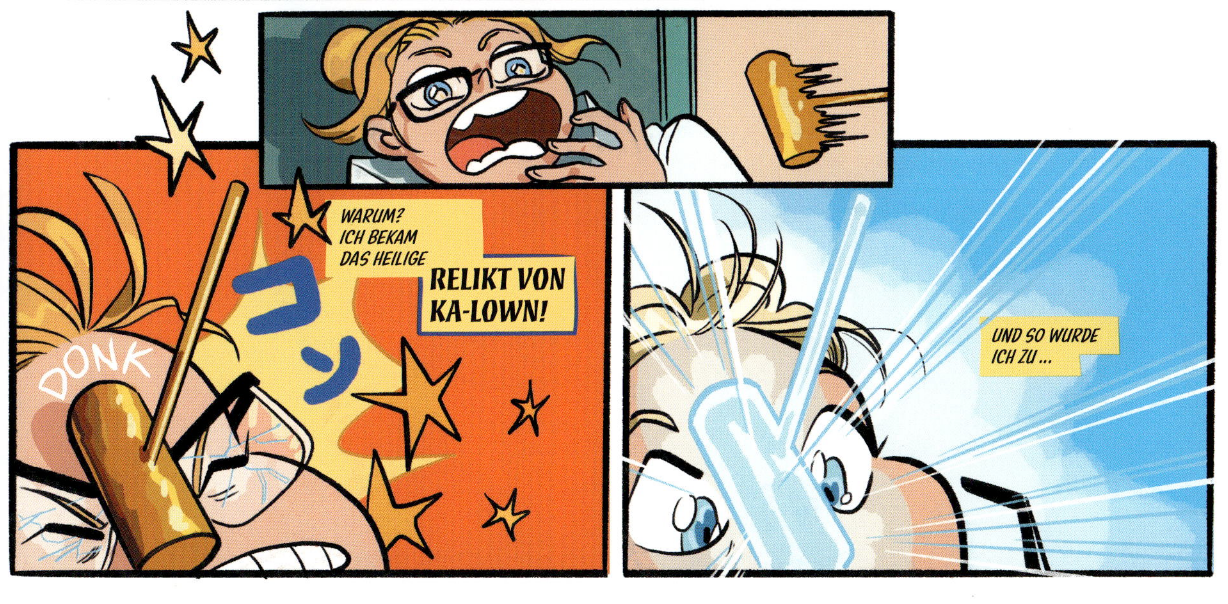
DONK
WARUM? ICH BEKAM DAS HEILIGE
RELIKT VON KA-LOWN!
UND SO WURDE ICH ZU ...

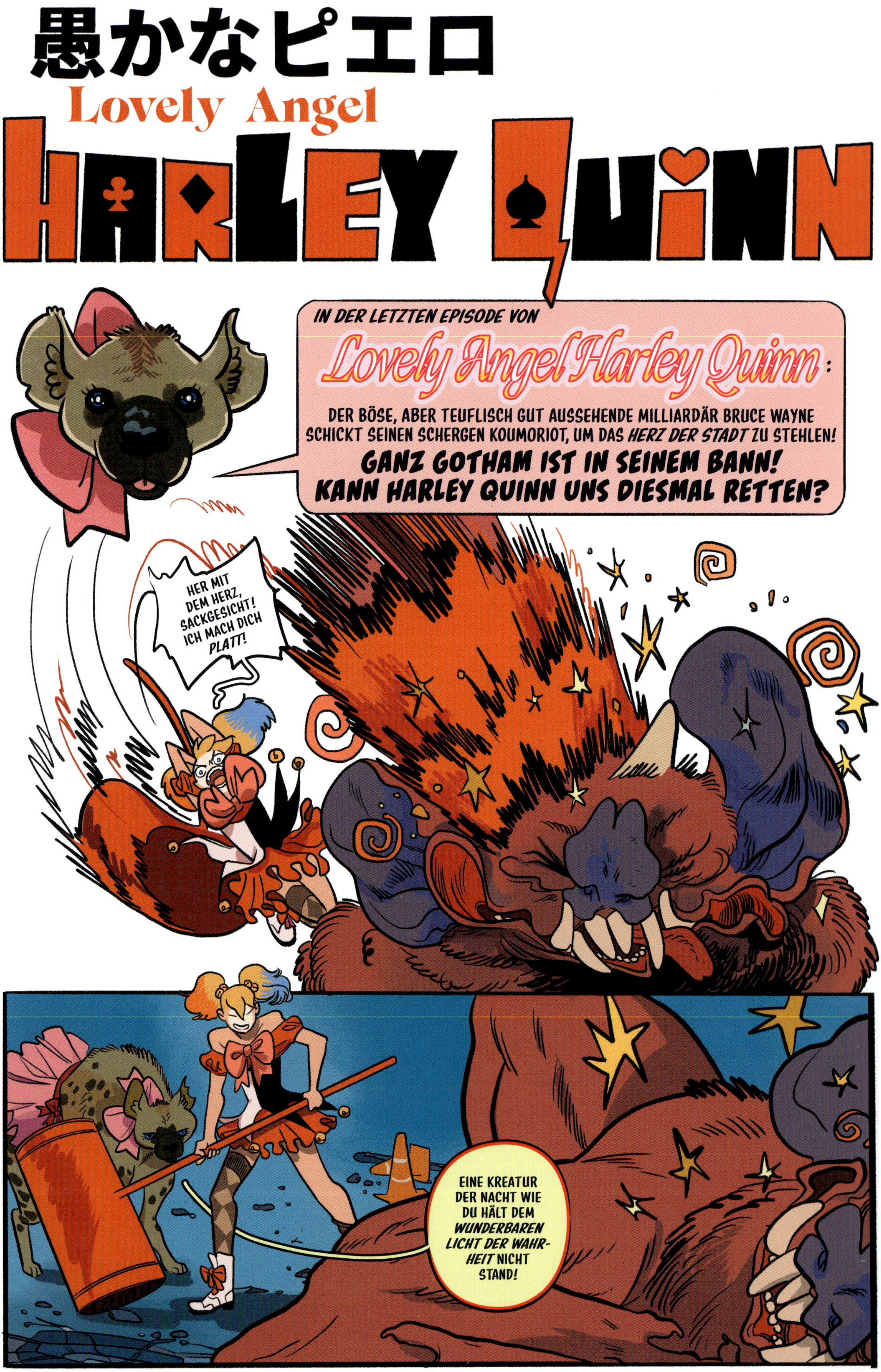

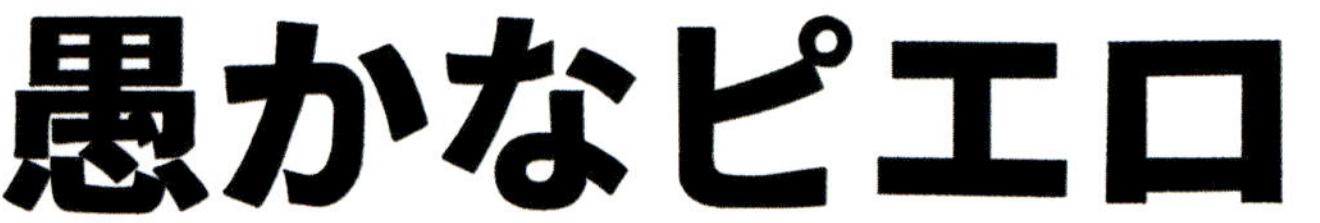

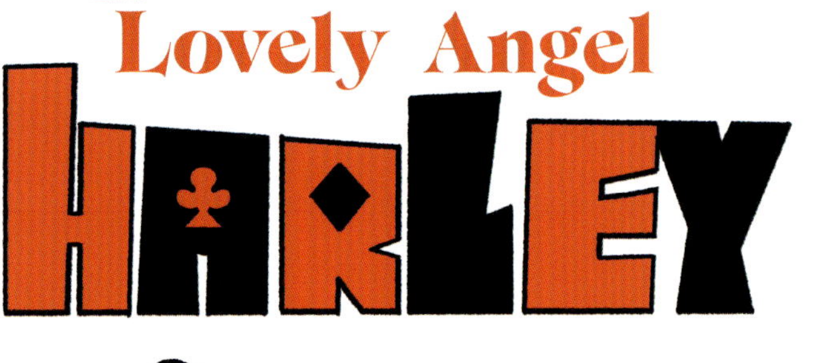

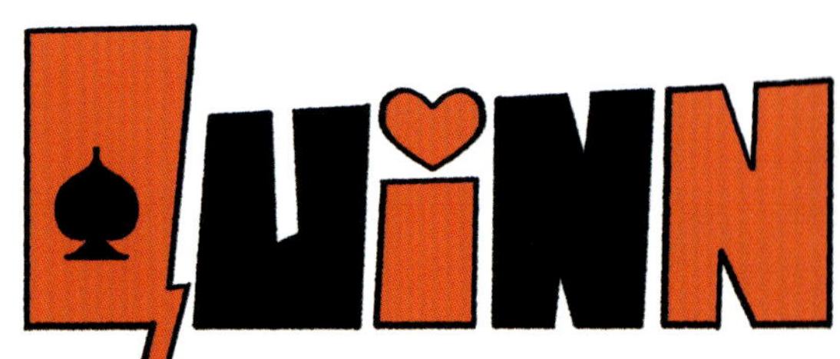

IN DER LETZTEN EPISODE VON

Lovely Angel Harley Quinn:

DER BÖSE, ABER TEUFLISCH GUT AUSSEHENDE MILLIARDÄR BRUCE WAYNE SCHICKT SEINEN SCHERGEN KOUMORIOT, UM DAS *HERZ DER STADT* ZU STEHLEN!

GANZ GOTHAM IST IN SEINEM BANN! KANN HARLEY QUINN UNS DIESMAL RETTEN?

HER MIT DEM HERZ, SACKGESICHT! ICH MACH DICH *PLATT!*

EINE KREATUR DER NACHT WIE DU HÄLT DEM *WUNDERBAREN LICHT DER WAHRHEIT* NICHT STAND!

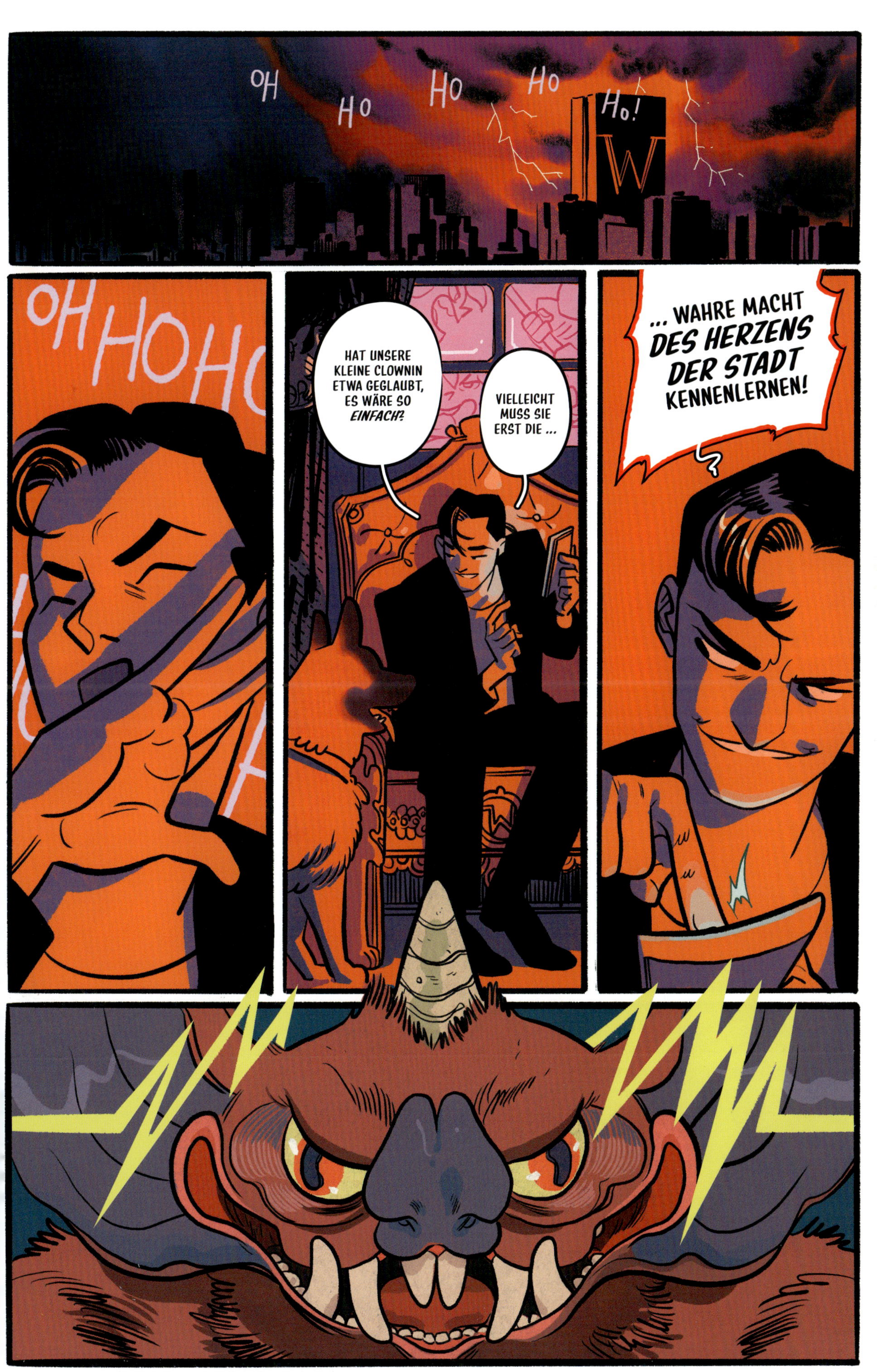
OH
HO
HO
HO
HO!
W
OHHOHO
HAT UNSERE KLEINE CLOWNIN ETWA GEGLAUBT, ES WÄRE SO *EINFACH*?
VIELLEICHT MUSS SIE ERST DIE ...
... WAHRE MACHT DES HERZENS DER STADT KENNENLERNEN!

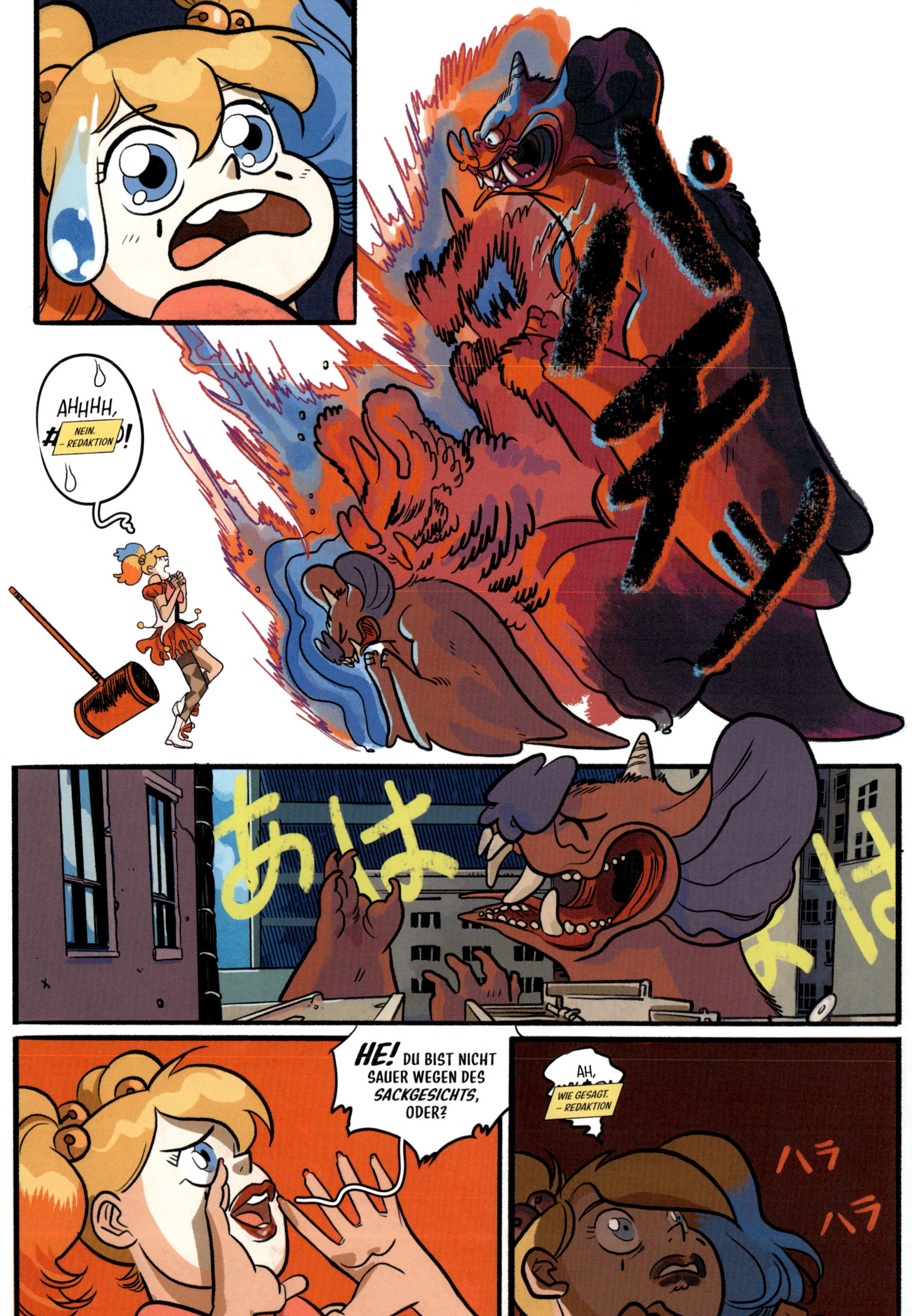
AHHHH,
NEIN.
– REDAKTION
あは
HE! DU BIST NICHT SAUER WEGEN DES SACKGESICHTS, ODER?
AH,
WIE GESAGT.
– REDAKTION
ハラ
ハラ

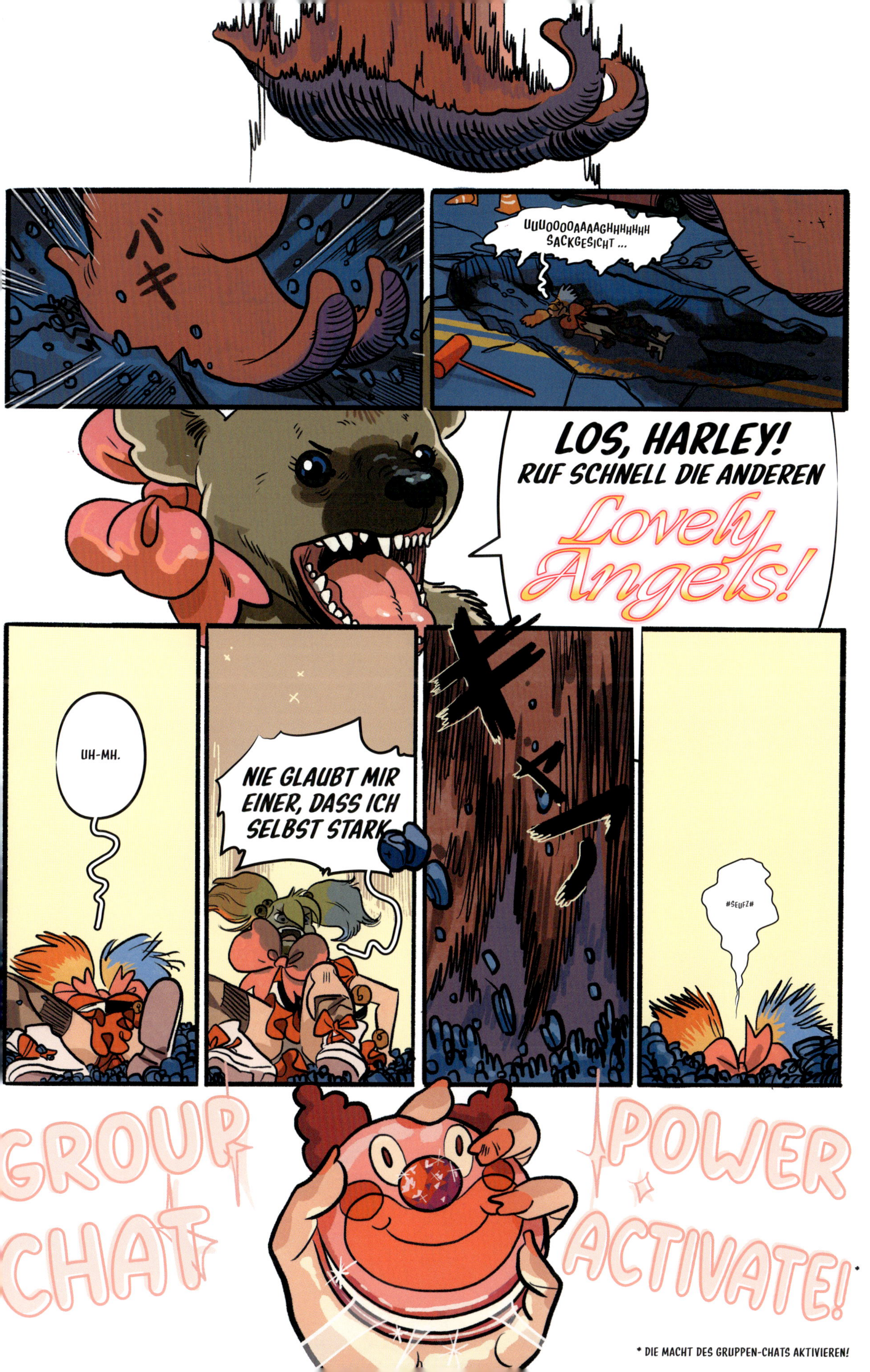
バキ
UUUOOOOAAAAGHHHHHHH SACKGESICHT ...
LOS, HARLEY! RUF SCHNELL DIE ANDEREN Lovely Angels!
UH-MH.
NIE GLAUBT MIR EINER, DASS ICH SELBST STARK
#SEUFZ#
GROUP CHAT POWER ACTIVATE!*
* DIE MACHT DES GRUPPEN-CHATS AKTIVIEREN!

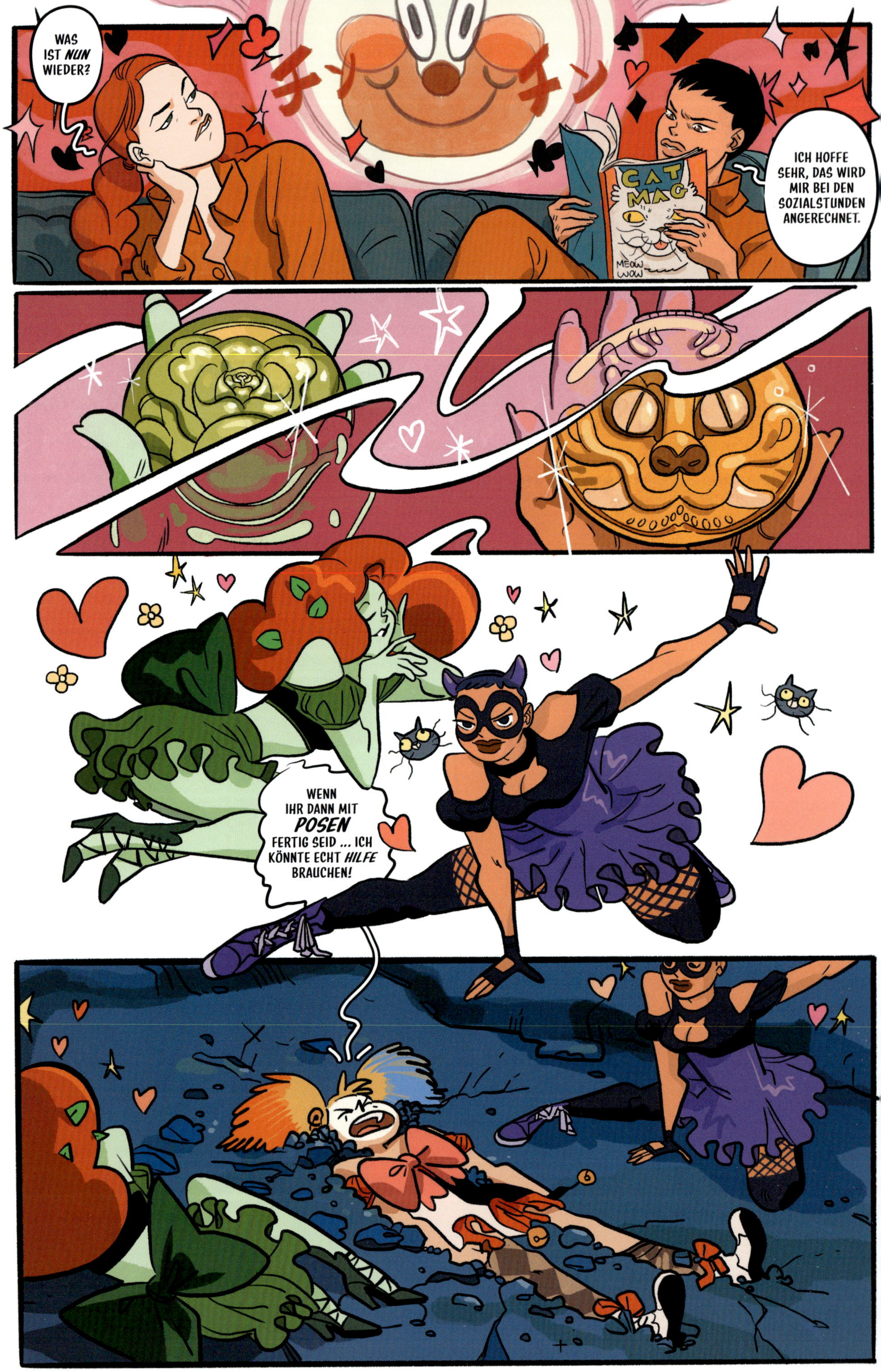
WAS IST *NUN* WIEDER?
チン チン
CAT MAG
MEOW WOW
ICH HOFFE SEHR, DAS WIRD MIR BEI DEN SOZIALSTUNDEN ANGERECHNET.
WENN IHR DANN MIT *POSEN* FERTIG SEID ... ICH KÖNNTE ECHT *HILFE* BRAUCHEN!

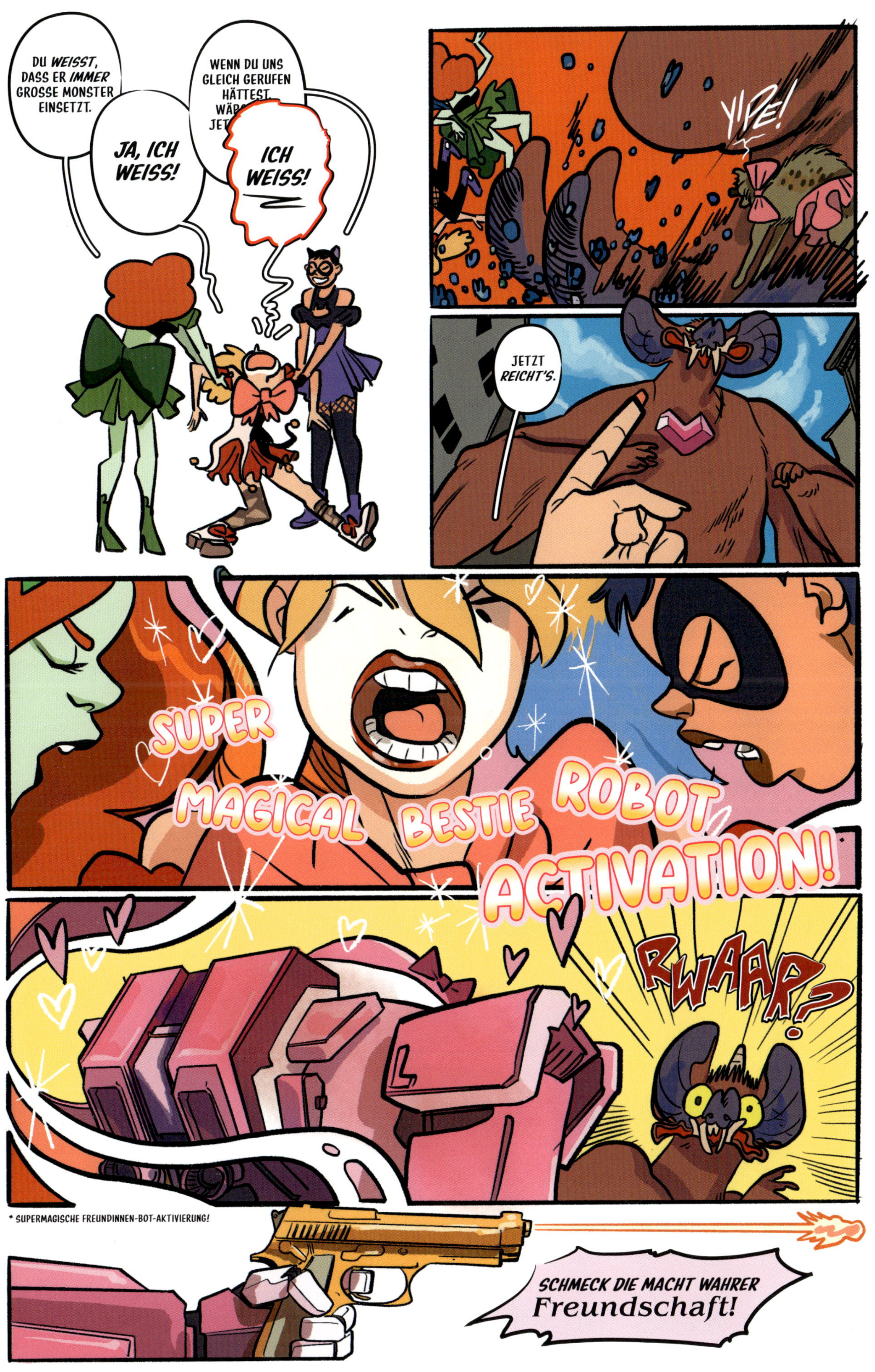
DU *WEISST*, DASS ER *IMMER* GROSSE MONSTER EINSETZT.
JA, ICH WEISS!
WENN DU UNS GLEICH GERUFEN HÄTTEST,
ICH WEISS!
YIPE!
JETZT *REICHT'S*.
SUPER MAGICAL BESTIE ROBOT ACTIVATION!
RWAAR?
* SUPERMAGISCHE FREUNDINNEN-BOT-AKTIVIERUNG!
SCHMECK DIE MACHT WAHRER Freundschaft!

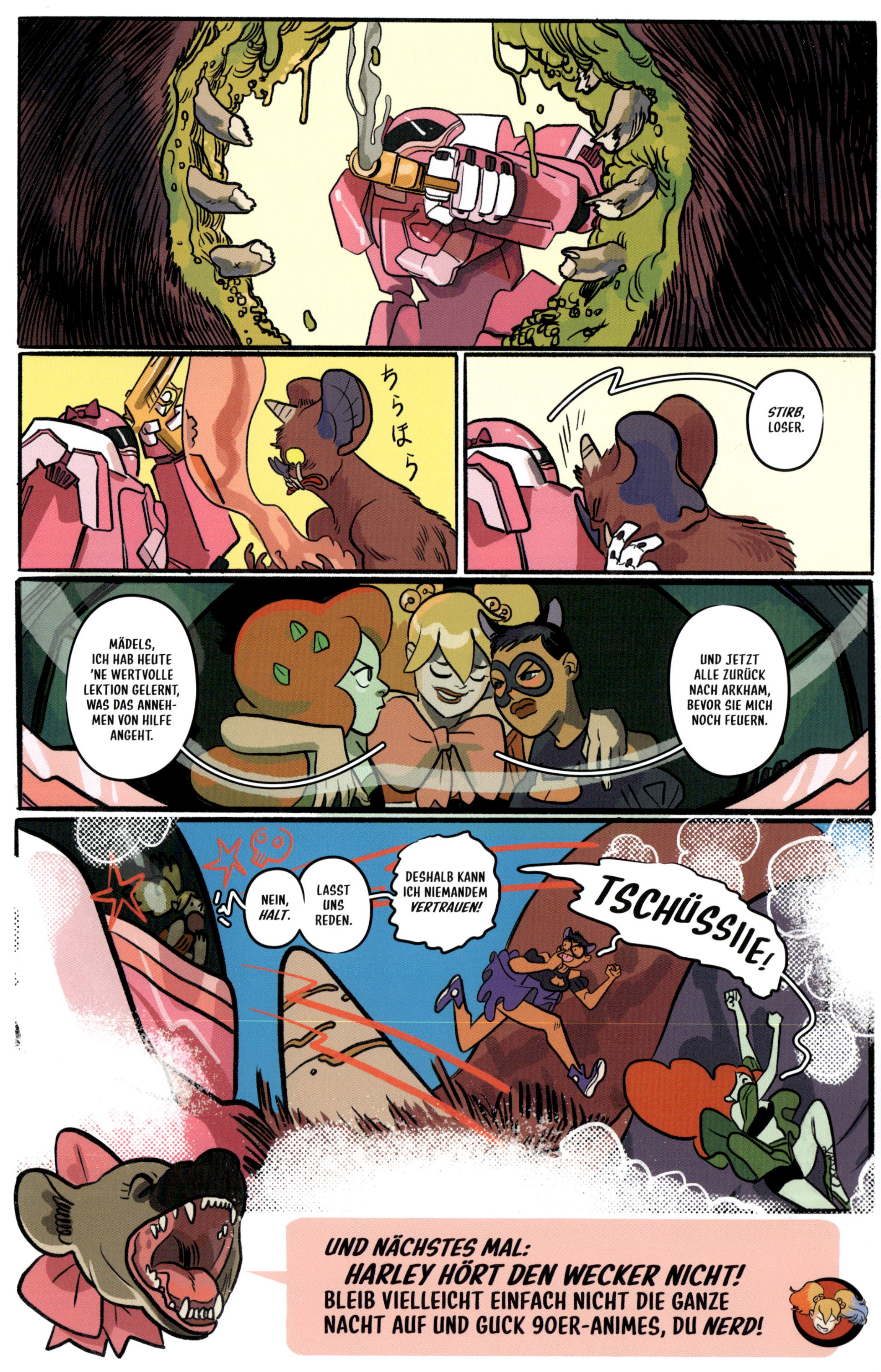
ちらほら
STIRB, LOSER.
MÄDELS, ICH HAB HEUTE 'NE WERTVOLLE LEKTION GELERNT, WAS DAS ANNEHMEN VON HILFE ANGEHT.
UND JETZT ALLE ZURÜCK NACH ARKHAM, BEVOR SIE MICH NOCH FEUERN.
NEIN, HALT.
LASST UNS REDEN.
DESHALB KANN ICH NIEMANDEM VERTRAUEN!
TSCHÜSSIIE!
UND NÄCHSTES MAL:
HARLEY HÖRT DEN WECKER NICHT!
BLEIB VIELLEICHT EINFACH NICHT DIE GANZE NACHT AUF UND GUCK 90ER-ANIMES, DU NERD!

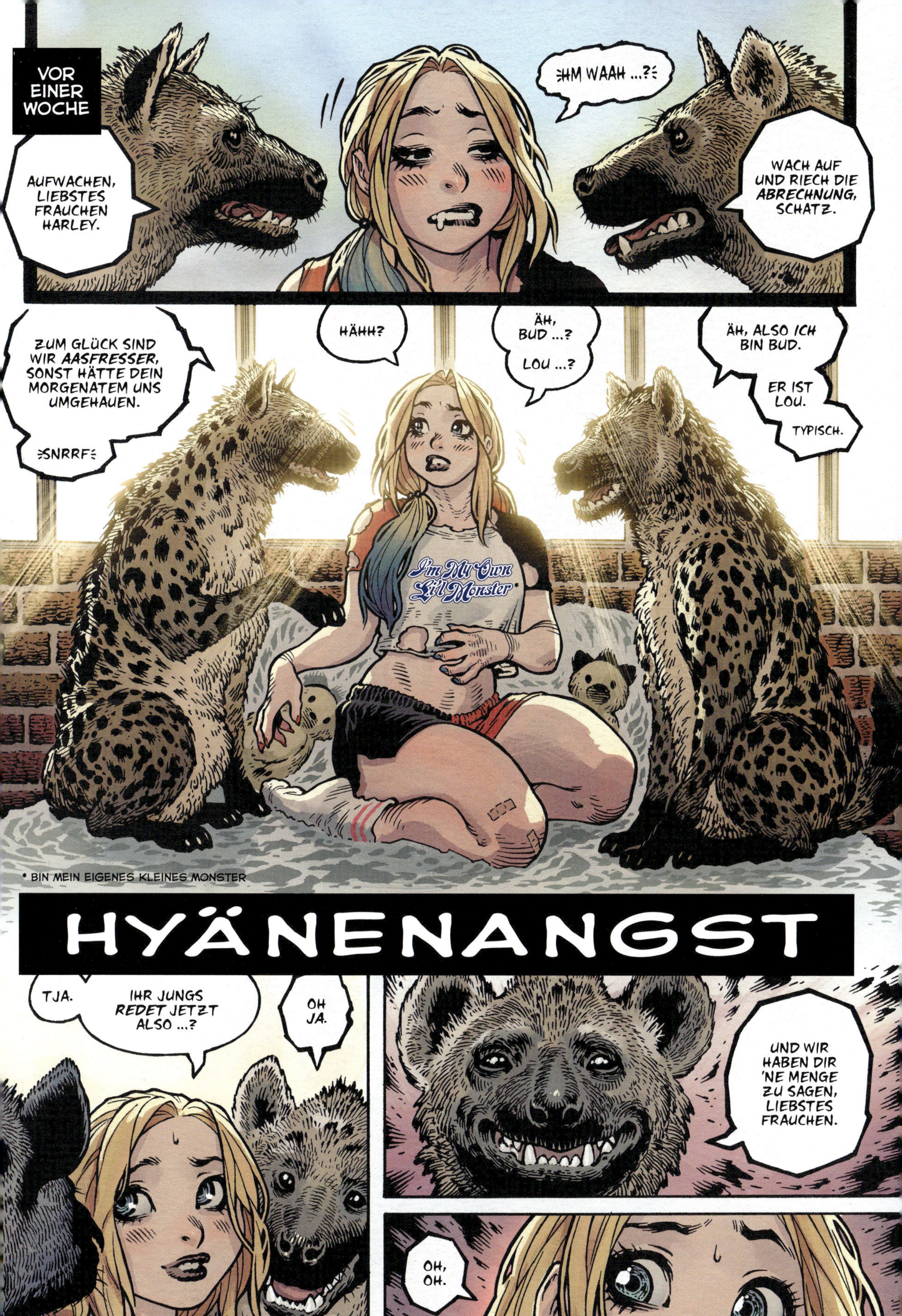
VOR EINER WOCHE
AUFWACHEN, LIEBSTES FRAUCHEN HARLEY.
HM WAAH ...?
WACH AUF UND RIECH DIE ABRECHNUNG, SCHATZ.
ZUM GLÜCK SIND WIR AASFRESSER, SONST HÄTTE DEIN MORGENATEM UNS UMGEHAUEN.
SNRRF
HÄHH?
ÄH, BUD ...?
LOU ...?
ÄH, ALSO ICH BIN BUD.
ER IST LOU.
TYPISCH.
I'm My Own Lil Monster*
* BIN MEIN EIGENES KLEINES MONSTER
HYÄNENANGST
TJA.
IHR JUNGS REDET JETZT ALSO ...?
OH JA.
UND WIR HABEN DIR 'NE MENGE ZU SAGEN, LIEBSTES FRAUCHEN.
OH, OH.

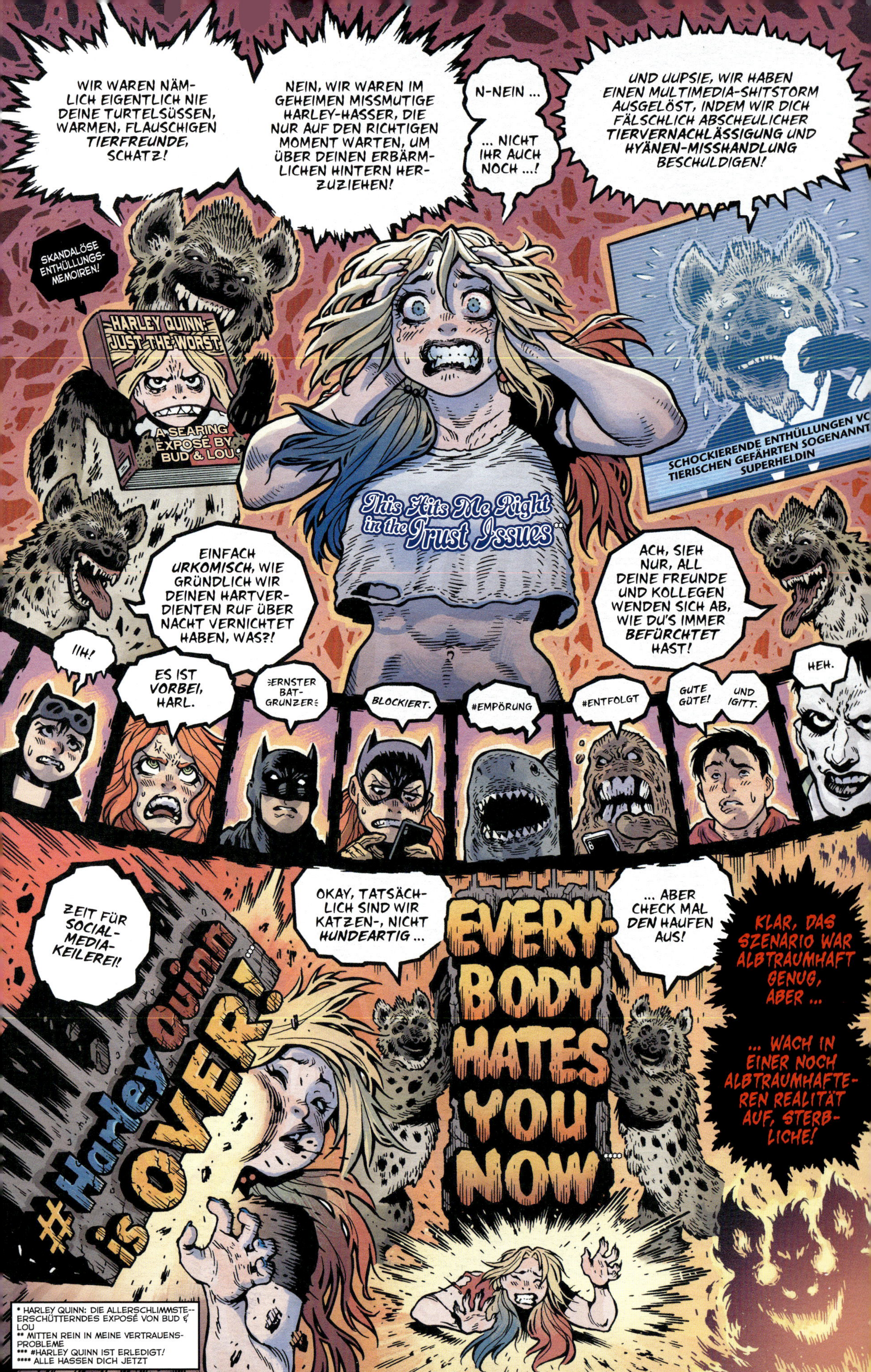

* HARLEY QUINN: DIE ALLERSCHLIMMSTE--ERSCHÜTTERNDES EXPOSÉ VON BUD & LOU
** MITTEN REIN IN MEINE VERTRAUENSPROBLEME
*** #HARLEY QUINN IST ERLEDIGT!
**** ALLE HASSEN DICH JETZT

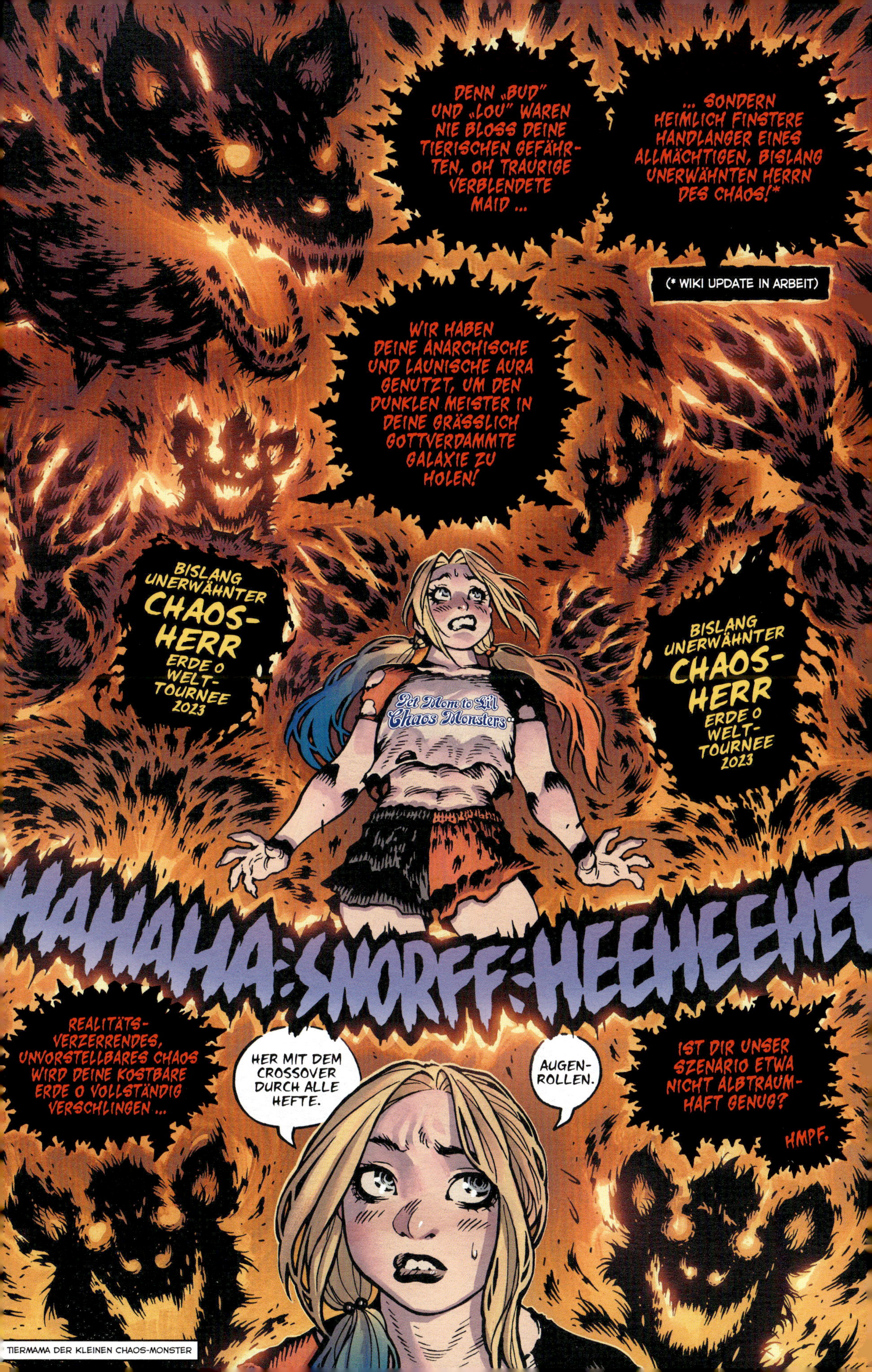
DENN „BUD" UND „LOU" WAREN NIE BLOSS DEINE TIERISCHEN GEFÄHRTEN, OH TRAURIGE VERBLENDETE MAID ...
... SONDERN HEIMLICH FINSTERE HANDLANGER EINES ALLMÄCHTIGEN, BISLANG UNERWÄHNTEN HERRN DES CHAOS!*
(* WIKI UPDATE IN ARBEIT)
WIR HABEN DEINE ANARCHISCHE UND LAUNISCHE AURA GENUTZT, UM DEN DUNKLEN MEISTER IN DEINE GRÄSSLICH GOTTVERDAMMTE GALAXIE ZU HOLEN!
BISLANG UNERWÄHNTER CHAOS-HERR ERDE O WELT-TOURNEE 2023
Pet Mom to Lil' Chaos Monsters
BISLANG UNERWÄHNTER CHAOS-HERR ERDE O WELT-TOURNEE 2023
HAHAHA SNORFF HEEHEEHE
REALITÄTS-VERZERRENDES, UNVORSTELLBARES CHAOS WIRD DEINE KOSTBARE ERDE O VOLLSTÄNDIG VERSCHLINGEN ...
HER MIT DEM CROSSOVER DURCH ALLE HEFTE.
AUGEN-ROLLEN.
IST DIR UNSER SZENARIO ETWA NICHT ALBTRAUM-HAFT GENUG?
HMPF.
TIERMAMA DER KLEINEN CHAOS-MONSTER

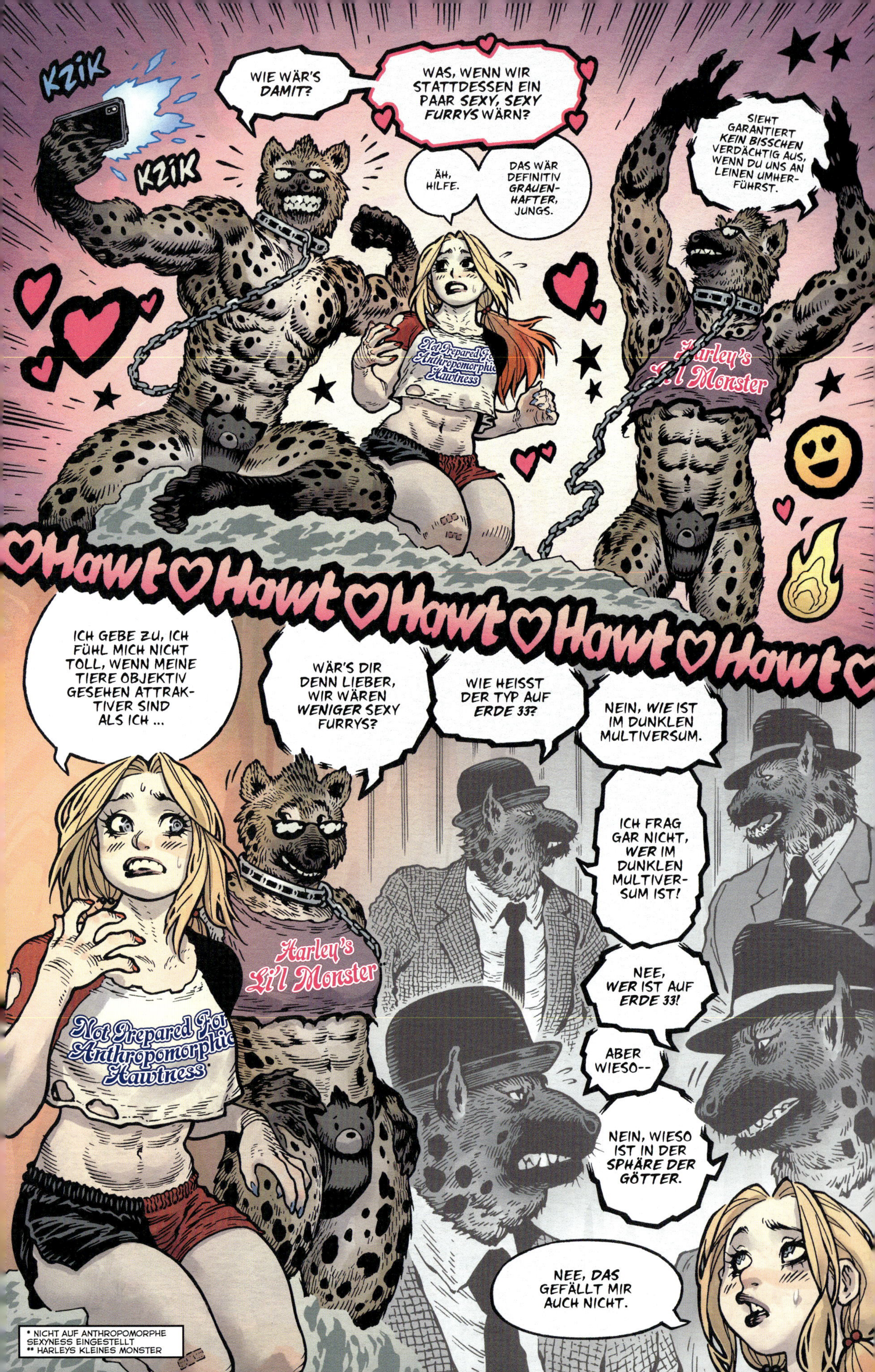
KZIK
KZIK
WIE WÄR'S DAMIT?
WAS, WENN WIR STATTDESSEN EIN PAAR SEXY, SEXY FURRYS WÄRN?
ÄH, HILFE.
DAS WÄR DEFINITIV GRAUENHAFTER, JUNGS.
SIEHT GARANTIERT KEIN BISSCHEN VERDÄCHTIG AUS, WENN DU UNS AN LEINEN UMHERFÜHRST.
Not Prepared For Anthropomorphic Hawtness
Harley's Li'l Monster
Hawt Hawt Hawt Hawt Hawt
ICH GEBE ZU, ICH FÜHL MICH NICHT TOLL, WENN MEINE TIERE OBJEKTIV GESEHEN ATTRAKTIVER SIND ALS ICH ...
WÄR'S DIR DENN LIEBER, WIR WÄREN WENIGER SEXY FURRYS?
WIE HEISST DER TYP AUF ERDE 33?
NEIN, WIE IST IM DUNKLEN MULTIVERSUM.
ICH FRAG GAR NICHT, WER IM DUNKLEN MULTIVERSUM IST!
NEE, WER IST AUF ERDE 33!
ABER WIESO--
NEIN, WIESO IST IN DER SPHÄRE DER GÖTTER.
NEE, DAS GEFÄLLT MIR AUCH NICHT.
Harley's Li'l Monster
Not Prepared For Anthropomorphic Hawtness
* NICHT AUF ANTHROPOMORPHE SEXYNESS EINGESTELLT
** HARLEYS KLEINES MONSTER

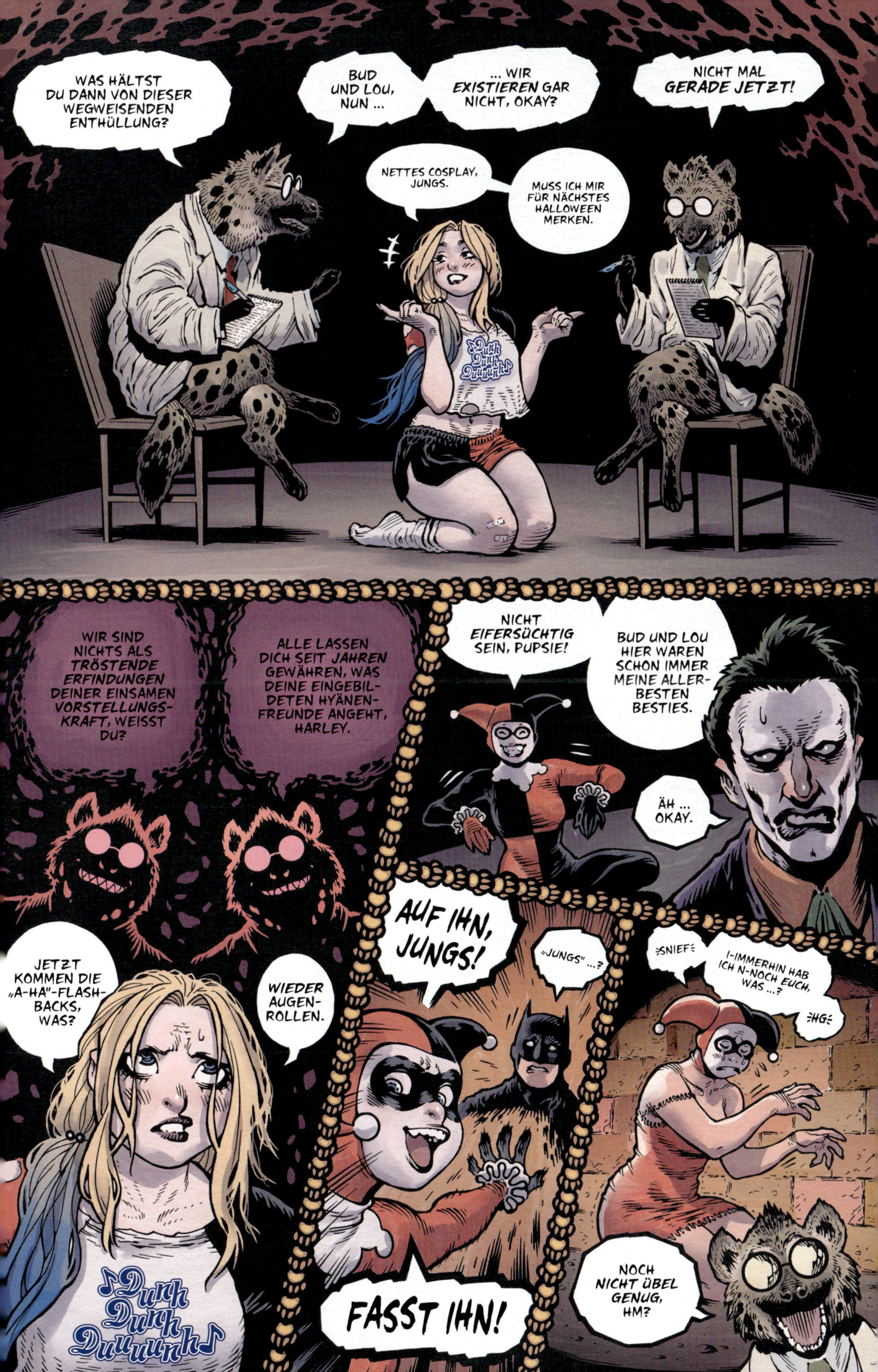
WAS HÄLTST DU DANN VON DIESER WEGWEISENDEN ENTHÜLLUNG?
BUD UND LOU, NUN ...
... WIR EXISTIEREN GAR NICHT, OKAY?
NICHT MAL GERADE JETZT!
NETTES COSPLAY, JUNGS.
MUSS ICH MIR FÜR NÄCHSTES HALLOWEEN MERKEN.
WIR SIND NICHTS ALS TRÖSTENDE ERFINDUNGEN DEINER EINSAMEN VORSTELLUNGS-KRAFT, WEISST DU?
ALLE LASSEN DICH SEIT JAHREN GEWÄHREN, WAS DEINE EINGEBIL-DETEN HYÄNEN-FREUNDE ANGEHT, HARLEY.
NICHT EIFERSÜCHTIG SEIN, PUPSIE!
BUD UND LOU HIER WAREN SCHON IMMER MEINE ALLER-BESTEN BESTIES.
ÄH ... OKAY.
JETZT KOMMEN DIE „A-HA"-FLASH-BACKS, WAS?
WIEDER AUGEN-ROLLEN.
AUF IHN, JUNGS!
„JUNGS" ...?
FASST IHN!
SNIEF
I-IMMERHIN HAB ICH N-NOCH EUCH, WAS ...?
HG
NOCH NICHT ÜBEL GENUG, HM?

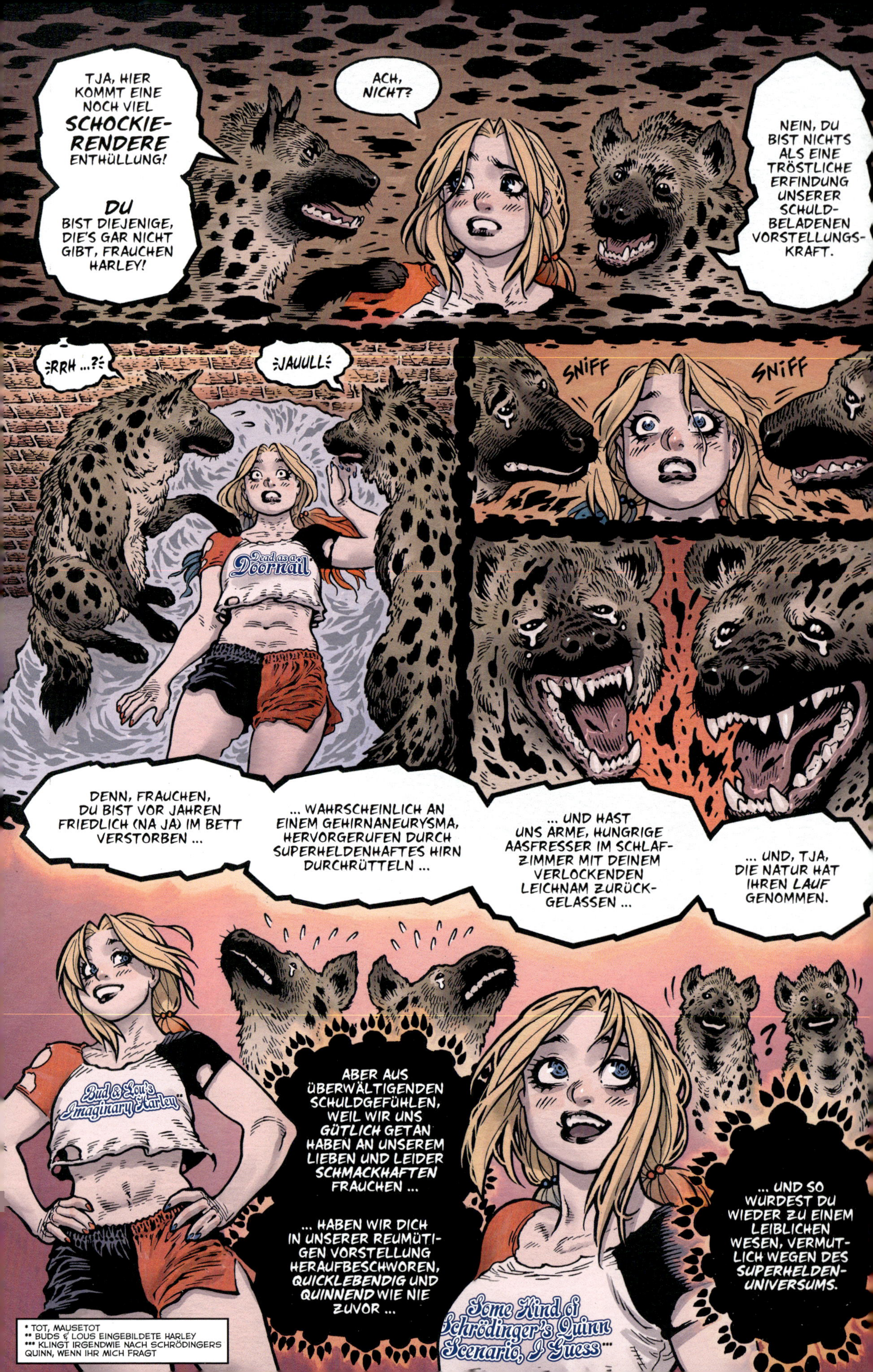

TJA, HIER KOMMT EINE NOCH VIEL SCHOCKIERENDERE ENTHÜLLUNG!
DU BIST DIEJENIGE, DIE'S GAR NICHT GIBT, FRAUCHEN HARLEY!
ACH, NICHT?
NEIN, DU BIST NICHTS ALS EINE TRÖSTLICHE ERFINDUNG UNSERER SCHULDBELADENEN VORSTELLUNGSKRAFT.
RRH ...?
JAUULL
Dead as a Doornail*
SNIFF
SNIFF
DENN, FRAUCHEN, DU BIST VOR JAHREN FRIEDLICH (NA JA) IM BETT VERSTORBEN ...
... WAHRSCHEINLICH AN EINEM GEHIRNANEURYSMA, HERVORGERUFEN DURCH SUPERHELDENHAFTES HIRN DURCHRÜTTELN ...
... UND HAST UNS ARME, HUNGRIGE AASFRESSER IM SCHLAFZIMMER MIT DEINEM VERLOCKENDEN LEICHNAM ZURÜCKGELASSEN ...
... UND, TJA, DIE NATUR HAT IHREN LAUF GENOMMEN.
Bud & Lou's Imaginary Harley**
ABER AUS ÜBERWÄLTIGENDEN SCHULDGEFÜHLEN, WEIL WIR UNS GÜTLICH GETAN HABEN AN UNSEREM LIEBEN UND LEIDER SCHMACKHAFTEN FRAUCHEN ...
... HABEN WIR DICH IN UNSERER REUMÜTIGEN VORSTELLUNG HERAUFBESCHWOREN, QUICKLEBENDIG UND QUINNEND WIE NIE ZUVOR ...
?
... UND SO WURDEST DU WIEDER ZU EINEM LEIBLICHEN WESEN, VERMUTLICH WEGEN DES SUPERHELDENUNIVERSUMS.
Some Kind of Schrödinger's Quinn Scenario, I Guess***
* TOT, MAUSETOT
** BUDS & LOUS EINGEBILDETE HARLEY
*** KLINGT IRGENDWIE NACH SCHRÖDINGERS QUINN, WENN IHR MICH FRAGT

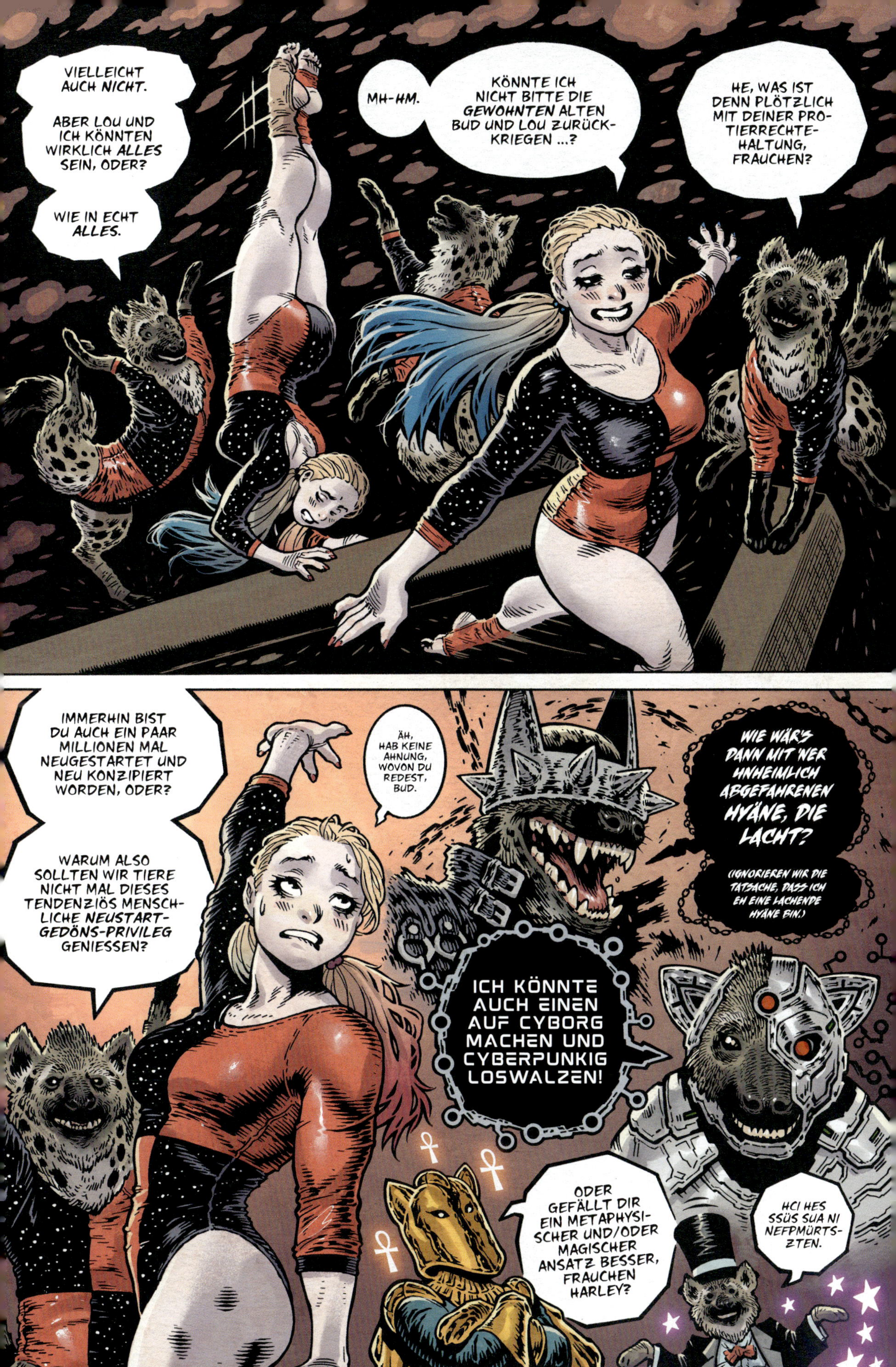
VIELLEICHT AUCH *NICHT*.
ABER LOU UND ICH KÖNNTEN WIRKLICH *ALLES* SEIN, ODER?
WIE IN ECHT *ALLES*.
MH-HM.
KÖNNTE ICH NICHT BITTE DIE *GEWOHNTEN* ALTEN BUD UND LOU ZURÜCK-KRIEGEN ...?
HE, WAS IST DENN PLÖTZLICH MIT DEINER PRO-TIERRECHTE-HALTUNG, FRAUCHEN?
IMMERHIN BIST DU AUCH EIN PAAR MILLIONEN MAL NEUGESTARTET UND NEU KONZIPIERT WORDEN, ODER?
WARUM ALSO SOLLTEN WIR TIERE NICHT MAL DIESES TENDENZIÖS MENSCH-LICHE *NEUSTART-GEDÖNS-PRIVILEG* GENIESSEN?
ÄH, HAB KEINE AHNUNG, WOVON DU REDEST, BUD.
WIE WÄR'S DANN MIT 'NER UNHEIMLICH ABGEFAHRENEN HYÄNE, DIE LACHT?
(IGNORIEREN WIR DIE TATSACHE, DASS ICH EH EINE LACHENDE HYÄNE BIN.)
ICH KÖNNTE AUCH EINEN AUF CYBORG MACHEN UND CYBERPUNKIG LOSWALZEN!
ODER GEFÄLLT DIR EIN METAPHYSI-SCHER UND/ODER MAGISCHER ANSATZ BESSER, FRAUCHEN HARLEY?
HCI HES SSÜS SUA NI NEFPMÜRTS-ZTEN.

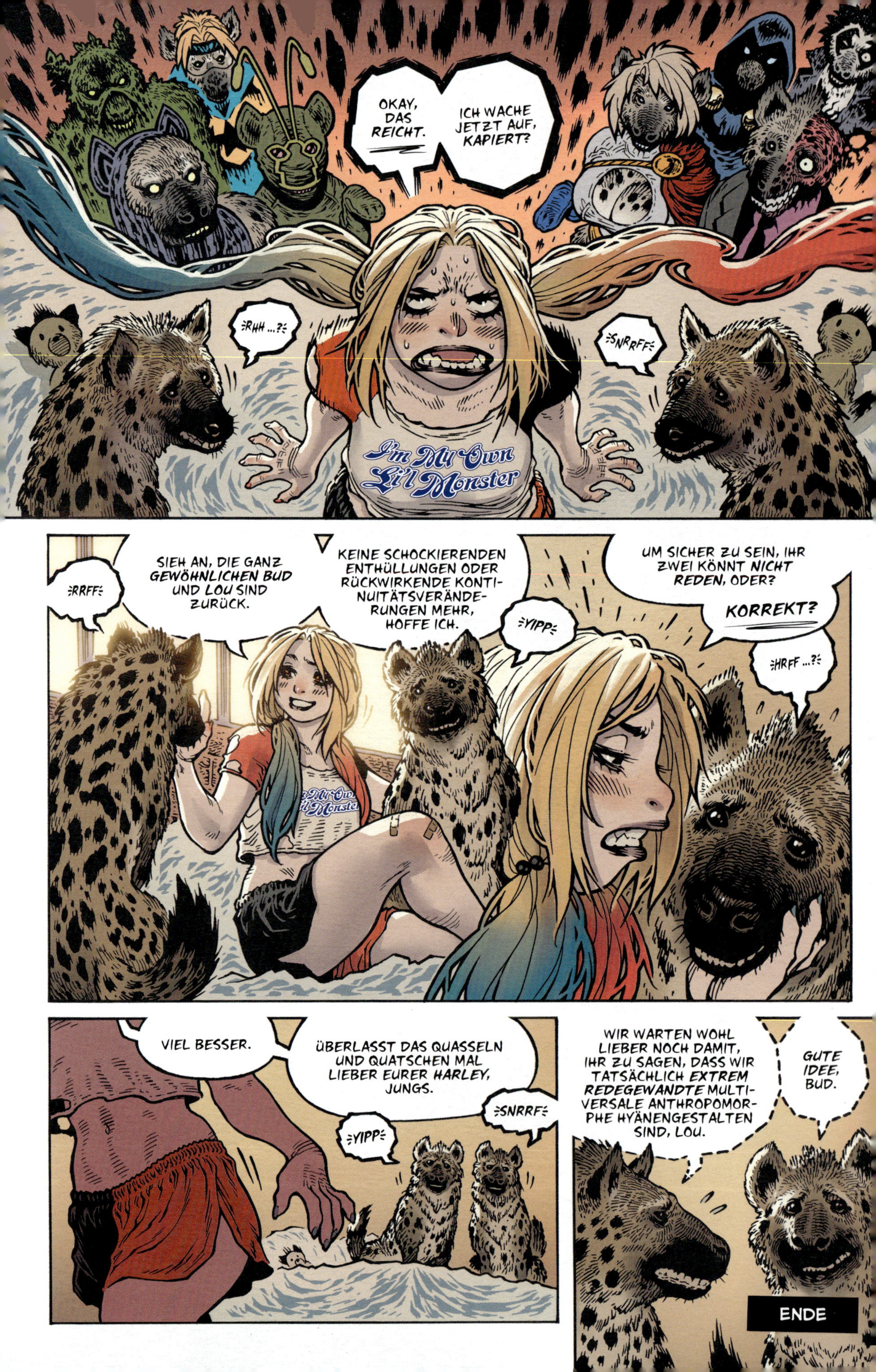

OKAY, DAS REICHT.
ICH WACHE JETZT AUF, KAPIERT?
RHH ...?
SNRRFF

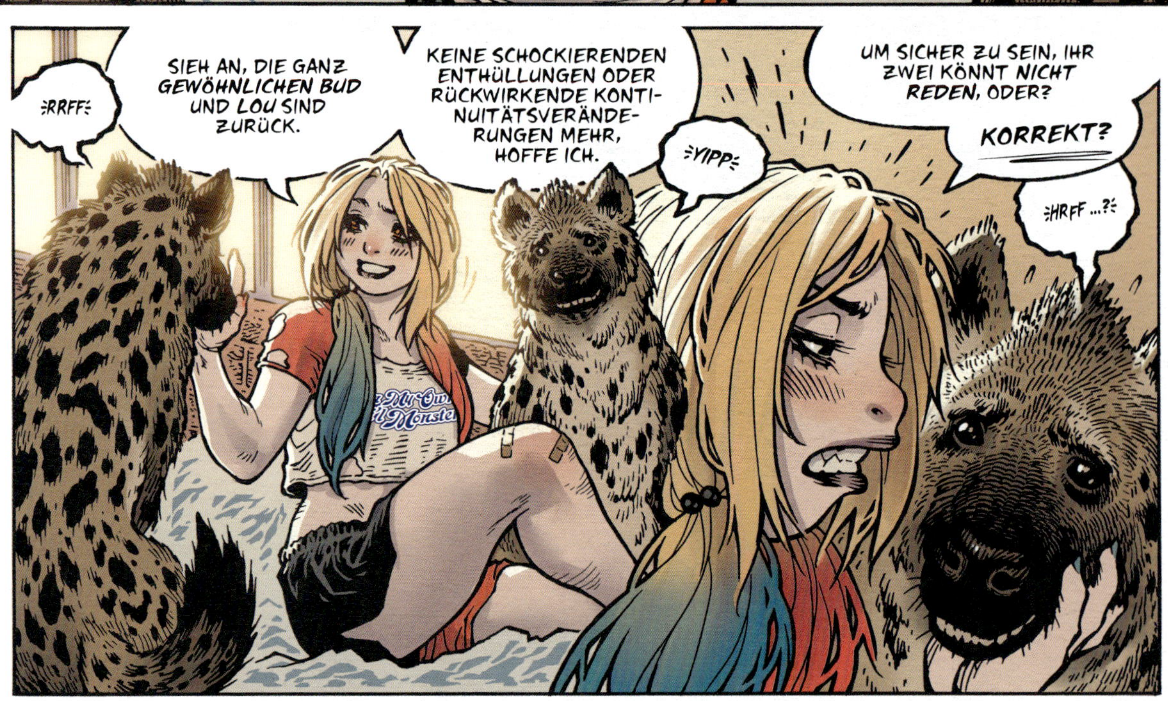

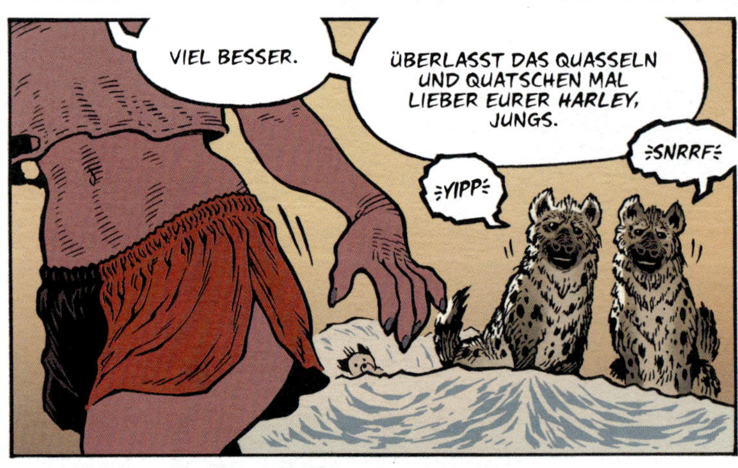

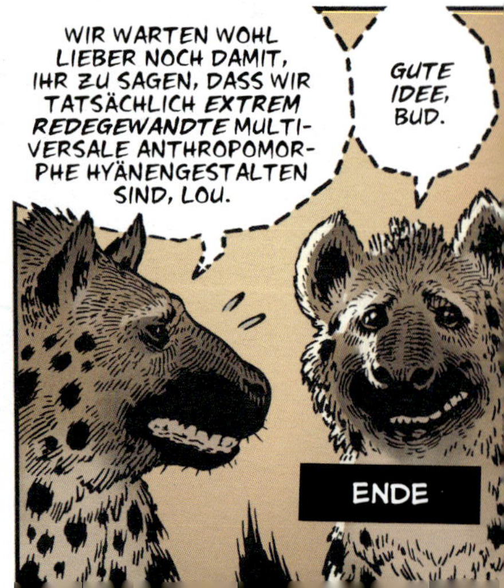

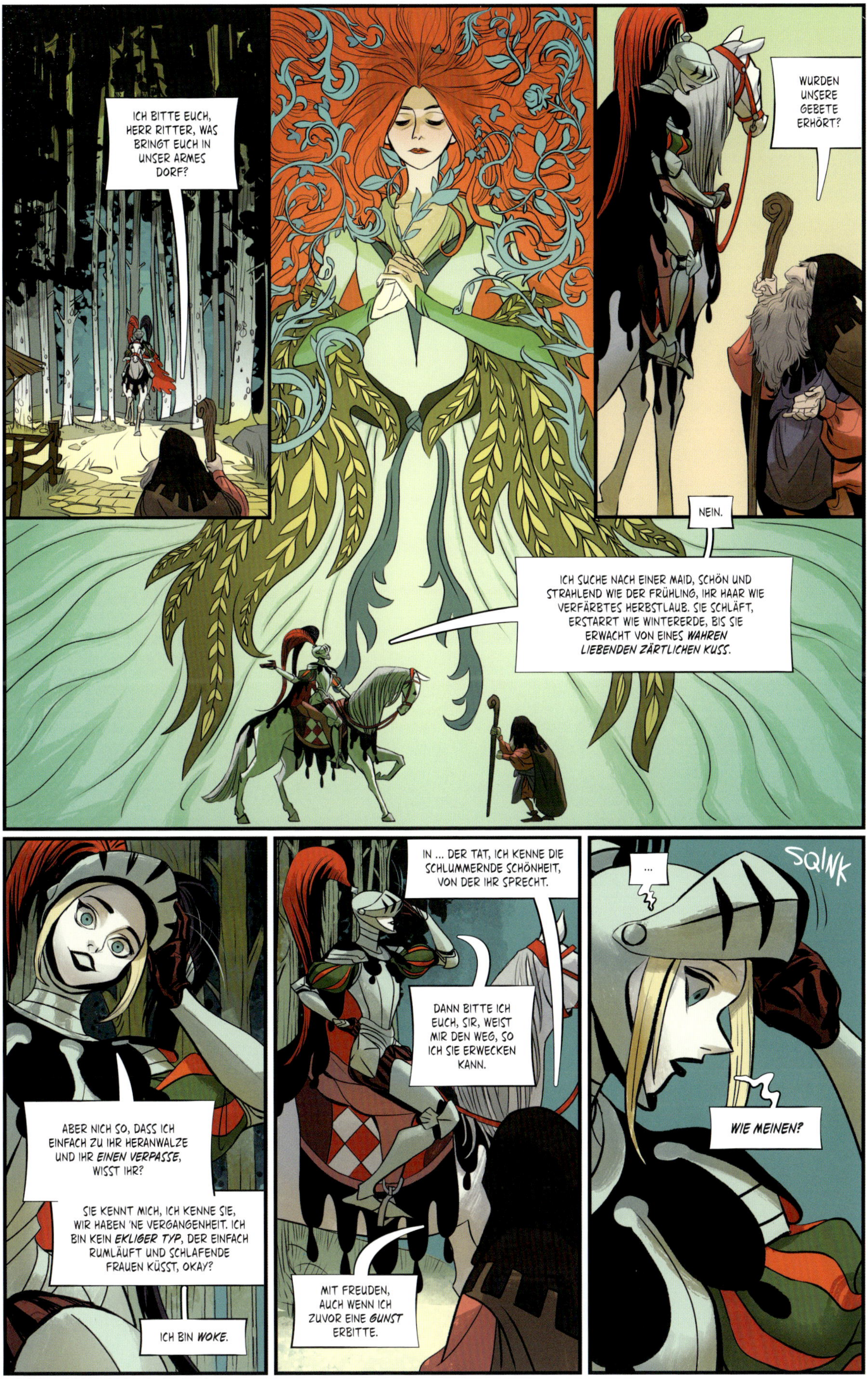

ICH BITTE EUCH, HERR RITTER, WAS BRINGT EUCH IN UNSER ARMES DORF?

WURDEN UNSERE GEBETE ERHÖRT?

NEIN.

ICH SUCHE NACH EINER MAID, SCHÖN UND STRAHLEND WIE DER FRÜHLING, IHR HAAR WIE VERFÄRBTES HERBSTLAUB. SIE SCHLÄFT, ERSTARRT WIE WINTERERDE, BIS SIE ERWACHT VON EINES *WAHREN LIEBENDEN ZÄRTLICHEN KUSS*.

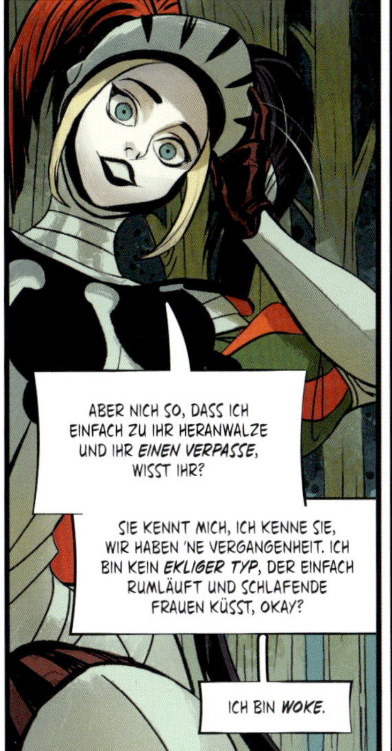

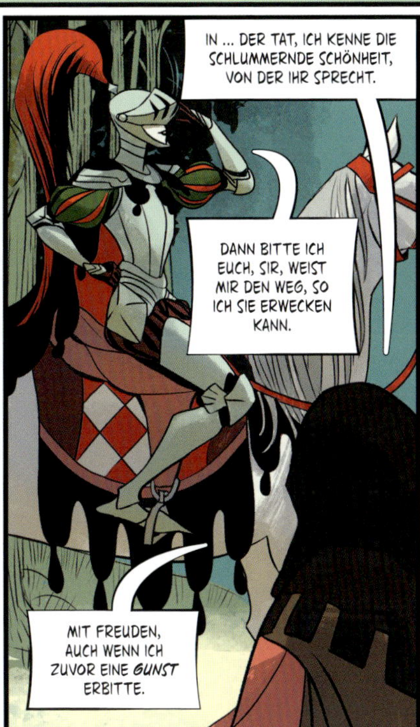

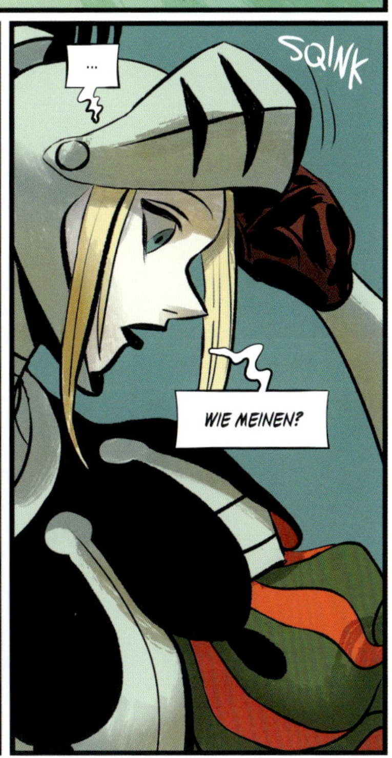

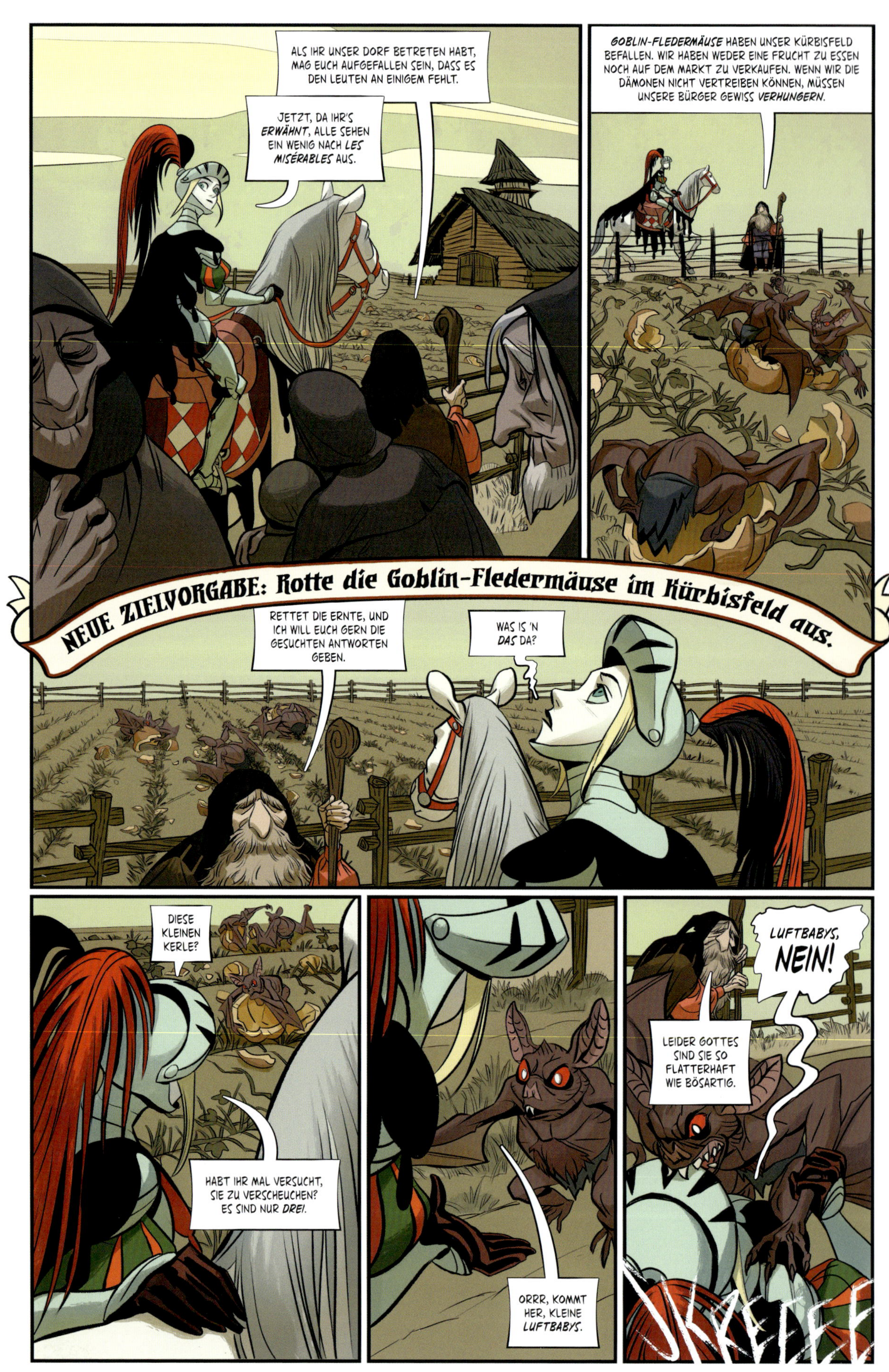
ALS IHR UNSER DORF BETRETEN HABT, MAG EUCH AUFGEFALLEN SEIN, DASS ES DEN LEUTEN AN EINIGEM FEHLT.
JETZT, DA IHR'S *ERWÄHNT*, ALLE SEHEN EIN WENIG NACH *LES MISÉRABLES* AUS.
GOBLIN-FLEDERMÄUSE HABEN UNSER KÜRBISFELD BEFALLEN. WIR HABEN WEDER EINE FRUCHT ZU ESSEN NOCH AUF DEM MARKT ZU VERKAUFEN. WENN WIR DIE DÄMONEN NICHT VERTREIBEN KÖNNEN, MÜSSEN UNSERE BÜRGER GEWISS *VERHUNGERN*.
NEUE ZIELVORGABE: Rotte die Goblin-Fledermäuse im Kürbisfeld aus.
RETTET DIE ERNTE, UND ICH WILL EUCH GERN DIE GESUCHTEN ANTWORTEN GEBEN.
WAS IS 'N *DAS* DA?
DIESE KLEINEN KERLE?
HABT IHR MAL VERSUCHT, SIE ZU VERSCHEUCHEN? ES SIND NUR *DREI*.
ORRR, KOMMT HER, KLEINE *LUFTBABYS*.
LUFTBABYS, NEIN!
LEIDER GOTTES SIND SIE SO FLATTERHAFT WIE BÖSARTIG.
SKREEEE

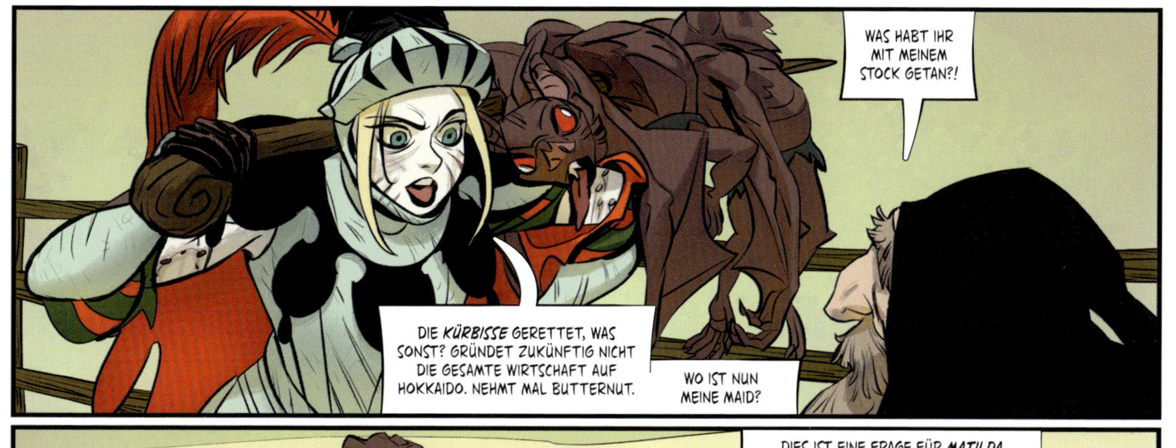
WAS HABT IHR MIT MEINEM STOCK GETAN?!
DIE KÜRBISSE GERETTET, WAS SONST? GRÜNDET ZUKÜNFTIG NICHT DIE GESAMTE WIRTSCHAFT AUF HOKKAIDO. NEHMT MAL BUTTERNUT.
WO IST NUN MEINE MAID?

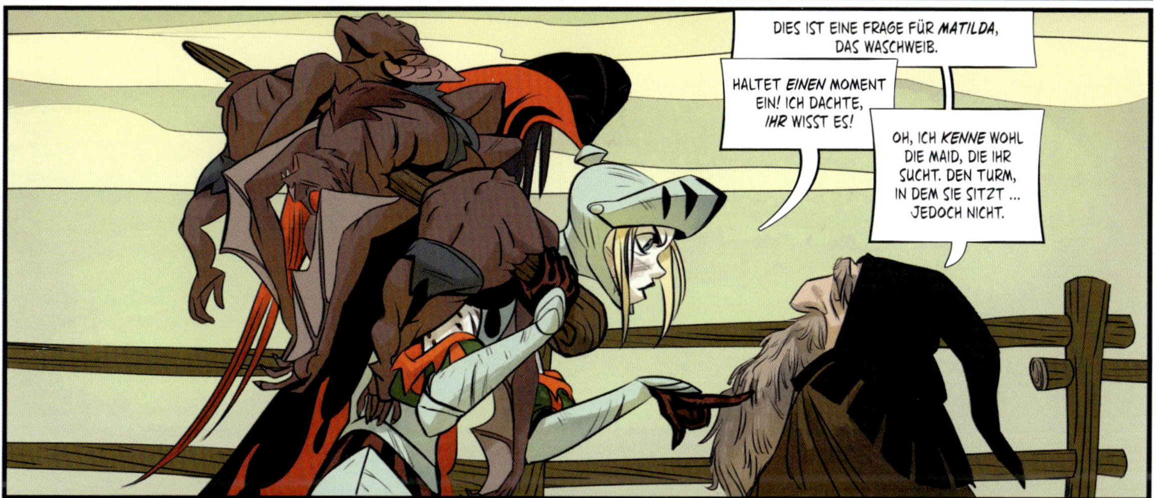
DIES IST EINE FRAGE FÜR MATILDA, DAS WASCHWEIB.
HALTET EINEN MOMENT EIN! ICH DACHTE, IHR WISST ES!
OH, ICH KENNE WOHL DIE MAID, DIE IHR SUCHT. DEN TURM, IN DEM SIE SITZT ... JEDOCH NICHT.

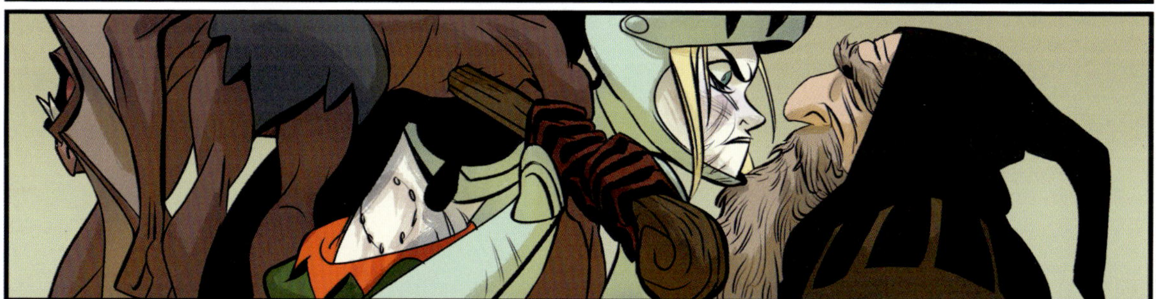

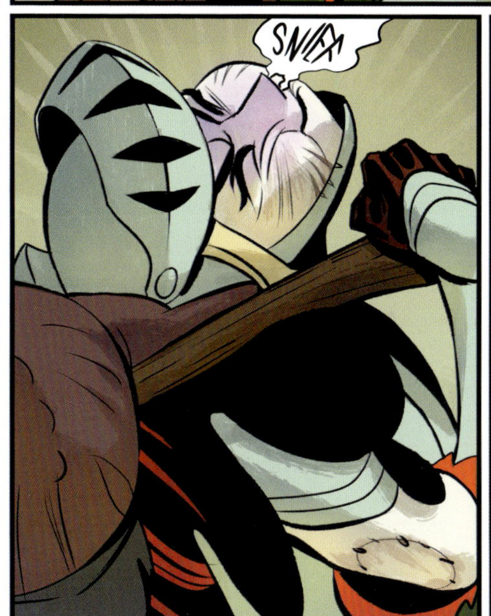
SNIFF

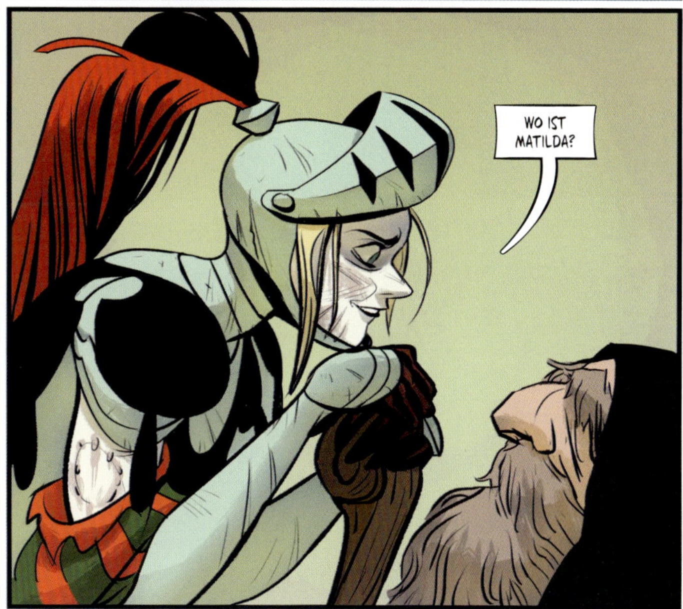
WO IST MATILDA?

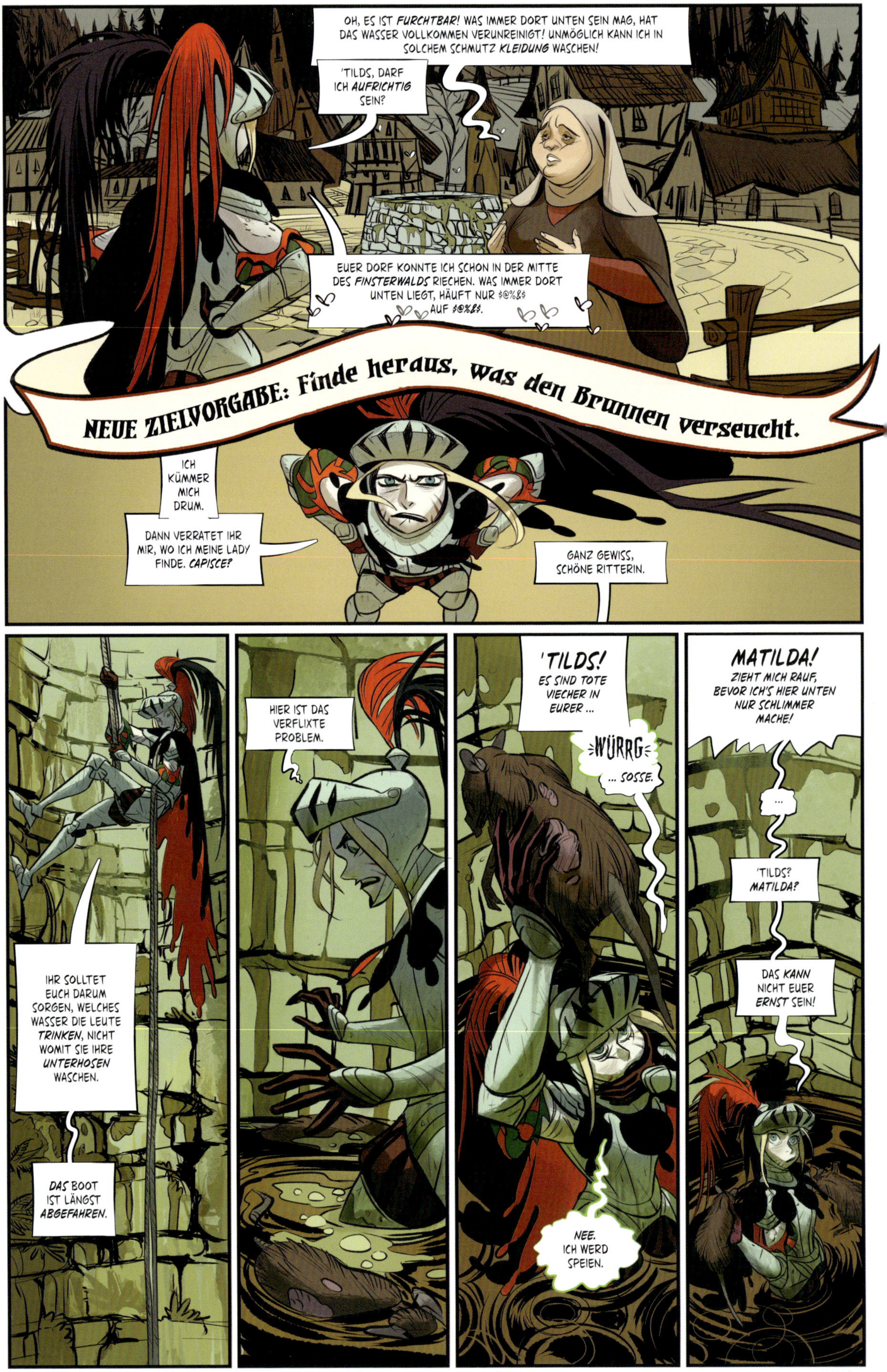

OH, ES IST *FURCHTBAR*! WAS IMMER DORT UNTEN SEIN MAG, HAT DAS WASSER VOLLKOMMEN VERUNREINIGT! UNMÖGLICH KANN ICH IN SOLCHEM SCHMUTZ *KLEIDUNG* WASCHEN!

'TILDS, DARF ICH *AUFRICHTIG* SEIN?

EUER DORF KONNTE ICH SCHON IN DER MITTE DES *FINSTERWALDS* RIECHEN. WAS IMMER DORT UNTEN LIEGT, HÄUFT NUR $@%&$ AUF $@%&$.

NEUE ZIELVORGABE: Finde heraus, was den Brunnen verseucht.

ICH KÜMMER MICH DRUM.

DANN VERRATET IHR MIR, WO ICH MEINE LADY FINDE. *CAPISCE?*

GANZ GEWISS, SCHÖNE RITTERIN.

IHR SOLLTET EUCH DARUM SORGEN, WELCHES WASSER DIE LEUTE *TRINKEN*, NICHT WOMIT SIE IHRE *UNTERHOSEN* WASCHEN.

DAS BOOT IST LÄNGST *ABGEFAHREN*.

HIER IST DAS VERFLIXTE PROBLEM.

'TILDS! ES SIND TOTE VIECHER IN EURER ...

WÜRRG

... SOSSE.

NEE. ICH WERD SPEIEN.

MATILDA! ZIEHT MICH RAUF, BEVOR ICH'S HIER UNTEN NUR SCHLIMMER MACHE!

...

'TILDS? *MATILDA?*

DAS *KANN* NICHT EUER *ERNST* SEIN!

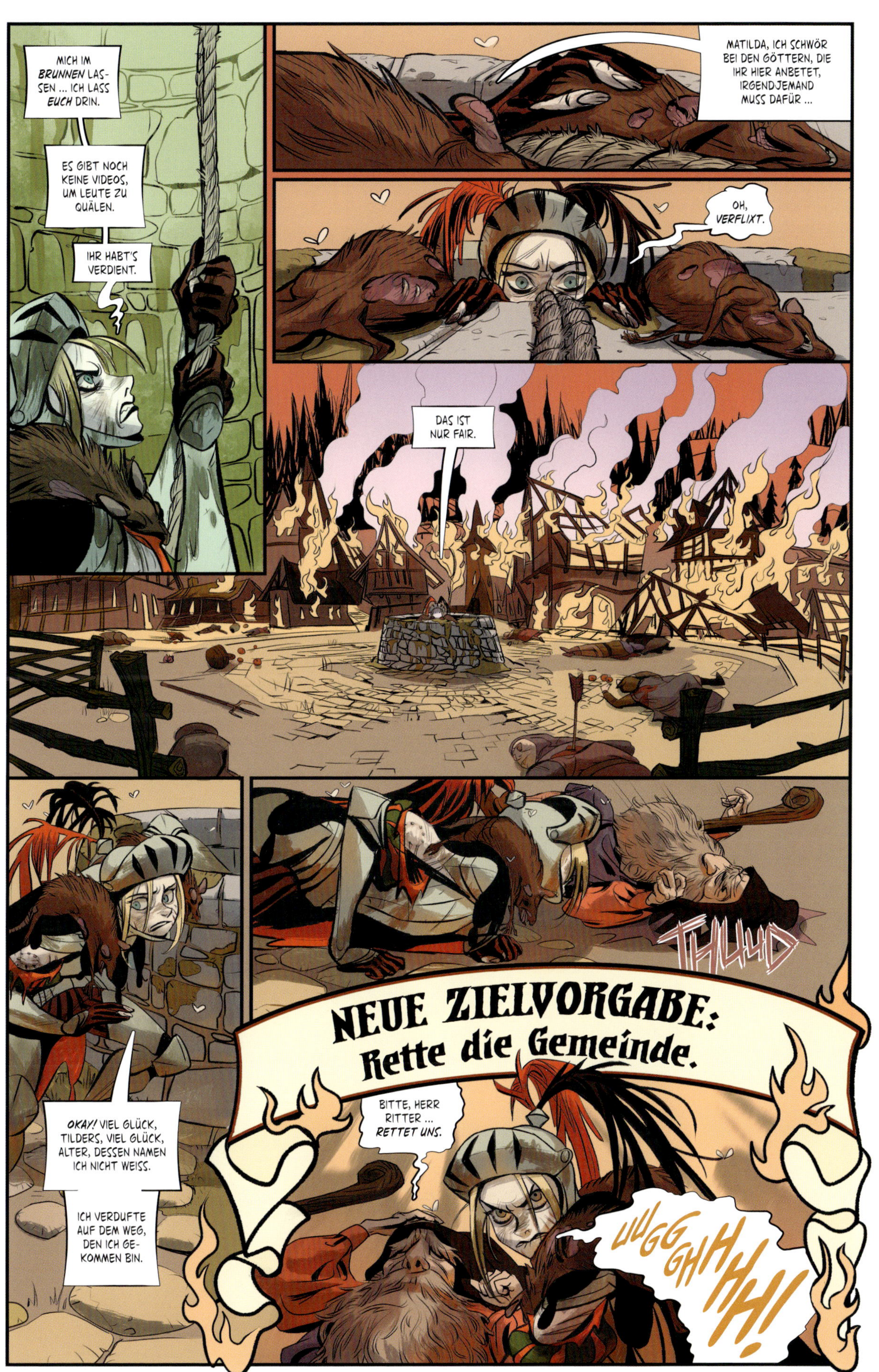
MICH IM *BRUNNEN* LASSEN ... ICH LASS *EUCH* DRIN.
ES GIBT NOCH KEINE VIDEOS, UM LEUTE ZU QUÄLEN.
IHR HABT'S VERDIENT.
MATILDA, ICH SCHWÖR BEI DEN GÖTTERN, DIE IHR HIER ANBETET, IRGENDJEMAND MUSS DAFÜR ...
OH, *VERFLIXT.*
DAS IST NUR FAIR.
THUUD
NEUE ZIELVORGABE:
Rette die Gemeinde.
OKAY! VIEL GLÜCK, TILDERS, VIEL GLÜCK, ALTER, DESSEN NAMEN ICH NICHT WEISS.
ICH VERDUFTE AUF DEM WEG, DEN ICH GEKOMMEN BIN.
BITTE, HERR RITTER ... *RETTET UNS.*
UUGGGHHHH!

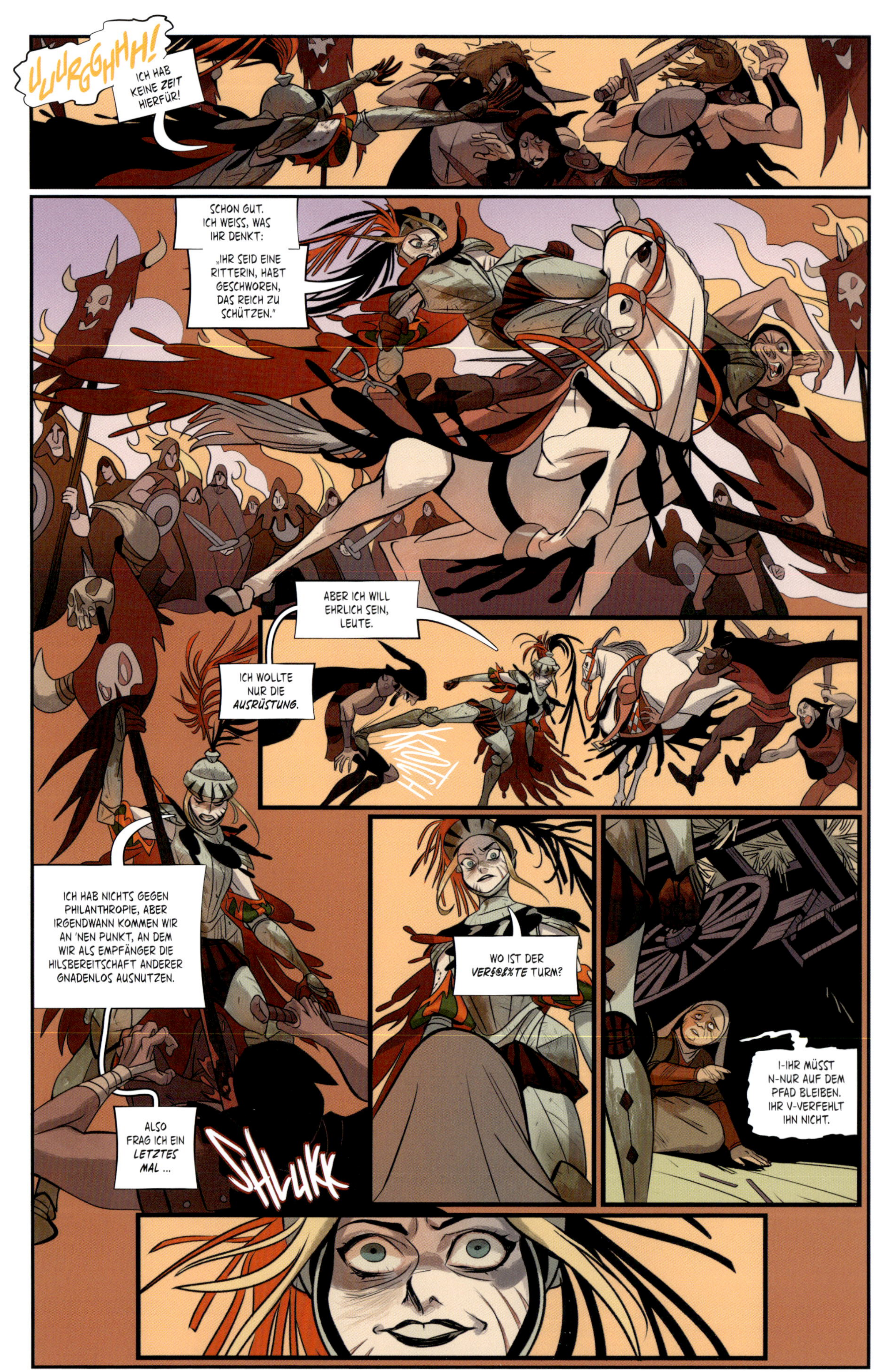
UUURGGHHH!
ICH HAB KEINE ZEIT HIERFÜR!
SCHON GUT. ICH WEISS, WAS IHR DENKT:
„IHR SEID EINE RITTERIN, HABT GESCHWOREN, DAS REICH ZU SCHÜTZEN."
ABER ICH WILL EHRLICH SEIN, LEUTE.
ICH WOLLTE NUR DIE AUSRÜSTUNG.
KRONCH
ICH HAB NICHTS GEGEN PHILANTHROPIE, ABER IRGENDWANN KOMMEN WIR AN 'NEN PUNKT, AN DEM WIR ALS EMPFÄNGER DIE HILSBEREITSCHAFT ANDERER GNADENLOS AUSNUTZEN.
ALSO FRAG ICH EIN LETZTES MAL ...
SHLUKK
WO IST DER VER$@&%TE TURM?
I-IHR MÜSST N-NUR AUF DEM PFAD BLEIBEN. IHR V-VERFEHLT IHN NICHT.

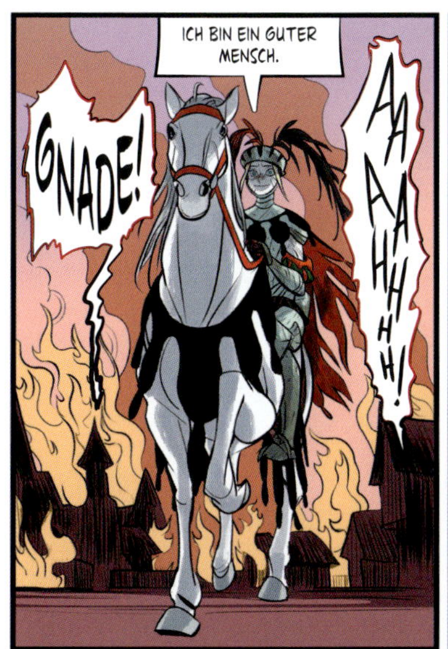
ICH BIN EIN GUTER MENSCH.
GNADE!
AAAAHHH!
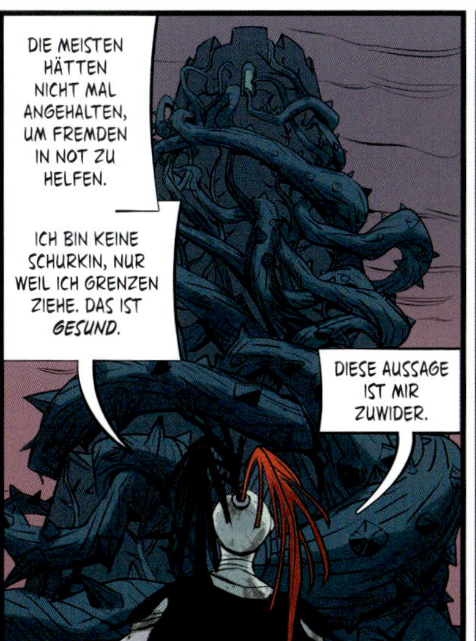
DIE MEISTEN HÄTTEN NICHT MAL ANGEHALTEN, UM FREMDEN IN NOT ZU HELFEN.
ICH BIN KEINE SCHURKIN, NUR WEIL ICH GRENZEN ZIEHE. DAS IST GESUND.
DIESE AUSSAGE IST MIR ZUWIDER.
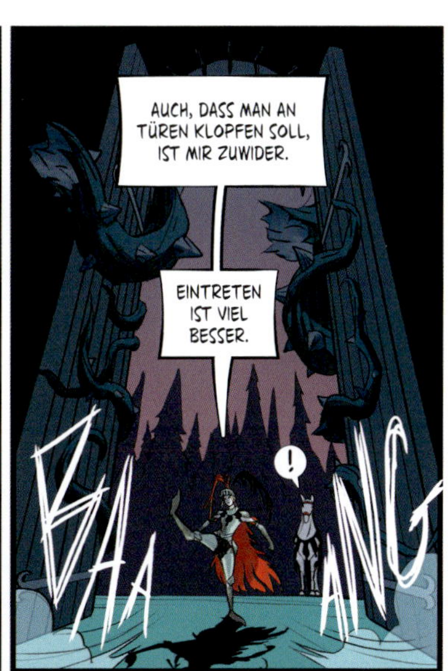
AUCH, DASS MAN AN TÜREN KLOPFEN SOLL, IST MIR ZUWIDER.
EINTRETEN IST VIEL BESSER.
!
BAAANG
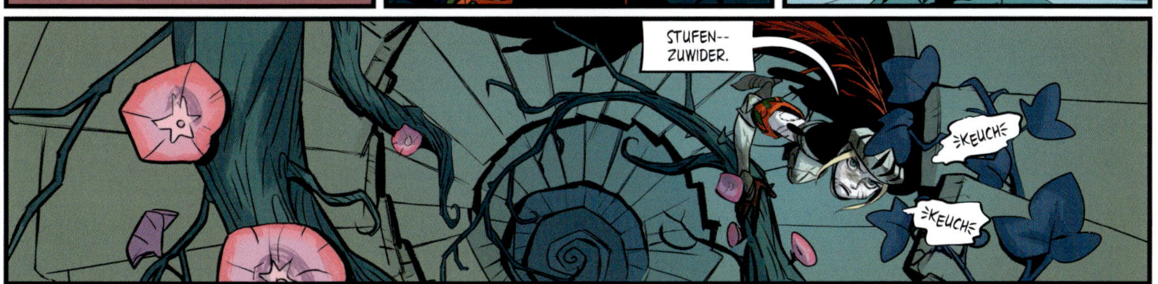
STUFEN-- ZUWIDER.
KEUCH
KEUCH
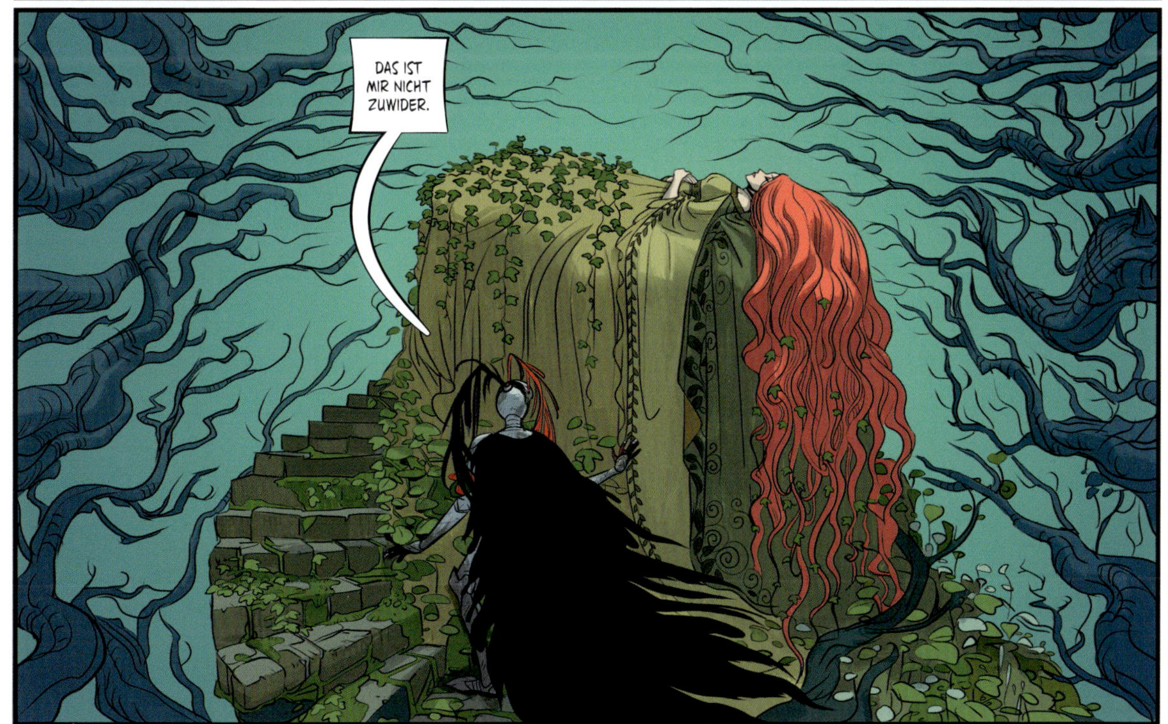
DAS IST MIR NICHT ZUWIDER.
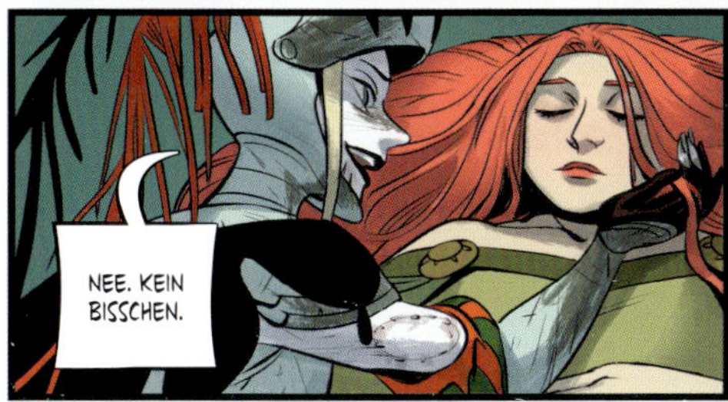
NEE. KEIN BISSCHEN.
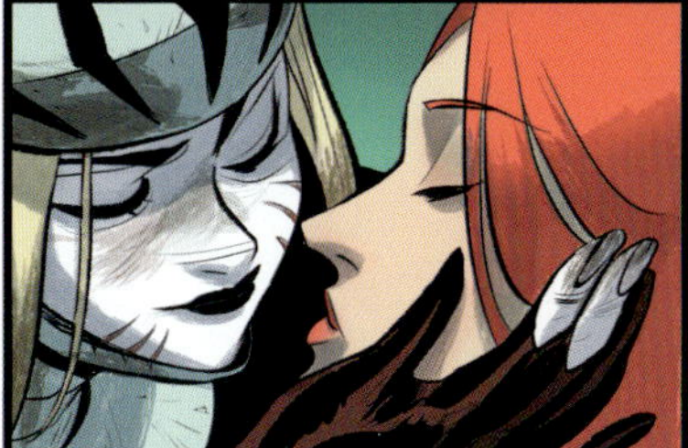
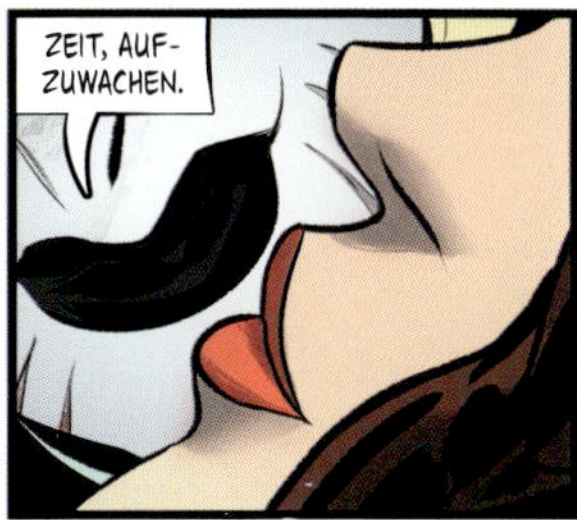
ZEIT, AUF-ZUWACHEN.

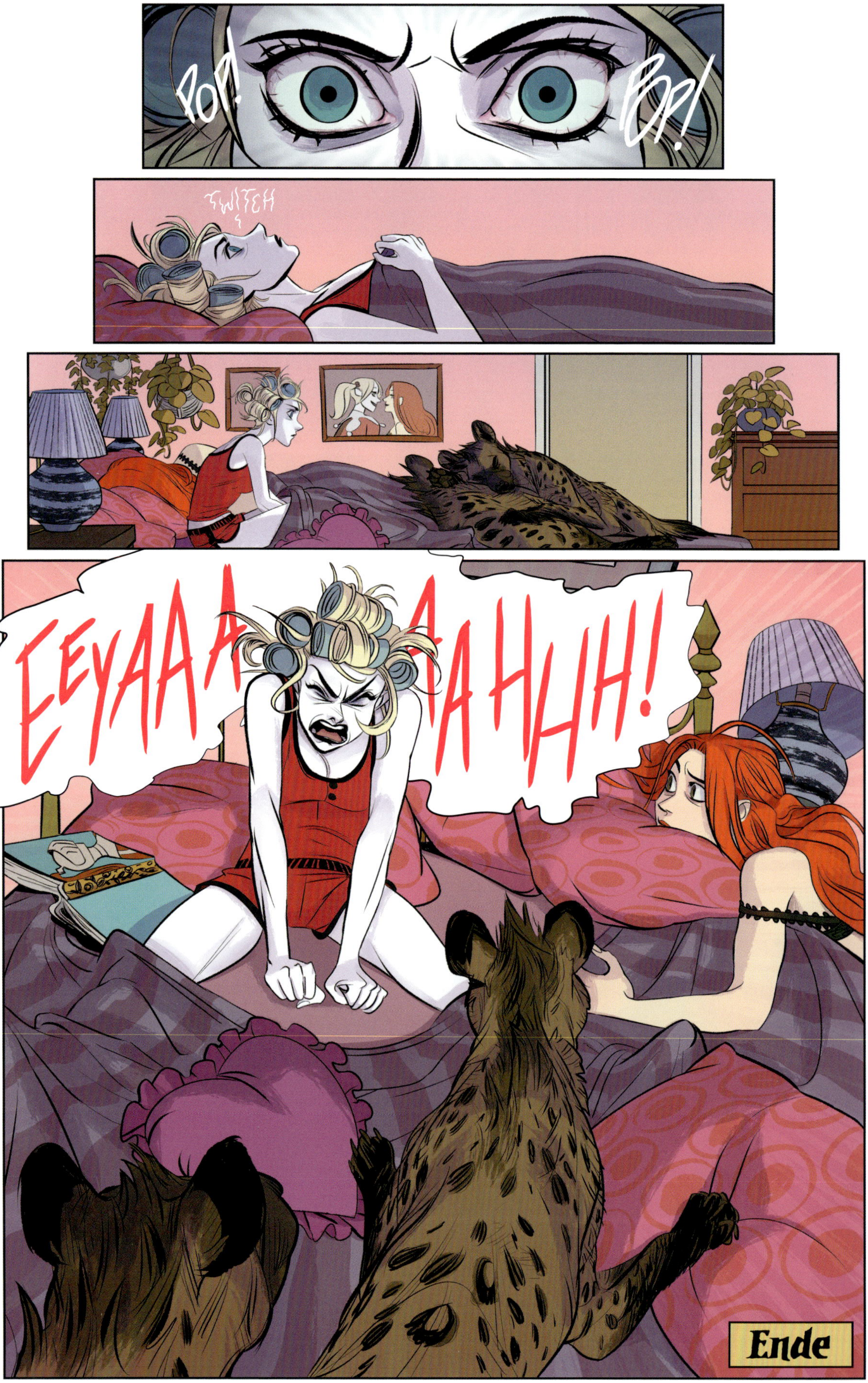

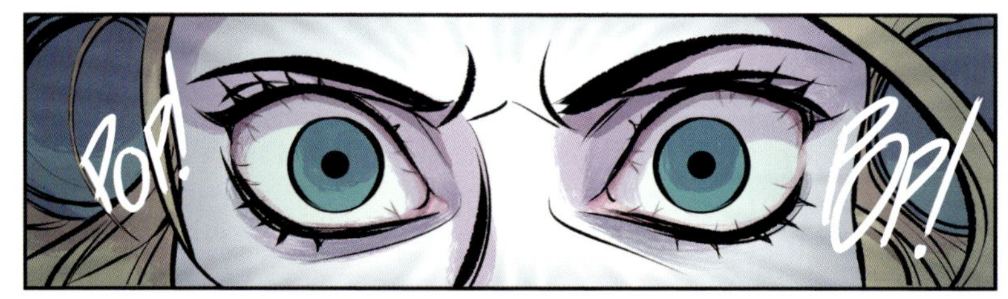

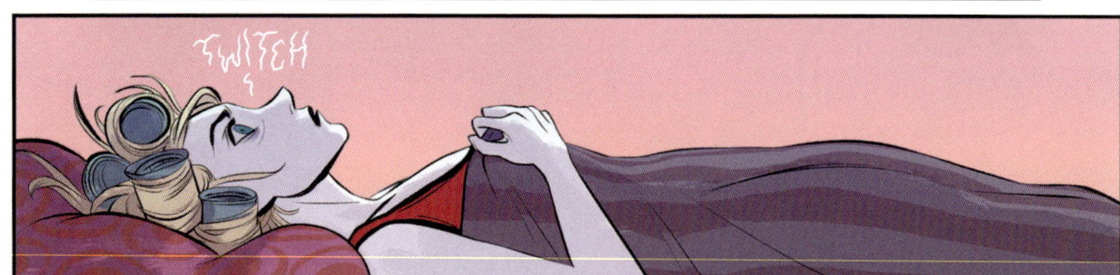

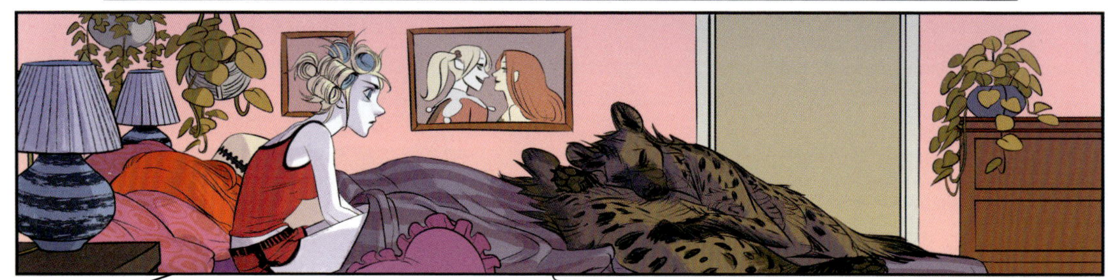

EEYAAA AAHHH!

Ende

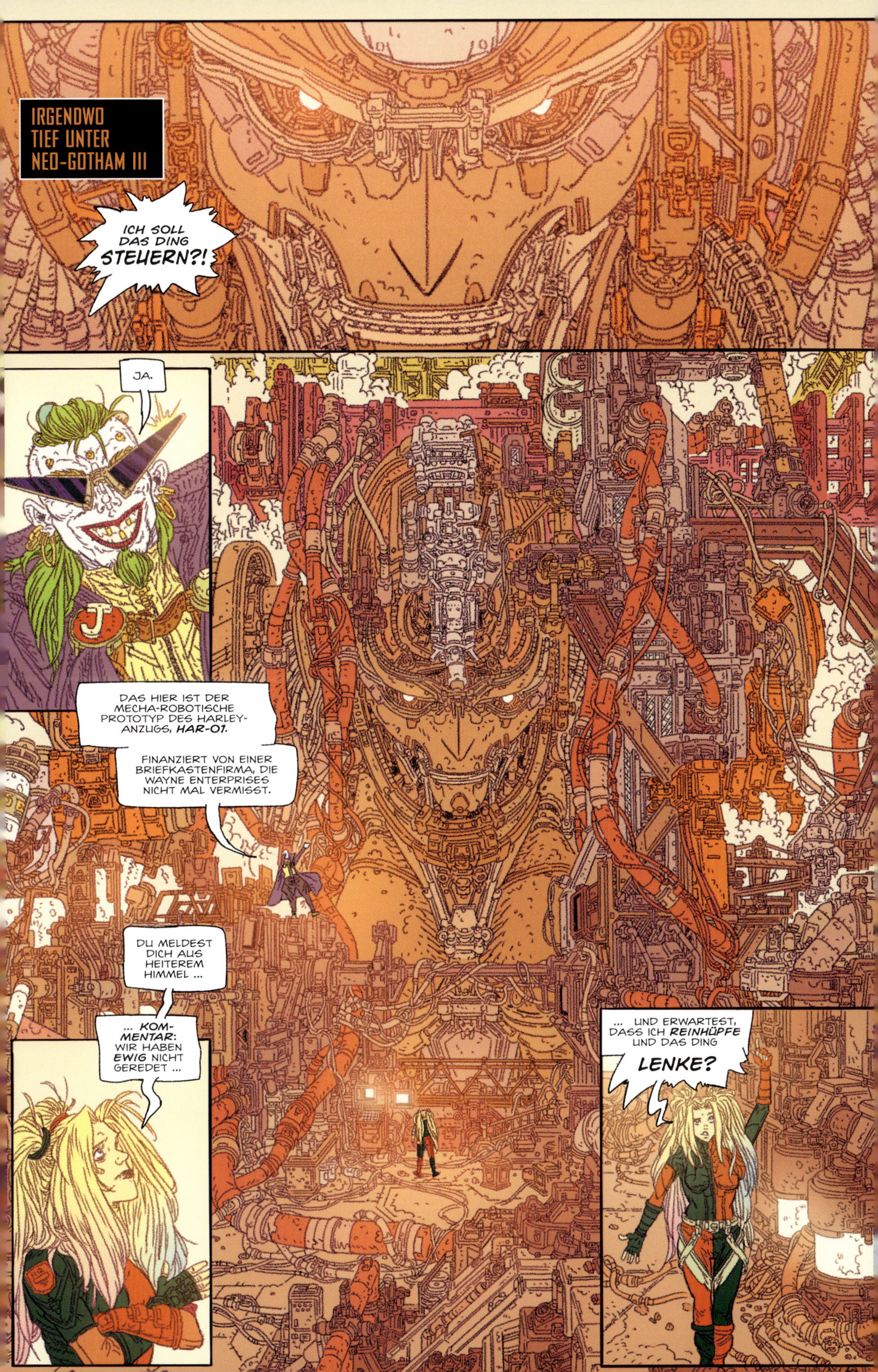
IRGENDWO TIEF UNTER NEO-GOTHAM III
ICH SOLL DAS DING STEUERN?!
JA.
DAS HIER IST DER MECHA-ROBOTISCHE PROTOTYP DES HARLEY-ANZUGS, HAR-01.
FINANZIERT VON EINER BRIEFKASTENFIRMA, DIE WAYNE ENTERPRISES NICHT MAL VERMISST.
DU MELDEST DICH AUS HEITEREM HIMMEL ...
... KOMMENTAR: WIR HABEN EWIG NICHT GEREDET ...
... UND ERWARTEST, DASS ICH REINHÜPFE UND DAS DING
LENKE?

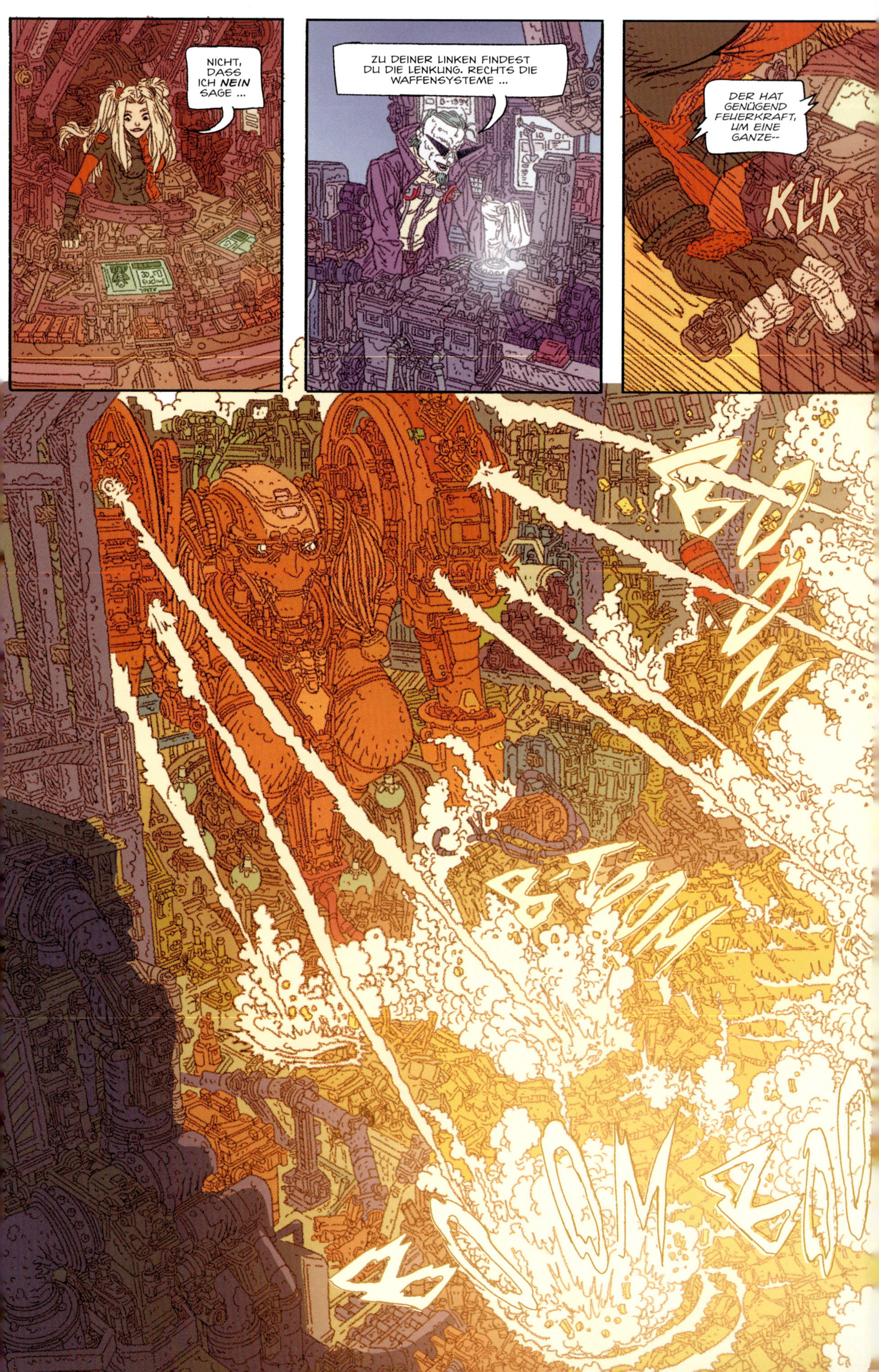
NICHT, DASS ICH **NEIN** SAGE ...
ZU DEINER LINKEN FINDEST DU DIE LENKUNG. RECHTS DIE WAFFENSYSTEME ...
DER HAT GENÜGEND FEUERKRAFT, UM EINE GANZE--
KLIK

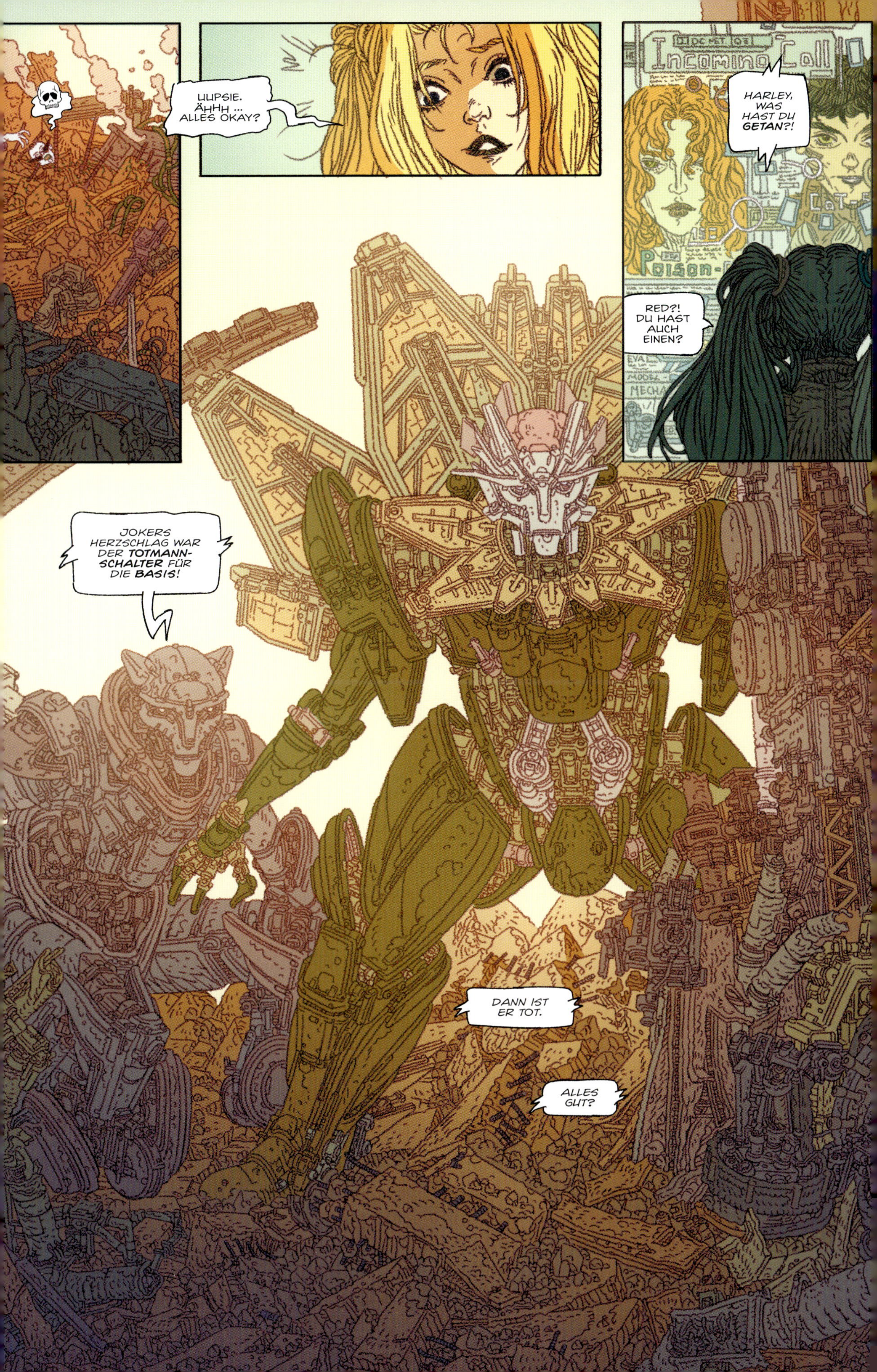
UUPSIE.
ÄHHH ...
ALLES OKAY?
HARLEY, WAS HAST DU GETAN?!
RED?! DU HAST AUCH EINEN?
JOKERS HERZSCHLAG WAR DER TOTMANN-SCHALTER FÜR DIE BASIS!
DANN IST ER TOT.
ALLES GUT?

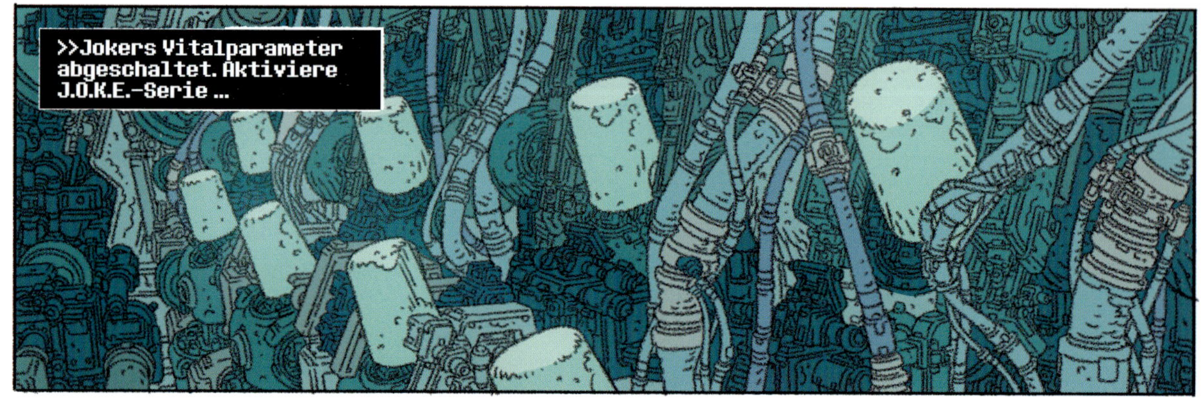
>>Jokers Vitalparameter abgeschaltet. Aktiviere J.O.K.E.-Serie ...

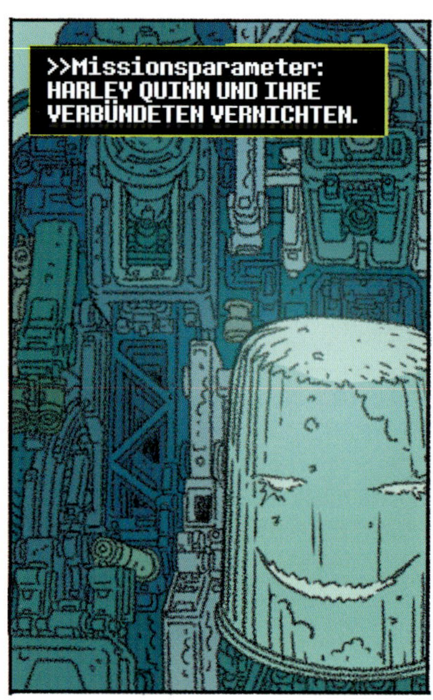
>>Missionsparameter: HARLEY QUINN UND IHRE VERBÜNDETEN VERNICHTEN.

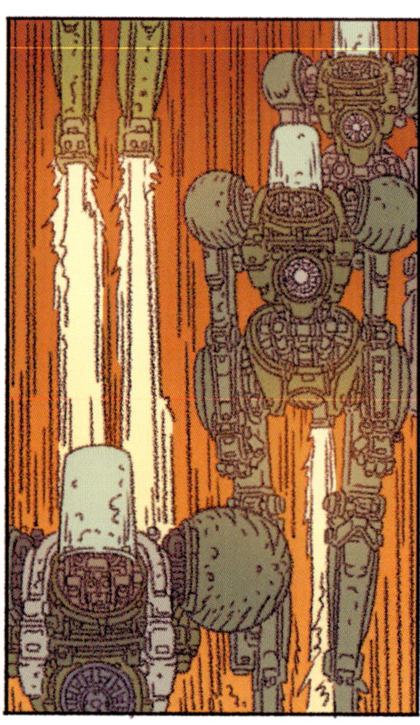

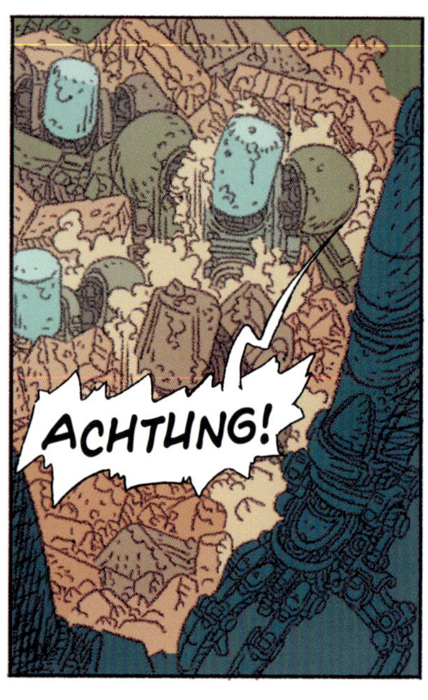
ACHTUNG!

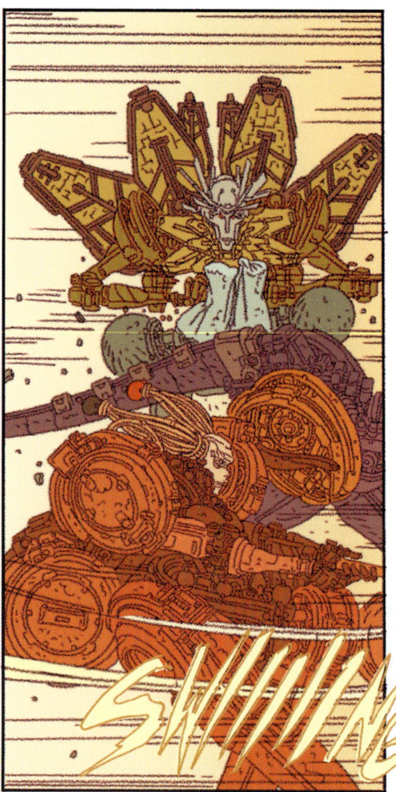
SWIIIING

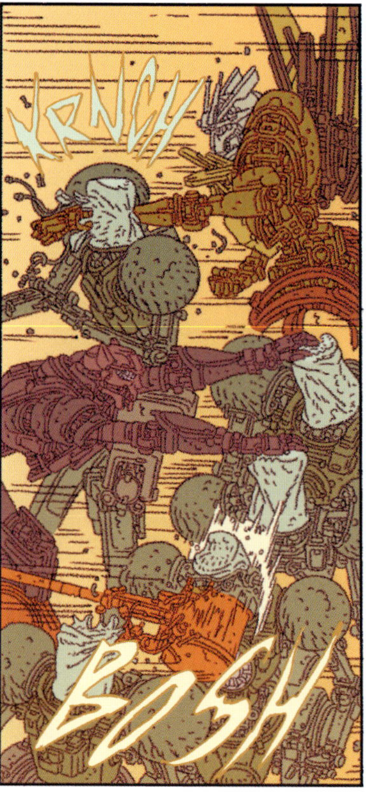
KRNCH
BOSH

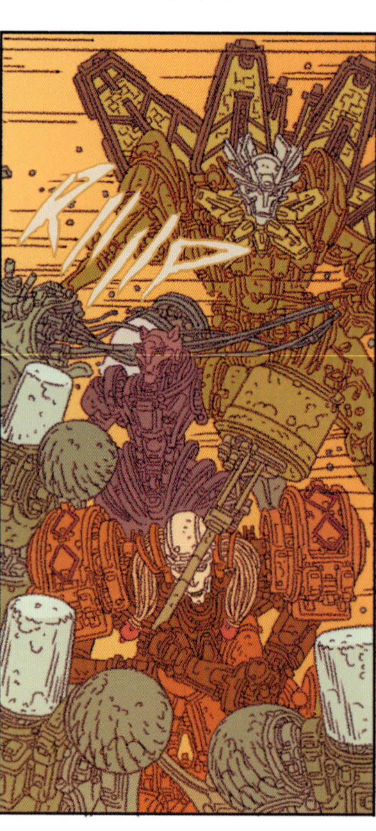
RIIIP

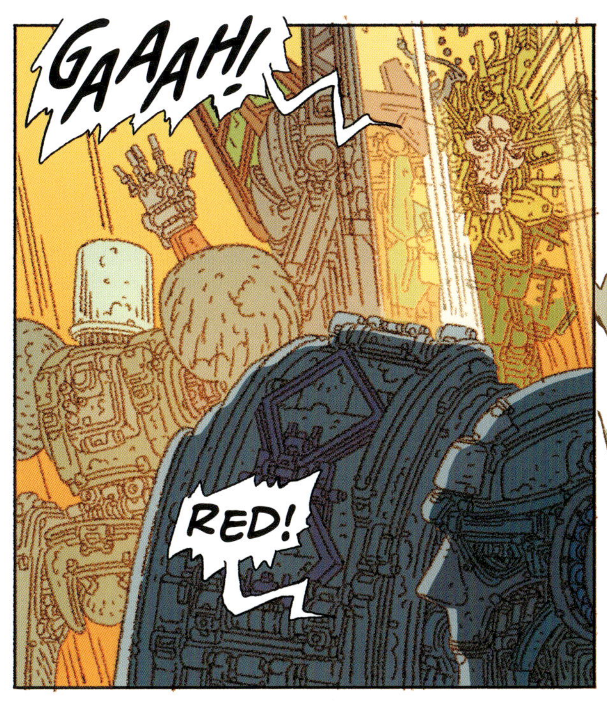
GAAAH!
RED!
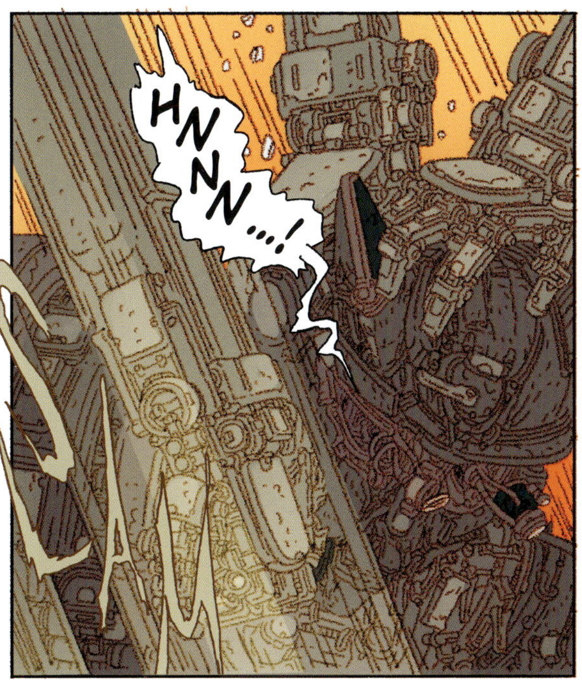
HNNN...!
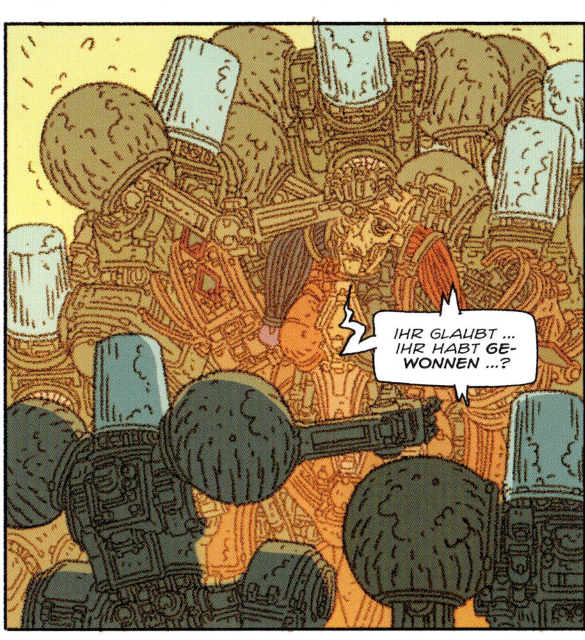
IHR GLAUBT ... IHR HABT GEWONNEN ...?
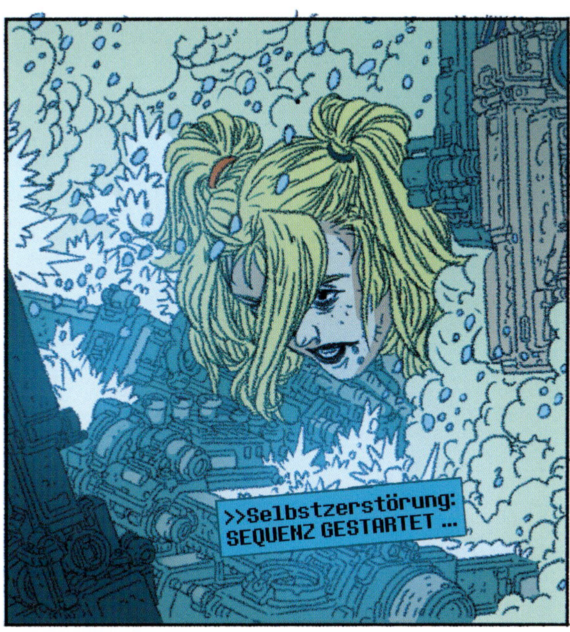
>>Selbstzerstörung:
SEQUENZ GESTARTET ...
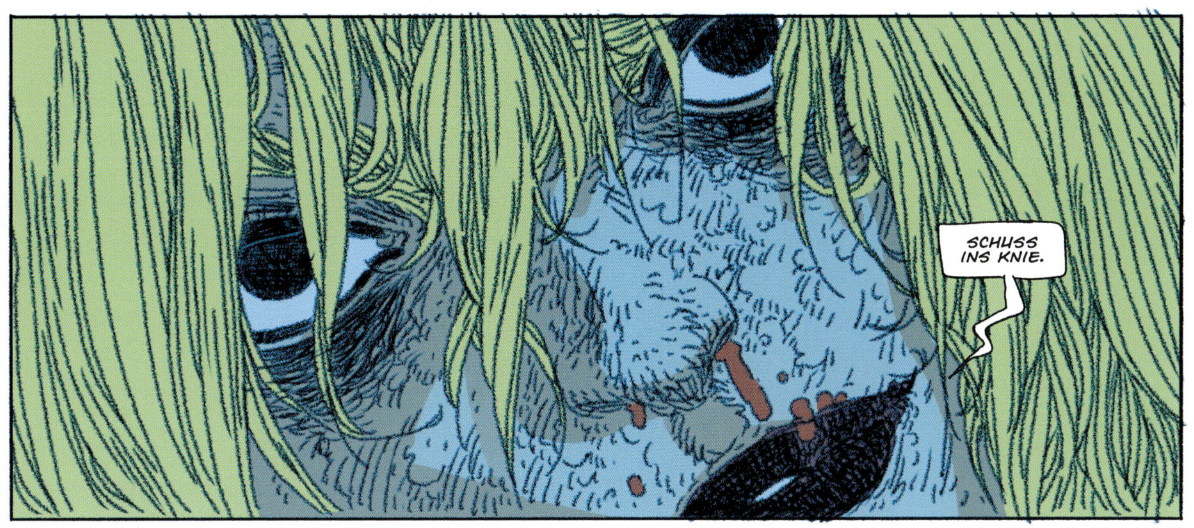
SCHUSS INS KNIE.

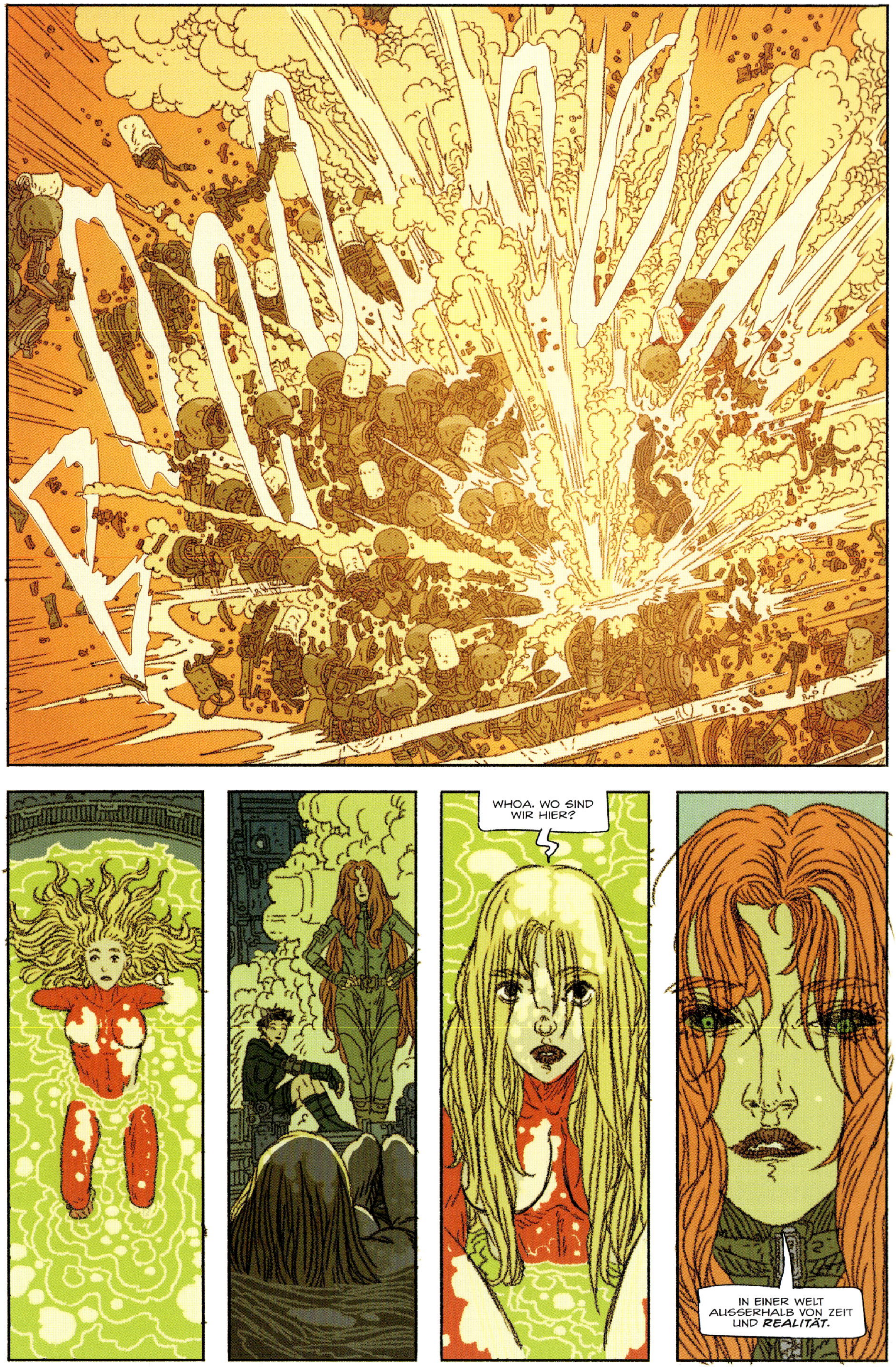

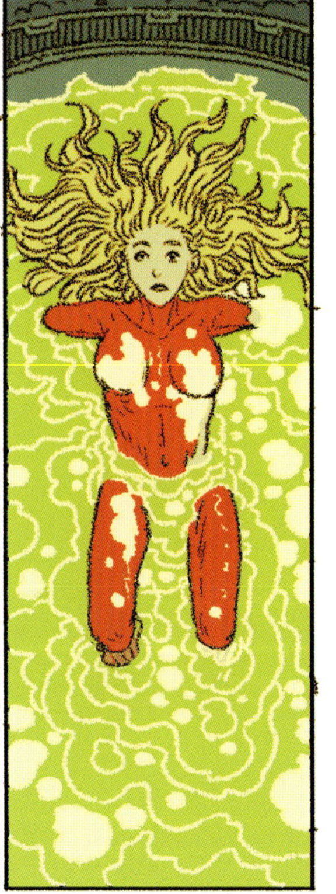

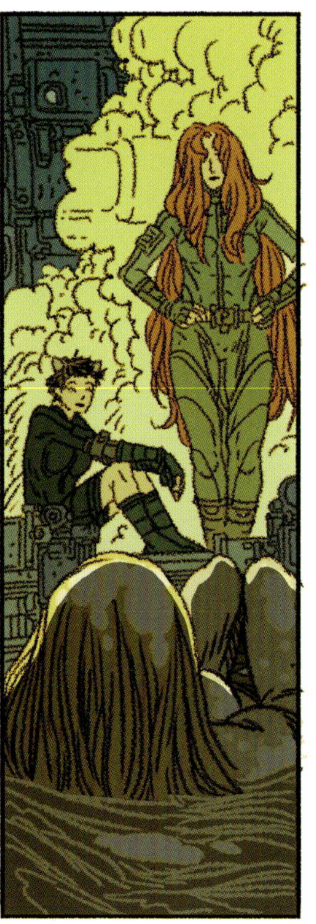

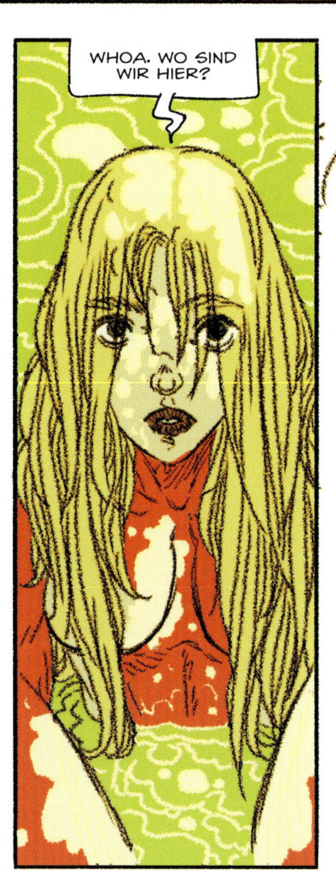
WHOA. WO SIND WIR HIER?

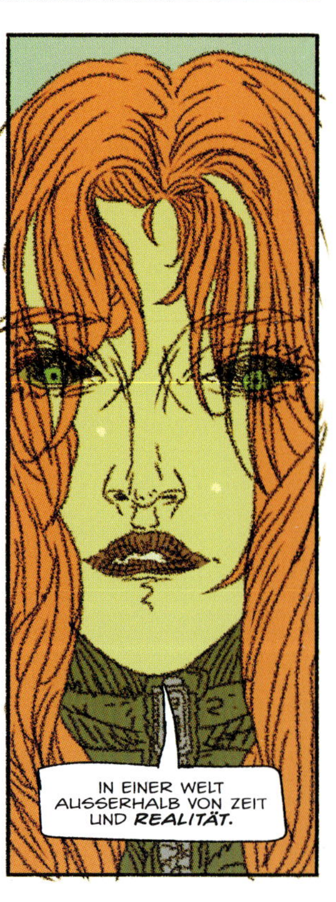
IN EINER WELT AUSSERHALB VON ZEIT UND *REALITÄT*.

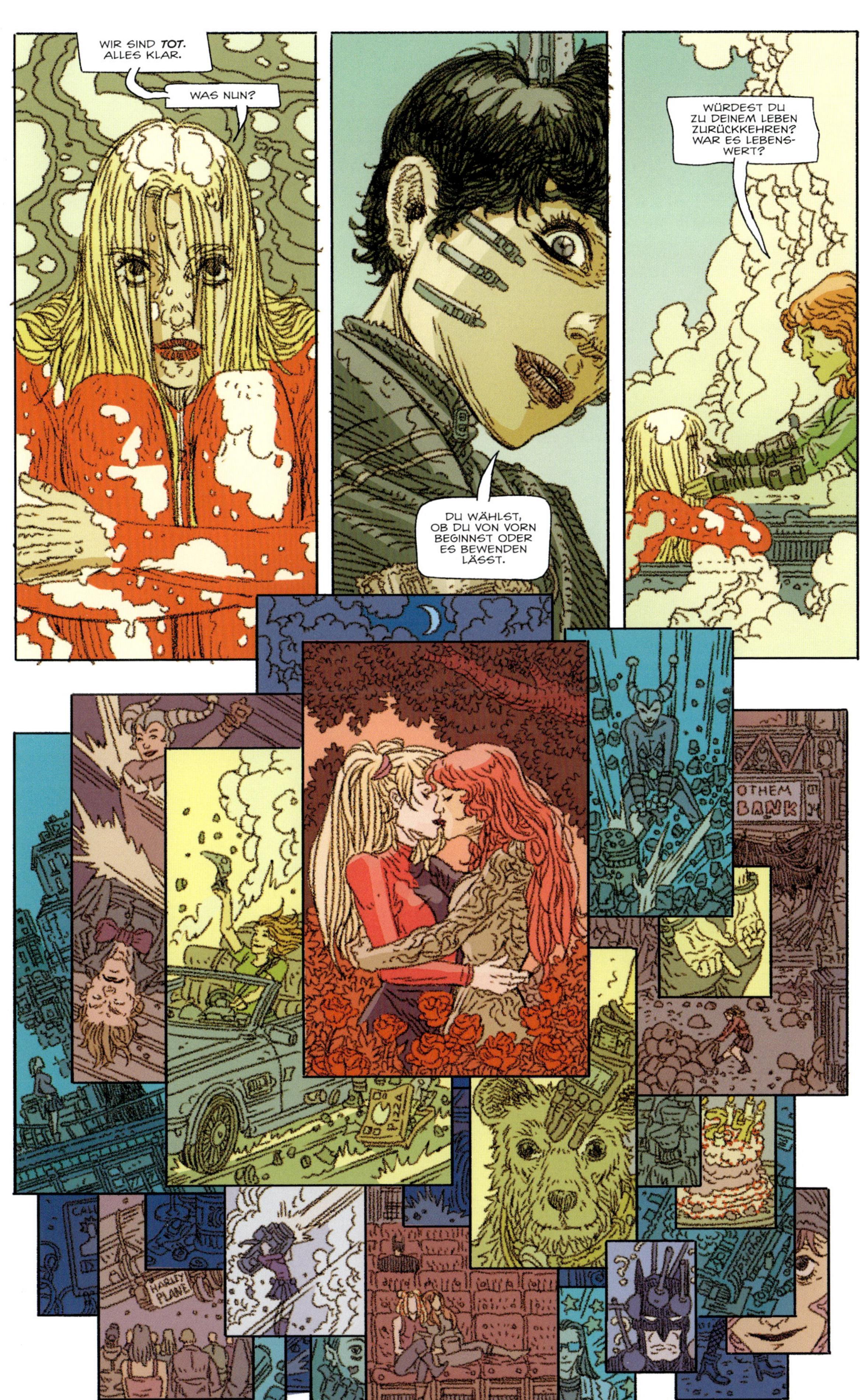
WIR SIND TOT. ALLES KLAR.
WAS NUN?
DU WÄHLST, OB DU VON VORN BEGINNST ODER ES BEWENDEN LÄSST.
WÜRDEST DU ZU DEINEM LEBEN ZURÜCKKEHREN? WAR ES LEBENSWERT?
OTHEM BANK

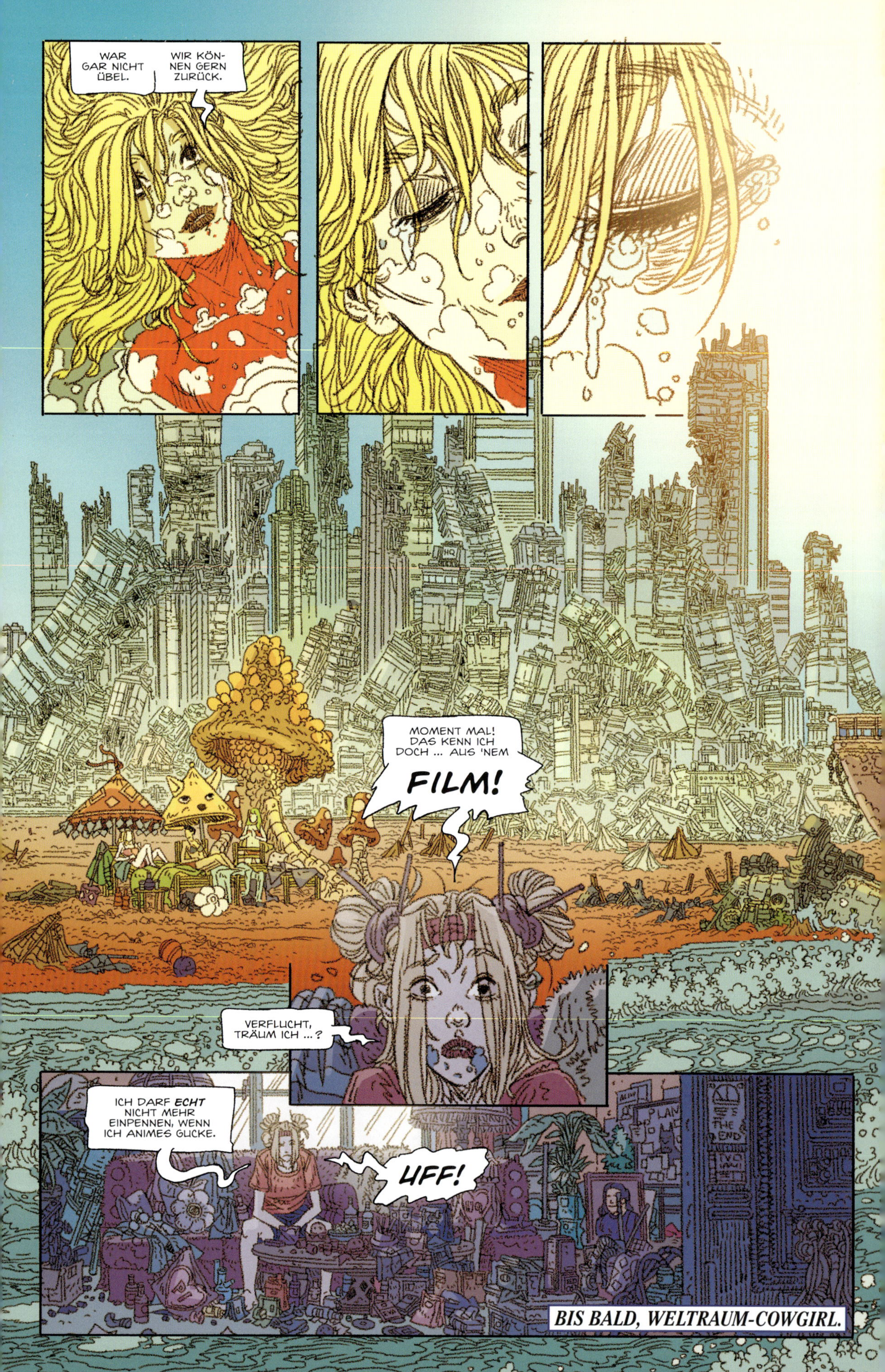
WAR GAR NICHT ÜBEL.
WIR KÖNNEN GERN ZURÜCK.
MOMENT MAL! DAS KENN ICH DOCH ... AUS 'NEM
FILM!
VERFLUCHT, TRÄUM ICH ...?
ICH DARF *ECHT* NICHT MEHR EINPENNEN, WENN ICH ANIMES GUCKE.
UFF!
BIS BALD, WELTRAUM-COWGIRL.

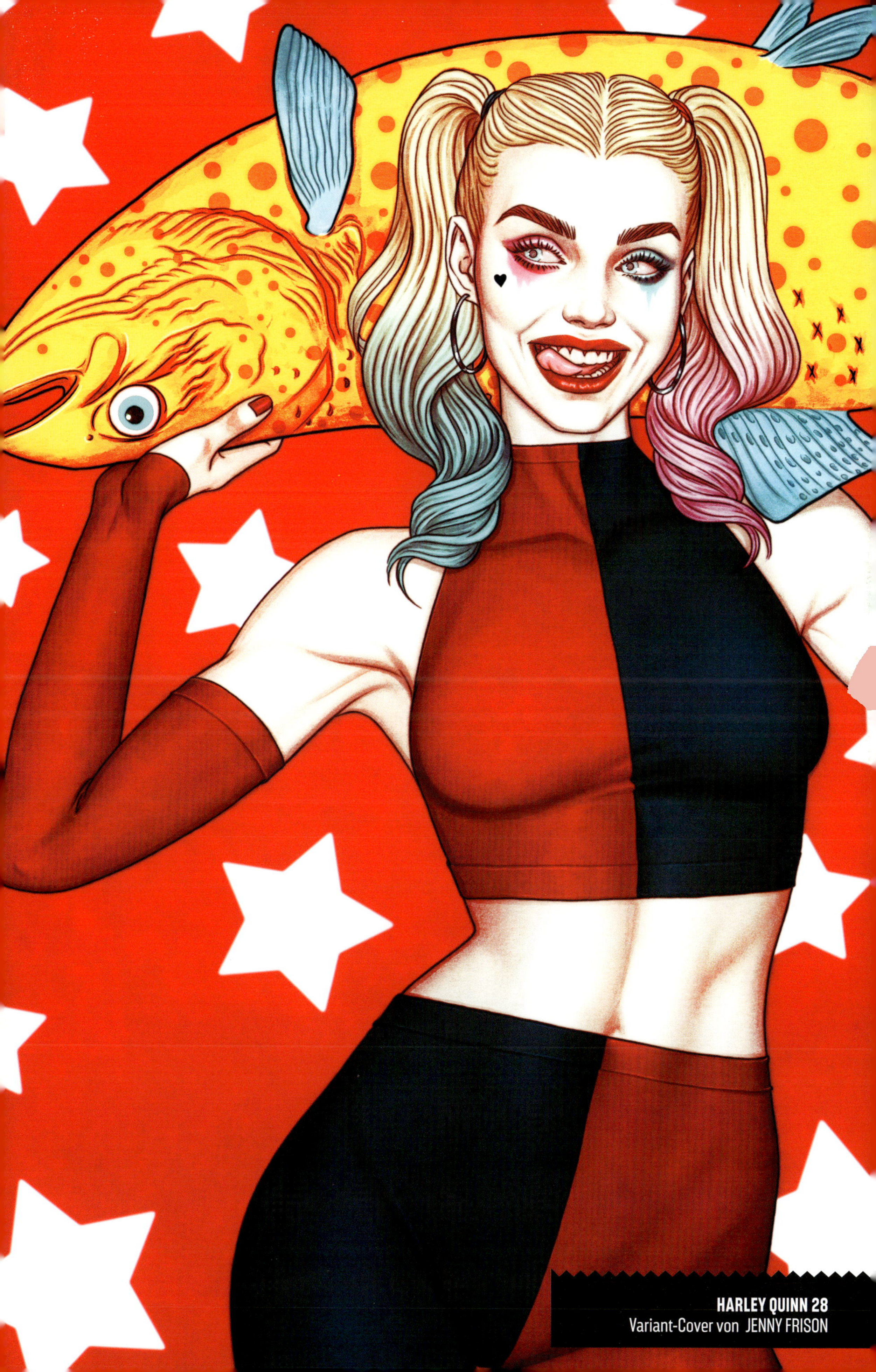

HARLEY QUINN 28
Variant-Cover von JENNY FRISON

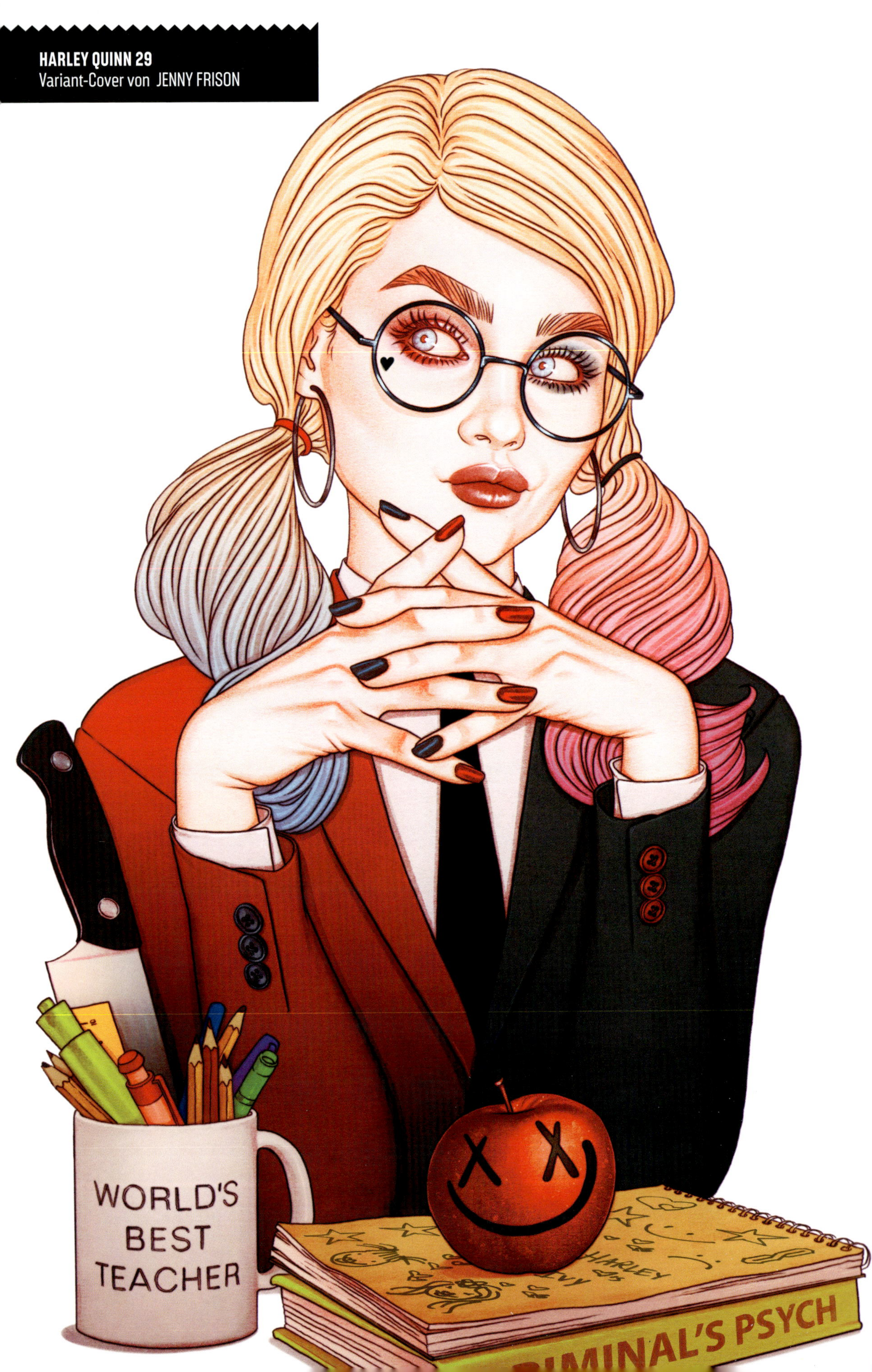

HARLEY QUINN 29
Variant-Cover von JENNY FRISON

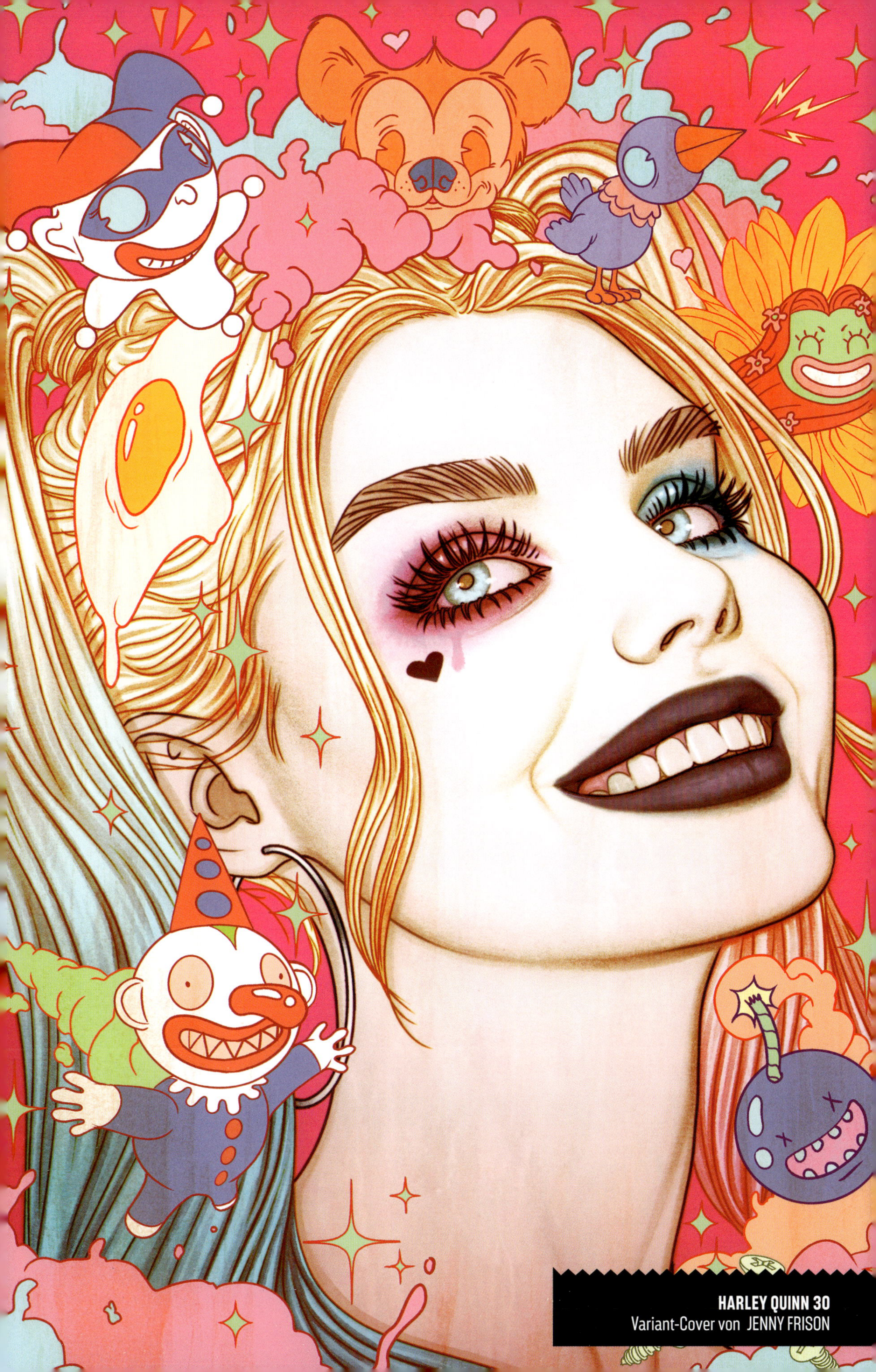
HARLEY QUINN 30
Variant-Cover von JENNY FRISON

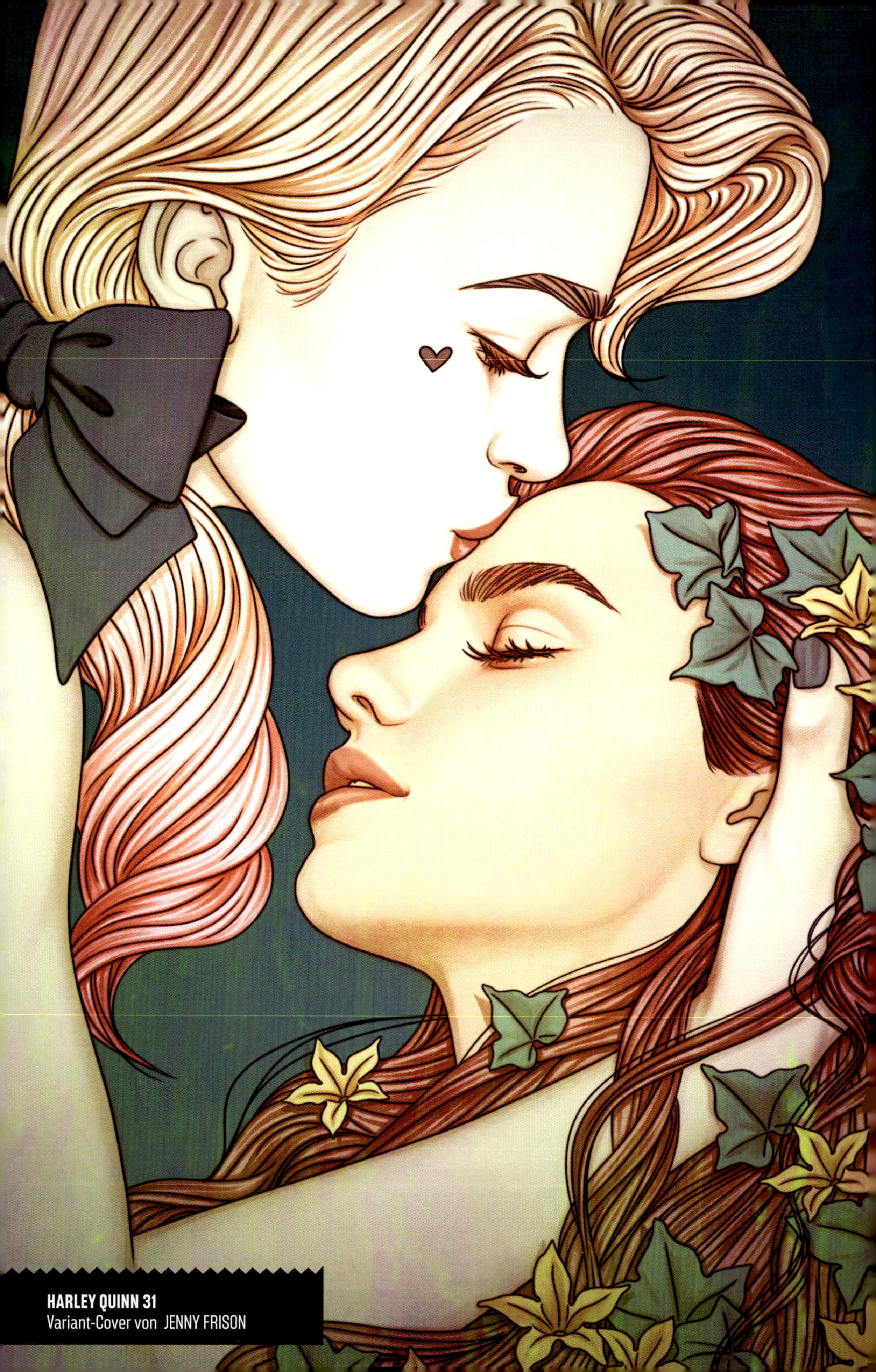

HARLEY QUINN 31
Variant-Cover von JENNY FRISON

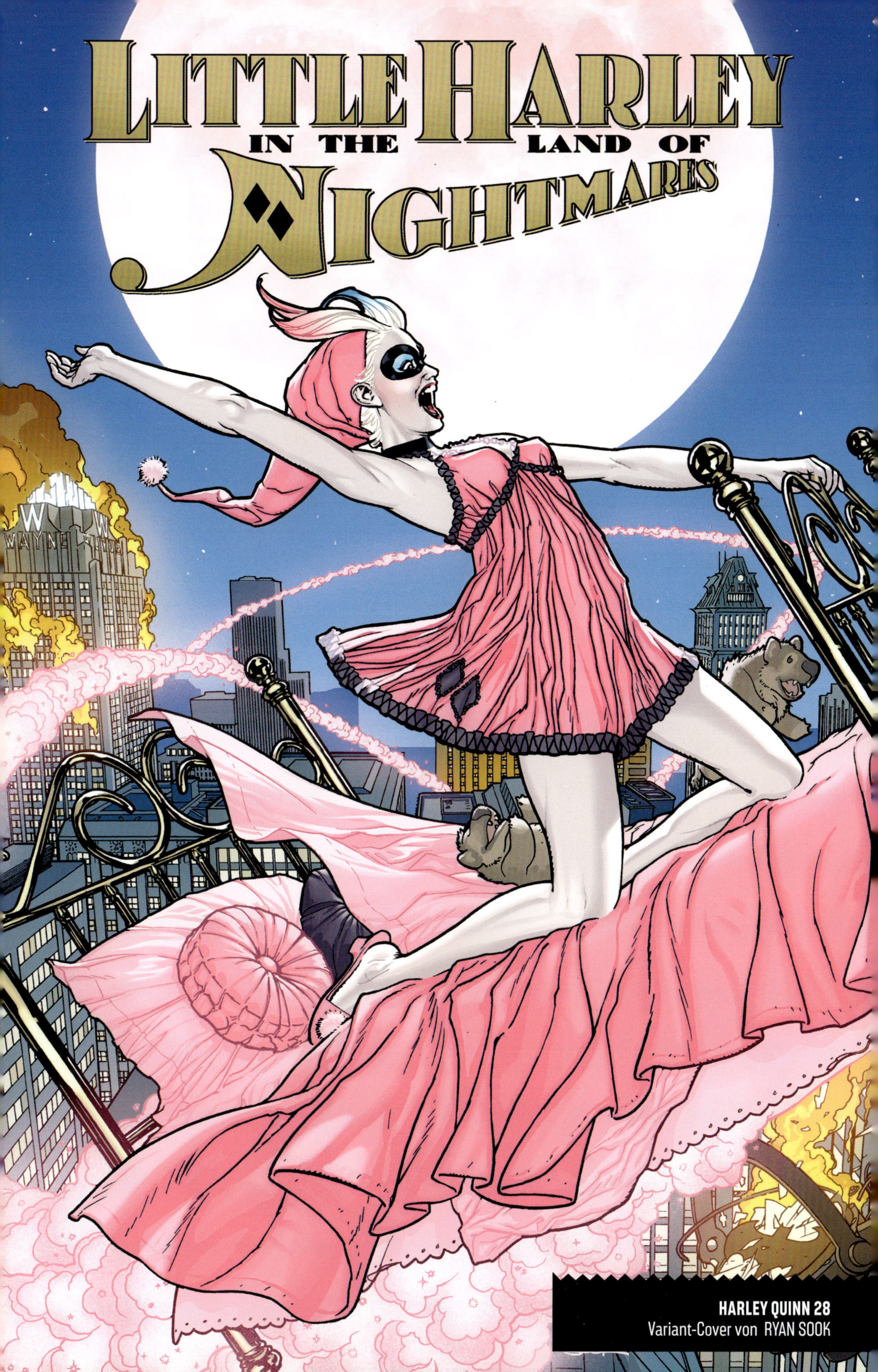

HARLEY QUINN 28
Variant-Cover von RYAN SOOK

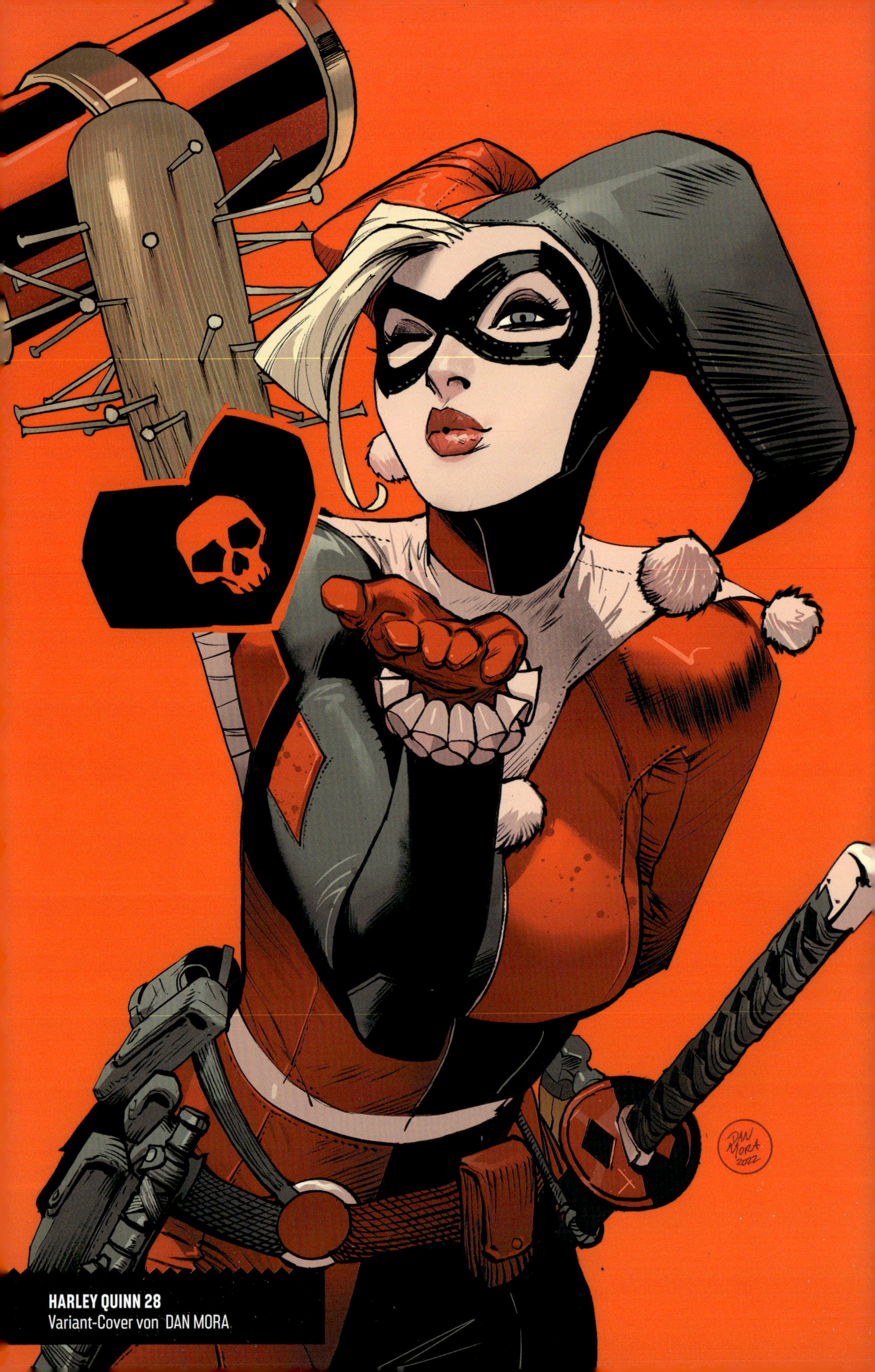

HARLEY QUINN 28
Variant-Cover von DAN MORA

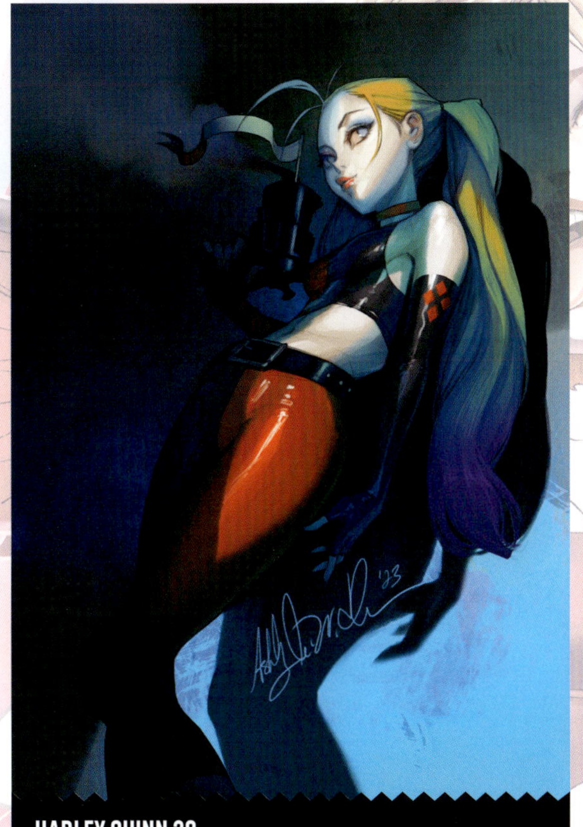

HARLEY QUINN 28
Variant-Cover von ASHLEY WITTER

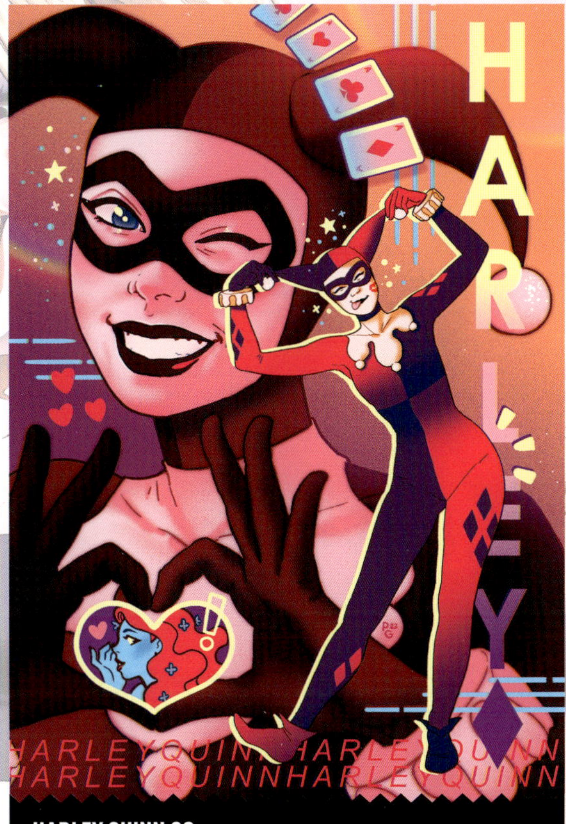

HARLEY QUINN 28
Variant-Cover von PAULINA GANUCHEAU

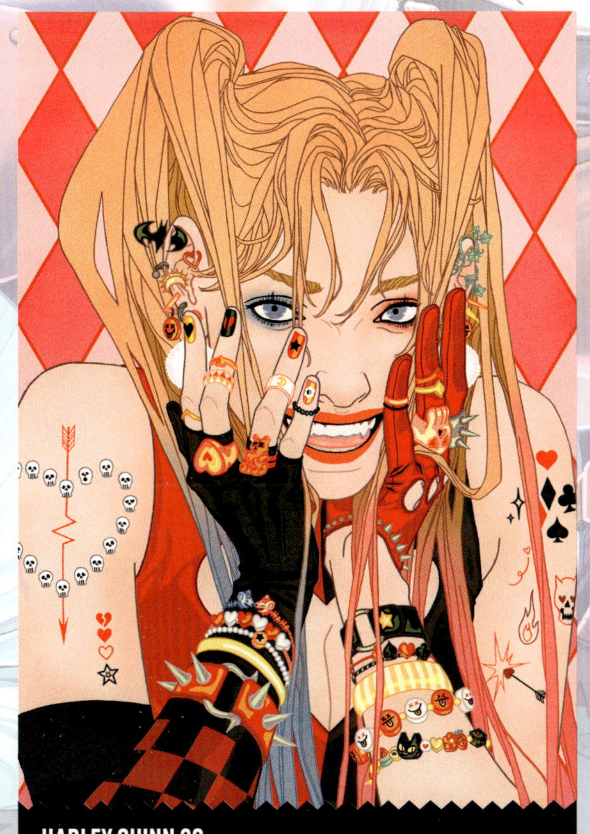

HARLEY QUINN 28
Variant-Cover von CATHY KWAN

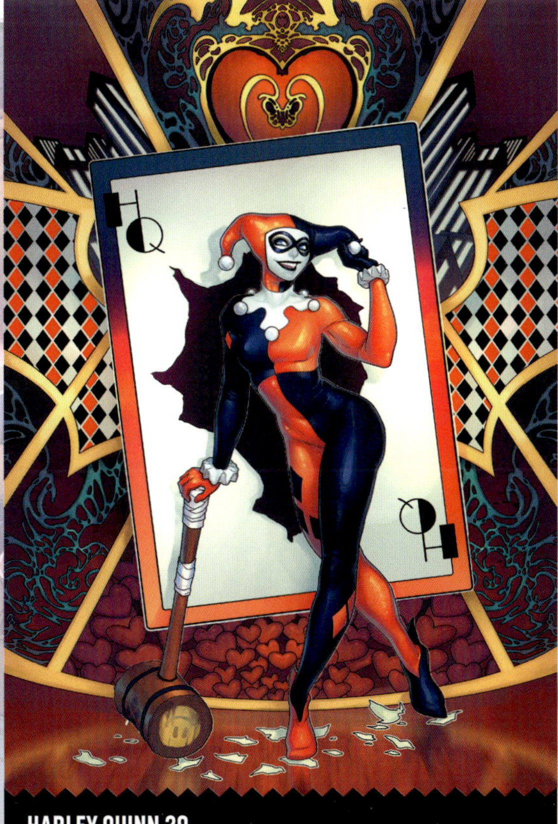

HARLEY QUINN 29
Variant-Cover von MEGHAN HETRICK

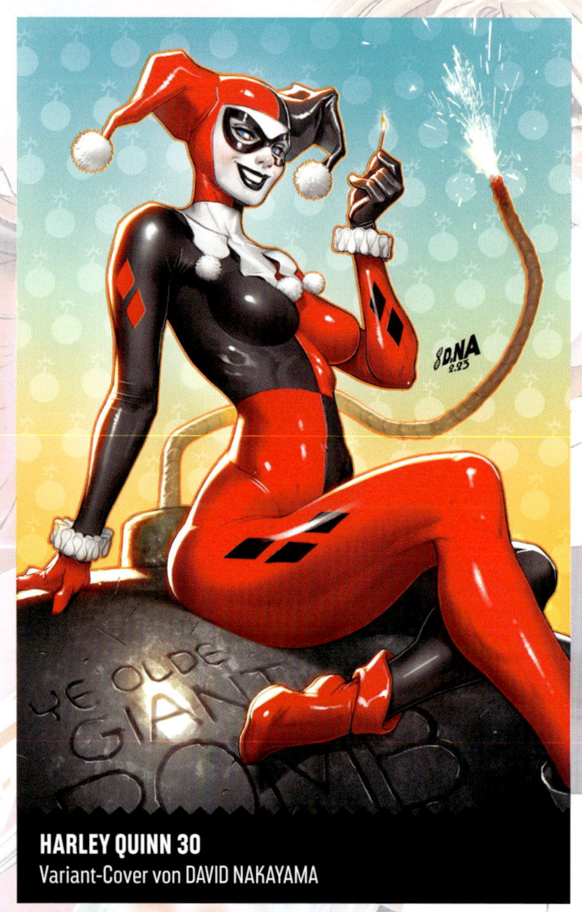

HARLEY QUINN 30
Variant-Cover von DAVID NAKAYAMA

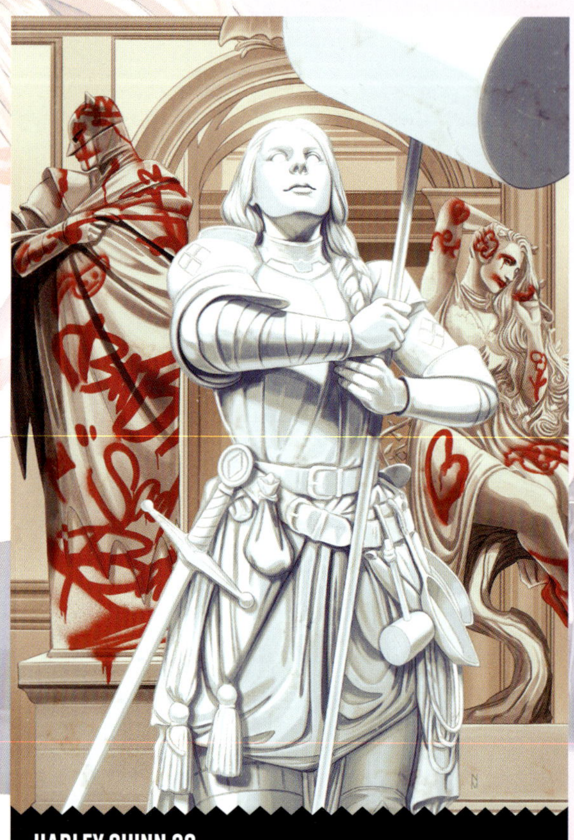

HARLEY QUINN 30
Variant-Cover von NIMIT MALAVIA

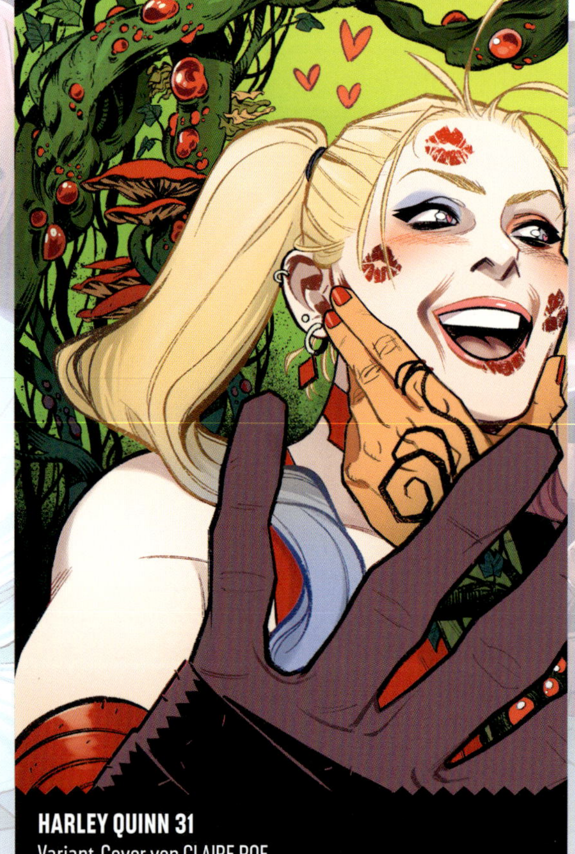

HARLEY QUINN 31
Variant-Cover von CLAIRE ROE

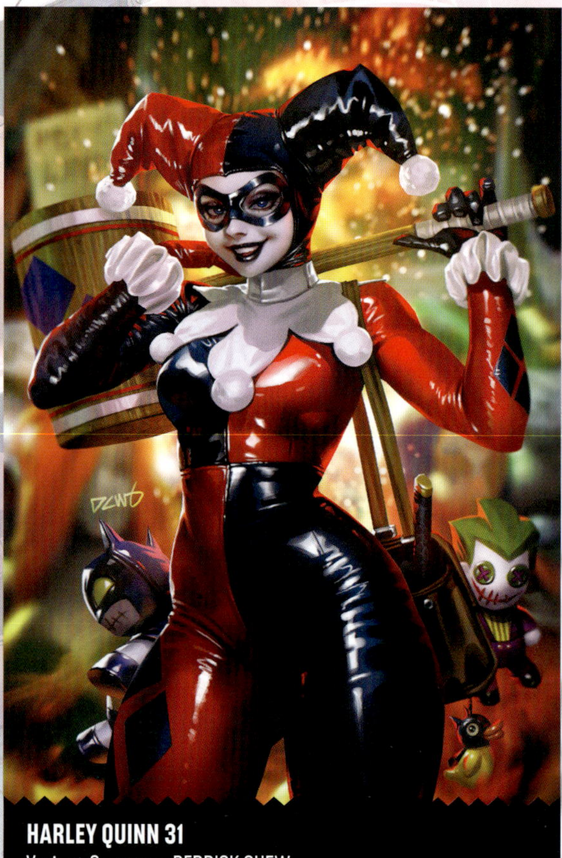

HARLEY QUINN 31
Variant-Cover von DERRICK CHEW

NÄRRISCHE NOTIZEN

von **Christian Endres**

LADY QUARK

Als 1985 das vierte US-Heft der legendären *Crisis on Infinite Earths* von **Marv Wolfman** und **George Pérez** erschien, hatten **Lady Quark** und die restliche Königsfamilie von **Erde 6** ihren ersten Auftritt – im klassischen DC-Kanon war das eine Parallelwelt, auf der die Monarchie den amerikanischen Unabhängigkeitskrieg überdauerte und Technologie sich schneller fortentwickelte. Nach der so folgenschweren, einflussreichen Krise in Event-Form gehörte Lady Quark zum galaktischen **L.E.G.I.O.N.**-Heldenteam. Im neu gestarteten DC-Universum von 2011 sah man sie dann als Gefangene von **Amanda Waller**. 2015 fusionierte **Grant Morrison** in *Multiversity* Erde 6 mit **Warworld** zu **Erde 48**, wo **Tashanas** Familie immer noch herrscht. Und ihr Alias Lady Quark bezieht sich natürlich auf das Elementarteilchen und ihre Kräfte.

ZATANNA

1938 erfand Autor und Zeichner **Fred Guardineer** für *Action Comics* 1 (das Heft, das mit **Supermans** Debüt das Zeitalter der Comic-Superhelden startete!) die Figur **Giovanni Zatara**, einen heldenhaften Zauberer in der Tradition des Magiers **Mandrake** (auf Deutsch unter dem Namen **Mandra** bekannt) aus den Zeitungscomicstrips. 1964 schufen Autorenikone **Gardner Fox** und Künstler **Murphy Anderson** für *Hawkman* 4 dann **Zatanna Zatara**, Giovannis Tochter. Diese wurde als Rückwärtszauberin bald schon ein Fanliebling. In unterschiedlichen Epochen ihrer Karriere gehörte sie zur **Justice League of America** oder zur **Justice League Dark**, bandelte zu ihrem eigenen Leidwesen mit **John Constantine** an und wurde rückwirkend sogar zu einer Jugendfreundin von **Bruce Wayne** erklärt. 2016 präsentierten **Amanda Conner**, **Jimmy Palmiotti** und **Joseph Michael Linsner** *Harleys geheimes Tagebuch* mit einem langen Treffen zwischen Närrin und Magierin.

CAPTAIN CARROT

1982 inszenierten Autorenlegende **Roy Thomas** und Zeichner **Scott Shaw** für einen Beihefter in *New Teen Titans* 16 den ersten Auftritt von **Rodney Rabbit** alias **Captain Carrot** und dessen erstaunlicher **Zoo Crew**, die kurz darauf in einer eigenen Comic-Serie durchstarteten – und über die Jahre und Kanons immer wieder in Parallelwelt-Geschichten oder in multiversalen Storys auftauchten. Dabei wurde ihre von anthropomorphisierten Zeichentrick-Tieren bevölkerte Parallelwelt (bzw. Paralleldimension) als **Erde C** deklariert, und schließlich als **Erde 26**. In **Harley Quinns** Abenteuern zum Event **Convergence – Kampf der Welten** von 2015 kämpfte in einem der vielen Weltenduelle die Comic-Harley der 1990er gegen den Super-Hasen, bevor sie sich versöhnten und zusammen Karotten futterten.

DAS KREATIV-TEAM

TINI HOWARD schreibt *Catwoman* und ist Mitautorin des Events *Gotham War* in der *Batman*-Serie. Außerdem verfasste sie *Thanos: Der Anfang vom Ende*, zahlreiche *X-Men*-Comics, *Age of Conan: Bêlit*, Comics zu Fernsehserien wie *GLOW* oder *Rick and Morty*, *Hack/Slash: Resurrection* und ihre eigene Comic-Serienschöpfung *Assassinistas*.

SWEENEY BOO lebt und arbeitet in Kanada. Sie illustrierte Storys für *Punchline: Der Prozess*, *Marvel Action: Captain Marvel*, *Batman: Urban Legends* und *Batman: Shadow War*. Dazu kommen diverse Cover und Variant-Cover.

ERICA HENDERSON wurde für ihre Arbeit an den Comics *Squirrel Girl* und *Jughead* mit dem Eisner Award ausgezeichnet. Weitere Titel von ihr sind *Assassin Nation*, *Subatomic Party Girls* und *Danger and Other Unknown Risks*. Als Animationskünstlerin wirkte sie an der Serie *The Venture Bros.* mit.

ADAM WARREN kennt man vor allem für seine eigene Serie *Empowered*, die er schreibt und zeichnet. Sein Schaffen umfasst jedoch auch *Gen^{13}*, *Iron Man: Hypervelocity*, *Livewires*, *Terminator: Hunters and Killers*, *Fantastic Four* und *The Authority*.

NICOLE MAINES spielte in Fernsehserien wie *Supergirl* und *Yellowjackets* mit. Maines' *Supergirl*-Figur Dreamer hatte ihren ersten Auftritt in einem Comic aus ihrer Feder. Zudem schrieb sie Storys für *DC Pride* und *Superman: Sohn von Kal-El*.

MINDY LEE hat viel Erfahrung in den Bereichen Videogame und Animation. In Sachen Comics realisierte Lee noch die unabhängige Serie *Bounty*, *Crimson Lotus* aus dem *Hellboy*-Universum und *Masters of the Universe: Revelation*.

HEATHER ANNE CAMPBELL ist Autorin, Comedian, Schauspielerin, Synchronsprecherin, Videogame-Influencerin und Podcasterin. Ihr Comic-Debüt gab sie mit einer Story zu *Avatar: Der Herr der Elemente*. TV-Serien, für die sie Episoden verfasste, sind *Rick and Morty* und *Twilight Zone*.

FILYA BRATUKHIN arbeitet als Comic-Zeichner und Storyboard-Künstler. Der Russe bebilderte Cover für *Batman*, *Deathstroke Inc.*, *DC-Horror: Angriff der Vampire* sowie *Batman und die Ritter aus Stahl*.

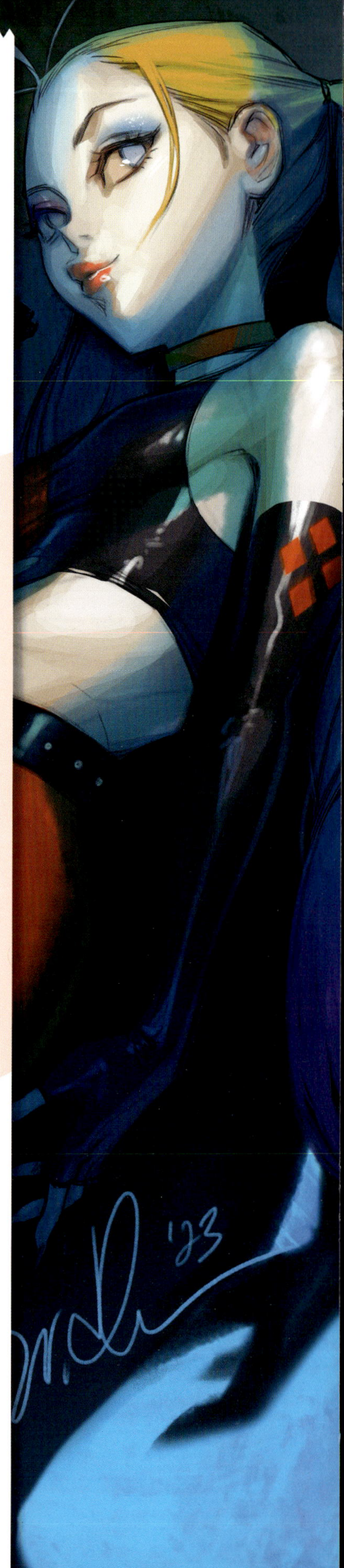